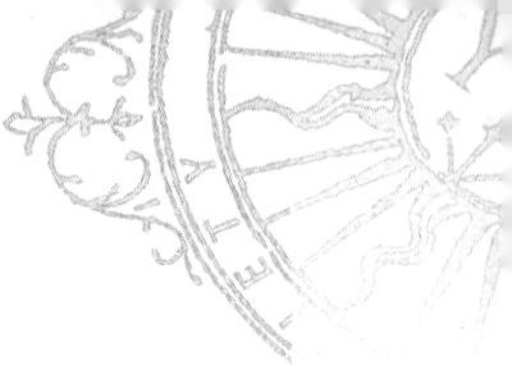

MANITIES AND SOCIETY
YL

HUMANITIES AND SOCIETY

风景与认同

英国民族与阶级地理

Wendy Joy Darby

[美国] 温迪·J. 达比 著 张箭飞 赵红英 译

译林出版社

图书在版编目（CIP）数据

风景与认同：英国民族与阶级地理 /（美）温迪 · J. 达比（Wendy J. Darby）著；张箭飞，赵红英译. —南京：译林出版社，2024.9
（人文与社会译丛 / 刘东主编）
书名原文：Landscape and Identity: Geographies of Nation and Class in England
ISBN 978-7-5753-0157-2

Ⅰ.①风… Ⅱ.①温… ②张… ③赵… Ⅲ.①民族历史－研究－英国 Ⅳ.①K561.8

中国国家版本馆 CIP 数据核字（2024）第 088008 号

风景与认同：英国民族与阶级地理　[美国] 温迪 · J. 达比 / 著　张箭飞　赵红英 / 译

责任编辑　王瑞琪
装帧设计　胡　苨
校　　对　史　妮
责任印制　董　虎

原文出版　Berg Publishers, 2000
出版发行　译林出版社
地　　址　南京市湖南路 1 号 A 楼
邮　　箱　yilin@yilin.com
网　　址　www.yilin.com
市场热线　025-86633278
排　　版　南京展望文化发展有限公司
印　　刷　江苏凤凰通达印刷有限公司
开　　本　880 毫米 × 1240 毫米　1/32
印　　张　12.5
插　　页　8
版　　次　2024 年 9 月第 1 版
印　　次　2024 年 9 月第 1 次印刷
书　　号　ISBN 978-7-5753-0157-2
定　　价　79.00 元

主编的话

刘　东

总算不负几年来的苦心——该为这套书写篇短序了。

此项翻译工程的缘起，先要追溯到自己内心的某些变化。虽说越来越惯于乡间的生活，每天只打一两通电话，但这种离群索居并不意味着我已修炼到了出家遁世的地步。毋宁说，坚守沉默少语的状态，倒是为了咬定问题不放，而且在当下的世道中，若还有哪路学说能引我出神，就不能只是玄妙得叫人着魔，还要有助于思入所属的社群。如此嘈嘈切切鼓荡难平的心气，或不免受了世事的恶刺激，不过也恰是这道底线，帮我部分摆脱了中西"精神分裂症"——至少我可以倚仗着中国文化的本根，去参验外缘的社会学说了，既然儒学作为一种本真的心向，正是要从对现世生活的终极肯定出发，把人间问题当成全部灵感的源头。

不宁惟是，这种从人文思入社会的诉求，还同国际学界的发展不期相合。擅长把捉非确定性问题的哲学，看来有点走出自我囿闭的低潮，而这又跟它把焦点对准了社会不无关系。现行通则的加速崩解和相互证伪，使得就算今后仍有普适的基准可言，也要有待于更加透辟的思力，正是在文明的此一根基处，批判的事业又有了用武之地。由此就决定了，尽管同在关注世俗的事务与规则，但跟既定框架内的策论不同，真正体现出人文关怀的社会学说，决不会是医头医脚式的小修小补，而必须以激进亢奋的姿态，去怀疑、颠覆和重估全部的价值预设。有意思的是，也许再没有哪个时代，会有这么多书生想要焕发制度智慧,这既凸显了文明的深层危机,又表达了超越的不竭潜力。

于是自然就想到翻译——把这些制度智慧引进汉语世界来。需要说明的是,尽管此类翻译向称严肃的学业,无论编者、译者还是读者,都会因其理论色彩和语言风格而备尝艰涩,但该工程却绝非寻常意义上的"纯学术"。此中辩谈的话题和学理,将会贴近我们的伦常日用,渗入我们的表象世界,改铸我们的公民文化,根本不容任何学院人垄断。同样,尽管这些选题大多分量厚重,且多为国外学府指定的必读书,也不必将其标榜为"新经典"。此类方生方成的思想实验,仍要应付尖刻的批判围攻,保持着知识创化时的紧张度,尚没有资格被当成享受保护的"老残遗产"。所以说白了:除非来此对话者早已功力尽失,这里就只有激活思想的马刺。

主持此类工程之烦难,足以让任何聪明人望而却步,大约也惟有愚钝如我者,才会在十年苦熬之余再作冯妇。然则晨钟暮鼓黄卷青灯中,毕竟尚有历代的高僧暗中相伴,他们和我声应气求,不甘心被宿命贬低为人类的亚种,遂把迻译工作当成了日常功课,要以艰难的咀嚼咬穿文化的篱笆。师法着这些先烈,当初酝酿这套丛书时,我曾在哈佛费正清中心放胆讲道:"在作者、编者和读者间初步形成的这种'良性循环'景象,作为整个社会多元分化进程的缩影,偏巧正跟我们的国运连在一起,如果我们至少眼下尚无理由否认,今后中国历史的主要变因之一,仍然在于大陆知识阶层的一念之中,那么我们就总还有权想象,在孔老夫子的故乡,中华民族其实就靠这么写着读着,而默默修持着自己的心念,而默默挑战着自身的极限!"惟愿认同此道者日众,则华夏一族虽历经劫难,终不致因我辈而沦为文化小国。

一九九九年六月于京郊溪翁庄

致彭妮和安德鲁

并

纪念我的妹妹维罗妮卡

北部郡县陆地测量

专员们认为一切
皆被命名,土地被标记状如野兽
来证明自己的权益和种属:
一个词轻柔地踏在青苔的硬皮,
墨水顽皮地画出大河小溪,形似蓝色的树;
我的标注联结它们的堤岸,从河口到源头
精美的衬线穿缀起每一道涧流。

拇指纹一般的等高线,一圈又一圈出自我的笔管;
地图的模样,好似钩针编织的黑色披肩,
经纬线间的血色珠子,标划出
穷人租借的公用地,他汗流浃背
垒砌坚固的界墙,围起富人的田园。

没有任何命名见证他的存在,我画下
一个石冢纪念他的劳作。

(迈克·诺斯,引自《新湖畔诗人》)

目　录

插图一览

黑白插图

彩　图

缩略语一览

组织机构

BBC	英国广播公司
BMC	英国登山委员会
CHA	合作假日协会（后更名为乡村假日协会）
CC	乡村委员会（1999年4月1日更名为乡村署）
CLA	乡村土地主协会
CPRE	英格兰乡村保存委员会（后更名为英格兰乡村保护委员会）
FLD	湖区之友协会
HF	假日联盟
LDDS	湖区保护协会
LDNP	湖区国家公园
MFPS	曼彻斯特人行道保护协会
MTCP	城乡规划部
NT	国民托管组织
PDNP	峰区国家公园
RA	漫游者协会
SCR	谢菲尔德号角漫游者

TDA　瑟米尔保护协会
YMCA　基督教青年会

风景区划

AONB　自然风光绝美之地
NNR　国家自然保护区
SSSI　具特殊科学价值的地点

其　他

LDNPP　湖区国家公园规划

致 谢

这项研究缘起于本人一个持之以恒的兴趣：了解风景如何充当社会、经济和政治历史的宝库。人们与自己的容身之地朝夕相处，并赋予它各种意义——这个认知得之于我的早期田野工作。当年，作为一个历史风景名胜保护分子，我曾在湖区的哈索普山谷进行考察，亲身经历了风景的维护和恢复工作。我要感谢克里斯托弗·塔温纳，是他启迪我把对风景的执着兴趣与人类学结合起来。纽约市立大学研究生院的人类学系则提供了一种知识背景，受惠于这种背景，再加上安妮·博格、约翰娜·格勒里克和伊恩·斯科格德的支持和友谊，我的想法得到发展。这个项目得益于众多专家和评论家的详尽探讨点评，及其认真仔细的阅读，如琼·文森特、简·施奈德、文森特·克雷潘扎诺、杰拉德·克里德、内森·格罗斯，还有博格邀请的两位匿名评审员。

这个项目得到了欧洲研究委员会(1995)和温纳·格伦基金会(1997—1998)的特别资助。维珍集团(Virgin Atlantic)资助了我最后一次的田野考察。早些时候，在皇家橡树协会的资助下，我参加了阿丁汉姆暑期学校，由此获得了实地观察英国乡村别墅的特别机会；哥伦比亚大学颁发的一份威廉·金尼旅行奖学金(1988)使我能够多次访问英国国家公园。这些参观和旅行极大地丰富了我的研究。

在田野考察的过程中，我还得到许多人的具体帮助，我对他们心怀感激。索尼娅·安克斯、宝娜·戴伊和玛丽恩·卡宁把她们的思想、感情和时间与我分享。索尼娅邀请我参加当地团体的徒步活动，由此我获得了特别的洞见。田野考察乃是一种入乎其内出乎其外的考察。研究的根据得之于我所到过的每个地方，却又不受限于任何地方。就在我旅行考察期间，我痛苦地获悉妹妹生命濒危的消息。她是维系我与自己英国家族的最后一根纽带。基于这个理由，我非常感激如下的人们，与我同行的徒步者，他们对一个全然陌生的人的热情接待令我感铭不已。布赖恩·弗兰克思、彼得和凯特·琼斯、简·斯威特和詹妮特·斯通、斯特拉·维尔弗德、彼得和艾琳·威莱特热忱地邀请我到他们家。彼得和艾琳·威莱特、斯特拉·维尔弗德和彼得·琼斯安排我参加他们当地团体的徒步活动，并向他们发送问卷调查；布赖恩·弗兰克思援救了我，两次！斯蒂芬·戈顿，这位多年的朋友，不管我什么时候访问湖区，总是对我热情有加。

彼得·琼斯一直不断向我提供我无法在纽约捕捉的细节信息，而马尔科姆·皮特提供的信息我认为是非常难以获取的。菲尔·瑞伊非常慷慨，主动地向我提供了他叔叔的日记副本，这本大约始于1922年的日记描述了一次徒步湖区的旅行。约翰·霍恩设法复印了他去世的母亲1932年版的《开阔路》，它曾在20世纪30年代和40年代陪伴她漫游。我要特别感谢科林·道尔，乡村假日协会的会长，感谢他慷慨允许我接触该协会存放在大曼彻斯特地区公共档案室的文件；还要感谢伊恩·鲍罗丁（湖区之友协会的理事）和凯瑟琳·冈宁汉姆（漫游者协会发展部的助理），他们两人都慷慨地抽出自己的时间帮助我推进了研究目标。徒步者们同意完成那份有点长度的问卷，对于他们这种慷慨精神我也心存感激。

我还要特别感谢宝娜·巴克斯特、雷切尔·拉布什、大卫·奥吉韦、布赖恩·彭斯和彭妮·辛阿诺戈鲁，他们在纽约给我提供了切实的帮助。感谢大卫·林德诺斯,他向我提供了出色的地图。考虑到该项目的历史特性和视觉特性,如果没有哥伦比亚大学图书馆丰富的藏书和图书馆管理员的永远热情可靠的帮助,该项目不可能进行下去。

多年来耶尼·辛阿诺戈鲁一直对我的各种努力不吝支持。没有他,这本书无法完成,我对他表示衷心的感谢。最后,佩吉·弗林谢一直帮助我不断完善我的考察工具。约在70年前,就是年轻的她,完成了一次绝壁攀登,登上了湖区的赫尔维林山。在过去的34年间,我一直与她徒步漫游纽约,她以自身为榜样教我如何像面对绝壁一样面对生活。

前　言

进入权日 1999

进入乡村在英国是一件争议颇为激烈的事务。在过去几年里，这已由少数当地人的抗议发展成一个全国性的议题，纳入议会的辩论以及紧急立法的程序。在这个过程中，对立派系的立场得以巩固。这些派系代表了城市和乡村的基本差别，关注的焦点放在哪些人和哪些活动有权使用风景。本书的第一部分和第二部分所做的综合的人类学分析，旨在探究当代进入乡村问题背后错综的历史内容；社会的、象征的、政治的、经济的和立法的根源。这两部分还展示了进入权问题如何与备受争议的民族性和阶级身份的形成神话、与有关地方（place）的文化建构问题纠结在一起。第一部分表明英国乡村的形成如何与英国乡村别墅以及无人风景息息相关，第二部分讨论了重新入住无人风景区的斗争。第三部分则以民族志的研究方法探究了对于地方的体验，以及“使地理经验得以形成、交流得以进行的那些共享的象征手段”（巴索 1996：109）。

进入英国风景区至少是一个双重过程，首先是能够抵达风景区，然后是能够在风景中散步（徒步）。乡村公共交通的缩减或取消必然形成某种限制，使得城市居民中的无车族无法径直抵达风景区。鉴于英国少数族裔大部分都居住在城市，政府的不作为（没有拿出相应的政策扶持公共交通）尤其限制了他们进入风景区的权利。各类组织如红绳（Red Rope）、社会主义徒步者和登山者呼吁政府改善公共交通，使得公众能进入更多的风景区。草根机构如“大地第一！”（Earth First！）则开展了广泛的反道路运动，挑战高速公路的扩延。扩延高速公路使英国 xvii
社会中已经享受特权的有车阶层享受更多特权，随高速公路而兴起的住宅建设不断蚕食着乡村。有车阶层的大多数在进入乡村之后必然要求增加停车位，从而进一步加剧了公共徒步区，如湖区和峰区国家公园的难题。

漫游者协会（RA）率先努力争取自由漫游的法定权力，这一努力在进入权日的活动中得到了部分表述，他们意欲在活动中强调当地的特殊情况。在组织全国范围的行动时，RA利用了早期徒步者采用的传统的群众性抗议运动形式。不过，在20世纪30年代，参加集会的是工人阶级，属于具有高度对抗性的集体侵入（trespesses）；而20世纪90年代的抗议集会相对而言没有对抗性，规模小得多，参与者主要是中产阶级，因而抗议也就属于中产阶级事件。早期的战斗性已经转入诸如“大地第一！”这类草根组织的表达，以及“还我街道”的运动。

1999年的进入权日抗议徒步集会尤其代表了进入风景区的一种空间和时间的连锁性。这个抗议活动起始于白金汉郡的威多弗徒步集会，威多弗位于伦敦西北，距伦敦有一个小时火车路程。几乎每个抗议者都是坐着分散而无名的私人汽车抵达抗议地点的。沿着田间的公共道路，这次徒步集会包括一次彼肯山集会，彼肯山是英国首相乡村别墅契克斯庄园（Chequers Estate）的一部分（此山在庄园的一端，而首相的乡村别墅在庄园另一端）。该集会在强调当地问题的同时，打算将全国性的进入权议题摆到首相别墅的门前台阶，从实际和象征意义上都可这么讲。早在19世纪20年代这一片被圈起之前，彼肯山曾是公用地。RA希望此山的一部分开放给公众，这样人们能够登上山顶俯瞰艾里斯伯里山谷的全景。此外，彼肯山是这个地区所剩无几的白垩丘陵地带之一，其他部分都已经过农田改良或退耕还为灌木丛林。

白金汉郡是通常被视为英国心脏的“家乡郡”之一。契克斯庄园，作为地址意义的中心与政治意义的中心，象征着党派政治、政治代表、民主进程和国家的绝对权力：简言之，是民族想象出来的集体性。1998年，300人参加了这个徒步抗议集会；而1997年，则有1200人参加。既然工党承诺对进入法立案（尽管在1999年9月19日那天，尚不清楚会
xviii 在哪一轮的议会会议上讨论此案），RA成员可能感到大规模集会已不是迫切需要。这一天，还有其他的徒步抗议集会在同时举行，因此人们不会像几年前一样从各地蜂拥而至。大约有60人在路上徒步抗议，开始的几小时在瓢泼大雨中徒步。抗议集会在彼肯山公众可进入的低坡地举行。

这群徒步抗议者排成长长的一行，走在绿草茵茵的坡地上仰望着彼肯山。不远处，警察从山脚到山顶成扇形散开，面对着抗议者。几辆警车停在附近。BBC、天空新闻、英国卫星新闻在集会现场安置了摄像人员。集会演讲者是舍伍德的工党议员及现任英国下议院议长帕迪·蒂平、密尔顿凯恩斯西南地区的工党议员菲莉斯·斯塔吉，和凯特·阿什布鲁克——前RA会长，现任RA进入权委员会主席和当地区域人行道协会理事。

斯塔吉提到人人拥有进入乡村的权利，这是祖先赋予他们的一种权利，并非只有那些在乡村工作和居住的人才能拥有；应该对来自都市和城镇的人们开放更多的乡村地区使其得享休闲之乐，只要他们尊重这一个事实：这是当地人的工作之地；简言之，乡村不属于哪一个个人或哪一个群体。蒂平，长期以来支持RA，满怀热情地宣称“我们为进入乡村已经战斗了一百多年，看起来这场斗争就要取得胜利”。他向首相乡村别墅的方向点头示意，演讲一开始，他说自己不能透露会议的实际结果，但又说前不久在准备女王的议会开幕演讲时他曾在那里。他反复说“我们已经接近斗争的尾声”，提出在千禧年来临之际，

"山区、荒野和丘陵进入权将是给予这个国家进入新世纪的一份贵重礼物"。阿什布鲁克强调说RA赞成进入乡村，这并非意味着允许徒步者践踏庄稼或穿越当地居民的花园，而是意味着公众有享受抵达山丘和山峰，目睹壮丽的全景，以及单纯地欣赏乡村的宁静的权利。

一个徒步者轻轻提醒说彼肯山不只是漫游者想要进入之地，因为，对当地德鲁伊教和女巫会的一些成员而言，彼肯山乃是一个圣洁之地，力量所在。她特别提到了位于集会地下方的辛白林城堡，古老土堡和城郭。她抱怨说："基督教有礼拜的场所，而其他非国教的宗教没有受到认真对待。它们和'新世纪'（New Age）游客一样遭受误解。"据估计英国有10万人属于将神圣寓于自然的群体（罗维尔 1998：2），那么进入权问题就会引起更深刻的反响。

警察首先占据坡地的高处，监视着下方的集会。集会后，抗议者继续攀爬陡峭的公共人行道，绕彼肯山的西侧而行，最后进入附近的林地。警察一直护送着他们，直到所有的徒步者离开了环绕契克斯庄园的公共人行道。

私人土地拥有者的利益有违于RA的愿望和希望；然而，正是这一事实把他们带入了共同的关系领域，特别是工党政府通过由乡村署（前乡村委员会）发起的"乡村进入权全国论坛"而开始的商议进程，本书第六章将会讨论这一进程。原来的那种硬碰硬的冲突形式让位给在约定俗成的关系体制中进行的争论；法律层面的讨论替代了集体侵入的行为。政治上的边缘问题已经成为中心议题。随风景而定的历史、事件、观点、体验构成了社会地理学活生生的经验。新的乡村议案会构建什么样的社会地理，如何满足所有参与乡村进入权辩论的人士，这一 xx
切，我们将拭目以待。

导论

展望/再想象风景

> 当教育科目日益增加，给已经负重的学生再增设一门新学科乍看上去似乎太强人所难。然而，你会发现人类学的真正作用是减轻而非加重学习压力。在山区，我们看见负重者欣然地多扛着一个载物架，因为架子可以收纳负载，平衡负重，便于搬运。两者相权，载物架的重量就不算什么了。“人类与文明”的科学也是如此，该学科把普通教育中那些松散的科目整合为一个易于掌握的体系。
>
> （泰勒 1891：V）

人们在重要而富有象征意义的风景区休闲，以此建构自己的身份——这是人类学中很少涉猎的话题，即使这类活动在西欧、亚洲和美国等富裕国家许多个人的生活中起着日益重要的作用。总体而言，风景问题一直未引起人们的关注（赫斯科 1995）。

本章将要探讨的话题有：休闲与排斥如何相互关联，构成以阶级、年龄、性别或种族为基础的社会与地理的现实？英格兰的国家公园代表的是五十年的排斥还是包容？大风景区正在保存谁的观念，又为谁而保存？自由漫游运动（freedom-to-roam ）再次兴起，如何解释这一现象？这些问题涉及到人类学和历史学方面，面对它们，我需要采取跨学科的方式来探索历史上的阶级关系，追踪作为文化产物的阶级与民族
1 身份透过风景及其进入权发挥作用的种种步骤。以英格兰西北部高地的湖区（Lake District）与峰区（Peak District）的风景为例，我分析了进入风景区问题的政治性。我把相当广阔的历史演进和地区特性结合起来研究问题，这一工作对于正在庄严进行中的恢复人类学与历史的学科邦交是一种促进（科恩［1980，1981］1987；贾哈 1987，米切尔 1997），同时也是一种新的视角，研究风景跳出了地理学和图像学的范畴（格林 1995）。

尾注作为附文贯穿全书。我认为尾注具有支撑全文的重要性。就此而言，我赞同这样一种说法，“神圣见于细节，见于脚注”（查德威克 1997：16）。一个已经被人视为自然而然的、有必要在此点明的细节（从尾注中也能发现）就是，在某种程度上风景一直是男性的领域。大多数地形学方面的工作反映出男性和军事性的眼光。游览欧洲大陆，欣赏沿途风景的人最初大多是男性；艺术市场由男性主宰，他们是风景画派的资助人或是生产者；争论风景的范畴及其对人类身心影响的美学家是男性；早期风景旅游的倡导者也是男性；有关徒步旅行和登山活动的讨论也反映出一种性别化了的风景象征主义；风景，无论是再现的还是实际的，都是身份的附属物，正如妻子、情人和女儿们是拥有土地并管理国家的男人的附属物一样。

安妮·华莱士用翔实的资料论证了徒步游览风景在19世纪英国文学中的地位。然而，她的观察中也不自觉地流露出性别区分的特征：

> 徒步者置身于农夫放弃的思维空间，以此达到维吉尔式的田园诗境界。这一结果，我称之为“逍遥游”（peripatetic）。所谓逍遥游，就是漫无目的的云游，是一种陶冶心志的劳作，能通过回顾和

表达过去的价值改造个体与他所在的社会。

（华莱士 1993：8，11）

本研究越过博雅之士的文学体系，从更单纯的行走视角展现华莱士所说的19世纪的逍遥游，并引入性别问题加以讨论。它描述了早期的文化精英如何利用描述性文本和圈地来占有风景，以及那些曾经被赶出风景区外的人如何通过自由漫游运动来收复失去的风景。

本研究包含三个部分。第一部分（1—3章）通过追溯风景（作为将
文化物质化的一个用语）的文学和艺术的根源，来探析关于民族的美学 2
意义话语。研究集中在18世纪英国文化精英以图绘的、印刷的和实际的无人风景组成的“想象的共同体”，并将这一现象置于英国民族主义的表述与实践、如画风景盛行的语境下来考量。以“想象的共同体”为基点，我把研究推向一系列“文雅社会”内的紧张关系，以及文雅社会与圈地运动的受害者之间的紧张关系。

第一部分的重中之重放在湖区的文化赋值（cultural valorization）上，也即湖区从空旷之地变为文化恒产的过程。我探讨神话记忆如何替代了真实的记忆，并指出神话的创造者都是外来者。早在湖区成为人们的神往之地之前，那里不过是那些生于斯死于斯的妇女、儿童以及男人们的“地方”。从巨石与石头点缀其间的山谷被清理成整洁的农田、石头围砌的地界等景象，可以推断他们如何向土地讨生活并与土地休戚与共。这一点，从当地人文景观的一大特色——依山而筑、纵横交错的石墙亦能看出。

与这些实物地方标记呼应的则是为数众多的命名。远在19世纪测量局成立之前，各处的峭壁、岩石、峡谷、通道、小径、小溪、瀑布、小湖、沼泽、碎石坡路、山脊和山腰已有名称。当地人的劳作形塑了空间外观，并且加以命名，是双重地赋予它们意义，两者合力早在这一带成为“湖区”之前确定了它作为一个地方而存在。

第二部分（4—6章）继续在政治经济的范畴内探讨风景的问题性。为拓宽话题，我引入了峰区的案例，因为在峰区，进入风景牵涉到的阶级问题更要尖锐。湖区本来是一群文化精英建构出的英国民族认同之地，后来却成为参与者展示阶级—文化差异的场所，这是一个反讽性的转变。峰区和湖区的风景是民族情绪的共鸣板，反响着对于历史的不同诉求——对诺曼征服之前或之后英国的崇尚。

进入峰区风景区的政治性主要反映在偷猎行为，而湖区则以美学为重点，其差异的关键在于植被。峰区沼泽地的石南（Callunus
3 vulgaris）是红松鸡（Lagopus lagopus scotius）最喜欢的栖息之地及主要食物来源。为了在狩猎季有松鸡可猎，文化精英们就想保护松鸡在高沼地的休养生息。这样做直接挑战了两类人，一类是想保持原有的穿越高沼地权利的当地人，一类是来自周边工业城市，希望在开阔的沼地自由漫游的徒步者。狩猎者视徒步者为完全危险的人物，因为他们干扰了鸟巢里栖息的鸟，因为他们就是偷猎者。

由于石南并非湖区的主要植被，那里也就没有松鸡休养生息的问题。它的问题是美学方面的。自18世纪以来就具有文学和视觉意义的湖区风景，到了19世纪则面临着来自铁路和采矿业的持久危害。由于文化精英发起了反入侵的抗议，在全国范围内引起了一场激烈的争论，涉及的不仅是这些特别的风景区的保护问题，而且也触及到所有风景区的保护问题，特别是那些逃过议会批准的圈地劫夺的公用地。

从19世纪30年代到20世纪30年代，在进入风景区方面合法的、准合法的和非法的行为，受到了立法的、法律的、超越法律的挑战。所有的斗争主要围绕峰区和湖区展开，并最终促成了1945年后的相关立法。据此，从1951年到1957年，在英格兰和威尔士高地建立了10个国家公园。这些公园有：湖区，峰区，达特穆尔，斯诺登尼亚（它们都在1951年列入规划）；彭布罗克郡海岸，北约克高沼（1952）；埃克斯穆尔，约克郡山谷（1954）；诺桑伯兰（1956）及布雷肯山（Brecon Beacons，

1957)。这10个公园占去了英格兰和威尔士9% 的面积。这一部分还探讨了20世纪90年代后再度兴起的要求进入国家公园内和公园外地区的运动,以及环保术语如何用于空间争夺的行为。

第三部分(7—8章)话题转向人类学的层面,研究的依据来自对各类代表(如全国性徒步组织的代表)的访谈,以及与湖区、峰区和当地徒步俱乐部成员一起徒步的参与式观察。从“行走”人类学角度考证社会关系如何空间化及空间关系如何社会化的问题,深入探讨在社会分裂、全球经济重构和欧洲整合背景下,徒步如何成为一种社会性的建构力量,形塑着个人身份与共同体意识。 4

当探讨徒步者在一个高度层次化的社会(这个社会到处都有阶级区分的标记,密集程度不逊于华兹华斯诗中烂漫山间的水仙)的文化性时,显而易见,主要问题在于徒步群体是否在建构新的感受空间时跨越了阶级差别。徒步所涉及到的性别意识也将纳入讨论。讨论兼及少数族裔的风景感知——他们是把英国风景当作非认同的风景来感知的。通过生活在该风景区的三位女性的观点,我深入分析了她们对于地方,特别是湖区的依恋。这三人的生活深受风景的影响。每个人的观点分别概括了本书的一个研究主题。

结论部分讨论了湖区的北部山地风景是否仍是关于英国的另一诠释或想象。位于英国东南部,以伦敦为中心的家乡郡,被英国文学塑造成精华地带,是“皇冠心脏”和“英国的腹地”,此说显然是误用转喻的例子,它以“南方”代表整个国家或地区(科斯格罗夫,罗斯科和尼克罗福特 1996; 弗南德兹 1988; 威内尔 1981; 莱特 1985)。结论部分还剖析了在社会分裂及经济重建的影响之下,英国的某些地区更“英国”这种观念是否通过徒步活动得以实现的问题。 5

第一部分

再现性的风景

风景的再现并非与政治没有关联，而是深度植于权力与知识的关系之中。第一部分从种种不同但又彼此关联的视角呈现风景及风景的再现，揭示隐匿的政治及知识关系。多重视角的研究使沉默的风景意象发出声音，使隐藏在关于风景及风景意象的知识和体验之后的社会性基础显现出来——这种社会性基础就是历史上各种排斥与包容的观点。一个中心议题是观景者、景色以及风景的视觉再现和文字再现的社会文化定位。本部分每一章都会就一个制造和消费风景及其再现形式的社会，讨论该社会所依赖的政治、经济、历史、情感或教育基础，揭示表面上同在一地的人们如何以象征的方式栖居在不同地方。某种意义上，第一部分堪称福柯式的风景考古学。

从这一视角考察，风景提供了一个切入文化问题的途径：文化价值、文化延续、文化的价值范畴和无价值范畴，以及文化身份形成神话的建构。风景引起诸多思考：在个体被文化包容的同时，个体行动如何帮助形成文化；个人如何将自我视为某种特定文化的一部分，尤其在由农业革命或工业革命、帝国扩张、战争或战争后果这类社会或民族创伤引起的动荡时期。从多种视角考察，风景成为探索包容或排斥标准的焦点——这些标准是由某一特定阶级制订并借由性别、美学经验、共同体或阶级欲望来传达的。

第一部分探究风景意象的文化习俗和历史背景，以18世纪的英国
9 为例考证哪些个人和阶级占有了哪些风景，牺牲了哪些人的利益。本
部分涉及到如画景色中的距离问题及其与社会距离之间的关系，勾勒
出文化承载者的社会与文化权威性，以及依据其他实有的、文字的或图
绘的景观来理解某一景色的先决条件。此外，还把英格兰边缘山区和
不列颠政治建构过程中冲突与争论发生之地共同纳入关注范围，以此
10 展示风景表述和政治表述盘根错节的关系。

一

批评视角：视景的阶级化/分类

在历史与政治，社会关系与文化感知的交合处发挥作用，风景必然成为……一个摧毁传统的学科疆界的研究领域。

（本德尔 1993:3）

引　言

以下的论述冒犯了常规，但我认为值得冒这个险。我正在寻求多种文化语境中出现的程度不一的“无人风景”——这是我的理解。我得承认对于这个问题，我只能蜻蜓点水，不能纵深进入。因为一旦穷追不舍，我的讨论就可能离题万里。实际上，我已经扯得很远了。尽管如此，我希望能够抵达我的研究目标：对英国而言，探讨富有文化价值的无人风景现象，探讨无人风景作为身份形成之媒介如何以实有性和再现性方式得到传播。随着这一画面的展开，另一幅与之相对立的画面也展现出来。两种现象映衬之下，进入风景区的政治性格外突出。

我进入风景的视角就是将风景视为“文化编码的巨大网络”（米切尔 1994）。本章论及确立了西欧风景画这一流派的两部经典文 11
本的趋同性影响。这两部文本，其一是维特鲁威的《建筑十书》（*De*

Architectura)，写于公元一世纪的建筑专论；其二是忒奥克利托(Theocritus，生于公元前310年)的《牧歌》(*Idylls*)。两部著作在文艺复兴时期获得新生，以意大利文出版并被迅速翻译成其他欧洲文字。

文化生产形塑现实，而非仅仅是模仿现实(巴恩斯和邓肯 1992)。根据这样的认识，我按文化生产把风景分为四组对应的方面加以讨论，它们涉及多种媒体。这四组关系是：(1) 风景与早期剧场，(2) 权力的印刷与印记，(3) 17世纪风景画与18世纪英国乡村别墅，(4) 18世纪舞台布景与全景画。我把这四组方面视为阶级关系辩证过程中的重大时刻，各种文化产物就产生于这一过程，并将阶级进一步神秘化。这些文化产物尚未得到深入挖掘——在这里也无必要深入挖掘。我要做的就是在没有造成太多曲解的前提下尽量简化处理。在时间上离我的中心论点更近的媒介不可避免地受到更多的关注。我知道这样的研究方式从学科"领地"而言，可能会使"猎场看守人"不满。对这些人我会说，我对偷猎并不感兴趣，只是想看看风景而已。

通过来回考察这四组对应关系，分析它们彼此联系和相互影响，我发现在18世纪的英国，文化精英们共有一个想象的共同体，即图绘的，印刷的和实有的"无人风景"。分析过程中，我采用了米切尔的观念：风景并不仅仅是一个名词而且是一个动词；风景有为(landscape does)，风景是"文化权力的工具"，是一种"社会和主体身份赖以形成"，阶级概念得以表述的文化实践(米切尔 1994：1—2)。我还发现(这个发现将在下文详加阐述)，风景盘根错节的联系与影响构成了"复杂的文化过程——在这一过程中，地理空间和社会形态按高低有序的等级建构起来"，而"在其他领域发挥作用的各种层次的象征性等级制度不断推进、强化或分解"这些架构(斯塔里布莱斯和怀特 1986：2—3)。通过追踪精英们的文化想象如何朝社会等级下方播散，归化到"马克思谓之的社会秘文(social hieroglyph)，一种遮蔽了社会关系的符号"(米切尔 1994：15)；我把讨论导向一个更大的论题，即19世纪与20世纪初争取赏景民主化的运动，这种运动的展开方式就是进入原本无人的风景区。我的擅闯领地便由此开始。

风景与早期剧场

传统的艺术历史范例表明，古典的与中世纪的风景再现几乎无一例外地是“象征之风景”，而不是能够传达感官印象的“事实风景”（克 12
拉克 1949）。唤起我们感知的现代风景，即反映空间感与光之效果的风景，最先出现在15世纪的佛兰德艺术和意大利艺术中。这一转变的驱动因素是经验主义的观察、科学的好奇心及数学计算（克拉克 1949；杰克逊 1980；罗桑德 1988）。意大利文艺复兴时期科学透视法的出现，使画家能够借助于数学上正确的形式来表述视景的高度和纵深。据说当时这种精确性在欧洲以外的地方还没有发现。这一范例描绘了一种欧式的线性进步，认为新的观察方式产生了“真实的”风景，这种看法所显现的自满与天真被指责为意识形态神秘化（巴莱尔 1980；伯明翰 1986；麦克威廉和波茨 1983；米切尔 1994）。因为，受制于人为因素，“新的观察方式”遮蔽掉的东西可能如其显示的东西一样多。

几何和数学成为“透视目光——观察者总是从画面之外或之上凝视”的科学根源（本德尔 1993：10），而观察者事实上是从一个审美意义的图绘的角度进行凝视。受过教育的手和眼睛建构、接受、诠释一番景色，而忙碌的底层劳动者也在建构、接受、诠释另一番景色。经过社会与美学高低标准的过滤，透过表面意义和隐喻意义的“视角”，决定了哪些人能看到哪种景色。透视法与剧场在布景中相交，因为透视科学让舞台布景把新的空间幻觉表现出来。[1]虽然画出来的风景传达了纵深与距离的幻觉，但它远远不是现实的。作为一种艺术类别，风景是通过建筑讨论进入意大利文艺复兴艺术理论的。意大利文艺复兴时期的剧场从幸存下来的维特鲁威《建筑十书》手稿的整理版本中获得灵感，使戏剧模式配合舞台布景。[2]

《建筑十书》对建筑空间、风格、比例、结构、装饰以及这些建筑范畴整合起来之后所能表达的意义进行了详尽的梳理。在论及剧场建筑的具体实践时，维特鲁威概述了三种戏剧模式：悲剧、喜剧和讽刺剧（维特鲁威 1960：150）。悲剧演出需要依托公共建筑的背景以反映公众人物的英雄事迹；喜剧演出需要依托家庭住宅的背景以反映公民
13 的私人活动；而讽刺剧（包含牧羊人与农民，仙女与森林之神的理想世界）的上演则应在有风景的舞台上。人类宏伟行动的恰当背景不是风景，而是城市和市民。

在绘画领域，风景画被列为最低一等的画类。实际上文艺复兴时期第一部论绘画的专著并没有讨论风景（罗桑德 1988）。然而，忒奥克利托的《牧歌》，这部长期给其他作者无限启示的田园诗集中，风景却是关键元素。维吉尔的《牧歌》（*Ecologues*，写于公元前42—前37年）是对忒氏《牧歌》的扩写，希腊原文变成拉丁语，饱含道德说教，西西里岛变成想象的阿卡狄亚——世外桃源（罗桑德 1988；肖特 1991；泰勒 1961）。1540年用意大利语发表的雅凯·萨纳扎罗的《阿卡狄亚》（*Arcadia*）不仅使广大的欧洲读者了解到这种田园美学，而且推动了其图绘性的表达。达·芬奇、乔尔乔内、提香及其同道的作品使得风景画开始发展（尽管没有按照直线发展的方式），成为一种独立的题材，具有自己的特色和美学理念（卡弗利兹，戈温格和罗桑德 1988）。作为一种绘画流派，风景画经历了巨大的转变，起初，它以恢宏的景象激发观看者宗教性或准宗教性的体验，后来则转化为更具世俗意味的古典化的田园牧歌。

在欧洲精英读者中，风景作为剧场的比喻甚为流行——16世纪、17世纪与土地相关的印刷品中，以“剧场”为题的文章频繁出现，便是这一点的佐证。这些作品包括宇宙志、地理志、城市图说以及土地使用手册。说到土地使用手册，忒奥克利托和维吉尔堪称这一范畴的创始者（肖特 1991）。同时，随着商业资本主义的兴起，剧场风景的比喻成为常

用词，而剧场本身变得与其说是空间幻想和魔术奇观，倒不如说是戏剧或心理的对抗（杰克逊 1980）。舞台上展现的人类激情兴趣就是“人性详尽而坦白的解剖”（赫西曼 1977：15）的例证，其时，人类激情及兴趣尚未被后来的资本主义驯服和压制。

透视性凝视从多方面适应了商业资本主义对于秩序和法度的需
要。其一，它涵盖了更广泛的内容，除了与土地相关的内容之外，包括
从软装饰剧场到机械装置剧场的全部领域。[3]其二，这种新的风景视角 14
具有实用性，可以用于制图学和土地勘测——在这两个领域，光的艺术
效果以及线性透视和空气透视的作用已经引起关注。威尼斯共和国制
图方式记录了从航海经济向土地资本化的发展，是这种资本主义艺术
形式的生动例证（科斯格罗夫 1988）。

透视性凝视按两种不同模式运作。一种是再现性的，允许在单一平面上如实地表现立体物，使观众能够真实地体验空间。第二种是政治性的，欧洲通过掌握所有实际的和象征性的测量结果而实现了领土扩张。尽管“自然风景的不规则性使其丧失了作为理想舞台的资格”（罗桑德 1988：23），不能成为古典和文艺复兴时期戏剧重大事件的舞台，但自然风景的确在后来“一次次三角测量、一场场战争、一个个条约”（安德森 1991：173）的政治和经济世界中发挥了作用。

空间与权力概念相互联系。无论是将其作为话语形式、现实的再现，还是实存的现实来审视，风景和领土都浸透于权力与知识关系之中（B.安德森 1991；巴恩斯和邓肯 1992；鲍恩 1981；达里恩—史密斯、冈勒和拉塔尔 1996；福柯 1980；哈里 1988；帕姆特 1994）。文艺复兴早期的空间感是通过透视法来表达的。通过这一方式，人们对风景完成了视觉意义的占有。同时，对领土政治意义的占有也开始了——那是一种空前的行为（沃夫 1982）。通过一系列的分类、列举、归类、标记，采集整理知识，将其转化为控制技术（科恩 1996），并收集人工制品、古代文物和艺术品；通过这种研究程序，欧洲把那些难以驾驭但很

快就要被征服的大陆强行纳入一种知识秩序(科斯格罗夫 1988;霍奇恩 1964;托马斯 1983)。

这些过程将中立性质的地理领土转变成文化定义的风景,生成并归化了它们和居住者的身份(达里恩—史密斯等,1996;史密斯 1985)。印刷资本主义是传播那些文化风景的主要方式。贸易和商业总是紧跟地理测量的进展,当新的领土得到测量和理性的、科学的、经济意义的
15 描述,相关风景的雕版印刷品作为布景重新来到舞台上。

权力的印刷与印记

在一个存在各种层级的社会里,一种共同语言对于想象的共同体的形成至关重要(B.安德森 1991)。印刷出来的方言文字就是一种共享的符号,一种新式的"圣餐饼",不是被身体而是被心灵吸收。印刷资本主义含有重要的图绘性成分。印刷出来的图画,其"语言"更为民主,更容易被粗通文字的阶层迅速接受(P.安德森 1991;阿瑟顿 1974;纽曼 1987)。如果把风景话语视为一个"想象的共同体"语言的非任意性符号(nonarbitrary sign,米切尔 1994),那么地形图解就是其最纯粹的表达方式。

中世纪和文艺复兴初期的风景描述大多呈现为展示或支持神圣秩序的彩色全景画(panoramas)。文艺复兴鼎盛期的风景画笔触更为精细,描绘田园风光。在欧洲探险和殖民扩张时期,风景画依然展示或支持神圣秩序(某些情况下,就是新教秩序),但反映的则是商业资本主义的价值观和利益,这种风景画融入了"印刷文字的黑白形式或铁版雕刻"(杰克逊 1980:72)。

17世纪和18世纪初期英国地形学研究尤其活跃。对此,早已确立的经验性观察方式作用甚大,那些在国内外测量和描画土地的职业制图员居功至伟,他们的赞助人古董商们也功不可没(史密斯1985)。越

来越多的读者读到了这些发现和探险的图解性叙述，面面俱到的凝视囊括了“世界”风景的全景。出版的版画集、插图本、杂志和报纸文章体现出风景的文化商品化，有关的风景描述和图像激发并满足了公众的兴趣。例如，1773年至1775年间《绅士杂志》（*Gentleman's Magazine*）刊登了库克船长航海太平洋的航线图。人们对国内风景的兴趣不亚于对奇异风景的兴趣。英国的郡县图解集数量远远超过了它的欧洲对应物（哈里斯和杰克逊—斯特普斯 1984）。

“印记”（imprint）一词有多层含义。它可以指印在书本卷首插画上出版者的名字和地址（插画一般对着书名页），[4]也指一座房屋在土 16
地上的实物标记，某一特定阶层持久的文化符号，或一种永恒的“印象”——也是书本和印刷世界词汇的一部分。所有这些含义汇聚在一种印刷出来的意象之中。这些反映了权力印记的印刷品，也就是鸟瞰图（bird's-eye view），是透视性凝视的象征。尽管在欧洲其他国家也可以发现它的踪影，但在此讨论的鸟瞰图主要与英国风景相关。的确，在英语用法里，“鸟瞰图”是“风景”的一个定义（《牛津词典》1971）。

1708年在伦敦出版的对开本大小的《大不列颠新剧场》（*Nouveau theatre de la Grande Bretagne*，基普和尼弗），可称为最全面的英国郡县图解。开章第一篇描述了林林总总的乡村别墅，是用法语写的。这样一来，就拉开了文化精英与印刷图像的距离——这本图解是为文化精英们量身定造；而图像的语言形式更为民主，易于理解。达官贵人预付订金以确保他们的乡村别墅能够入选，被描画出来或雕版印刷出来。80幅的对开图画（45 × 30 cm）下面附有英语说明，写出业主冗长的头衔和等级。[5]（出版者是否意识到，如果不用明白易懂的语言点出入选者在文化等级中的位置，那他入选在《大不列颠新剧场》里就没有什么意义？）

显而易见，这些宫殿和乡村别墅的鸟瞰图给人一种居高临下的感觉。人如其屋，居住在乡间的精英们也主宰着当地的社会、政治和经济（见图1和图2）。

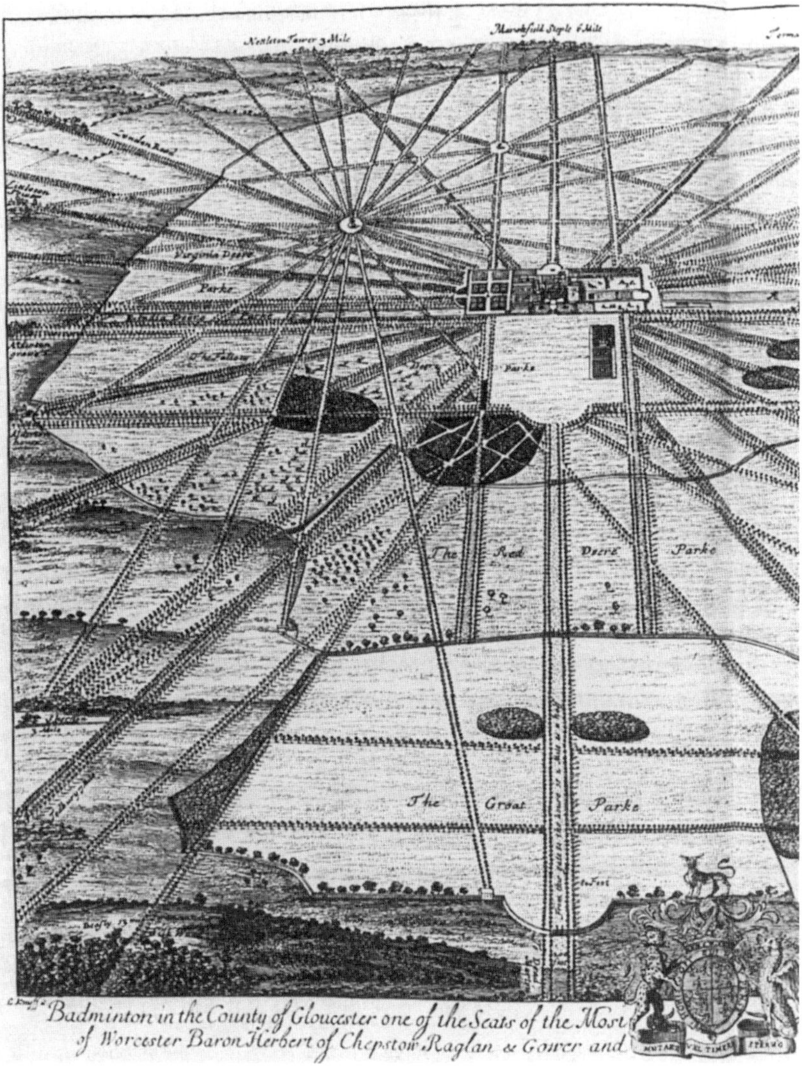

图1 《大不列颠新剧场》图版12,"波弗特公爵的别墅之一,格洛斯特郡的巴德明顿"。

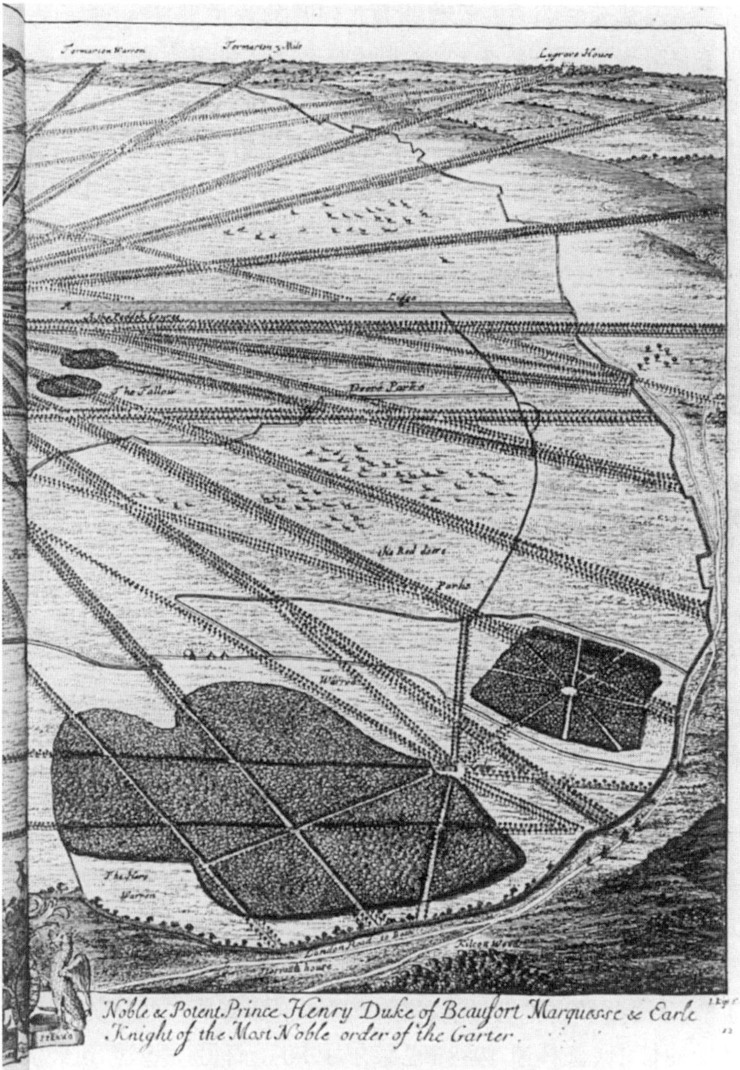

图2　《大不列颠新剧场》图版12，“波弗特公爵的别墅之一，格洛斯特郡的巴德明顿”。

> 当波弗特公爵在巴德明顿正门后的沙龙用餐时，他正处在条条林荫大道的汇聚点上，这些林荫大道伸向周边的乡村。这象征着当地所有的权力和影响之路都要向他汇聚——他不仅是一个大地主和古老世家的继承人，而且是威尔士的郡长和议长。
>
> （吉鲁阿尔 1980：145）

翻看第一版《新剧场》里一幅又一幅图画，看着一个又一个别墅的景色：俨然而立的树木、修剪齐整的灌木，对称摆放的胸像及一排排雕像，你会忽然觉得它们像沉默的观众，等待着空旷的巴洛克式花园里空
17 荡荡的舞台被激活。画面上偶尔会出现一群男人在玩滚球，一两个人在宽敞的路上踱步，骑马的随从紧跟着奇异的马车，马和猎犬跑过远处的田野。但大多时候，这些风景里空无一人（见图3—6）。

即使在以农耕为背景的绘画中，人烟也很稀少。鲜有耕作者出现，即便有，即便在收获季节，有大量农活需要劳动者来完成，也只见寥寥几个男女在广阔无垠的田野上收割，好像永远也干不完手上的活计。[6]无论是收割，耙草，还是装运，他们实际上和比喻意义上都是外围的点缀——身处画面的远处，秩序井然的庄园的边缘，在堪为国家堡垒的地产的外沿（见图7，图8）。这种乡村绘画忽略了构成风景基础的人类劳动，留下太多需要解释的空白，而这一解释与最终人们进入风景相关。

《新剧场》可以作为一本政治的而不只是美学的文本来阅读。能得到这种鸟瞰图的人不是订户或购买者，就是接受赠书的赞助团体的成员。他们很清楚收割是非常艰巨的农活。绘画表现了收割时节，但劳动者缺席，这一现象并非只是艺术的疏漏。整个策划取材意在地形描摹。[7]一些学者把劳动者的缺席归结于拥有地产的精英对于偏爱之风景的怀旧（普林斯 1988；巴莱尔 1980），而另一些学者认为这种缺席是对集体行动的害怕，或上层建筑的意识形态的功能表现（伯明翰 1986）。

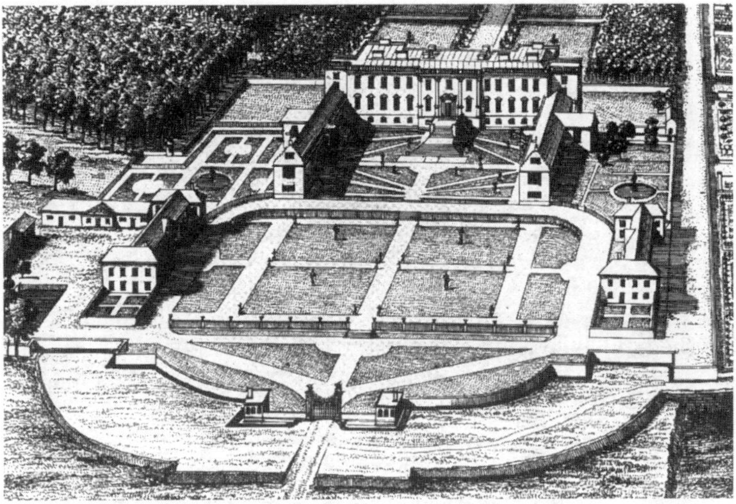

图3　《大不列颠新剧场》图版41(局部),“威斯特摩兰郡的劳瑟别墅”。

图4　《大不列颠新剧场》图版58(局部),“剑桥郡……哈特利·圣乔治”。

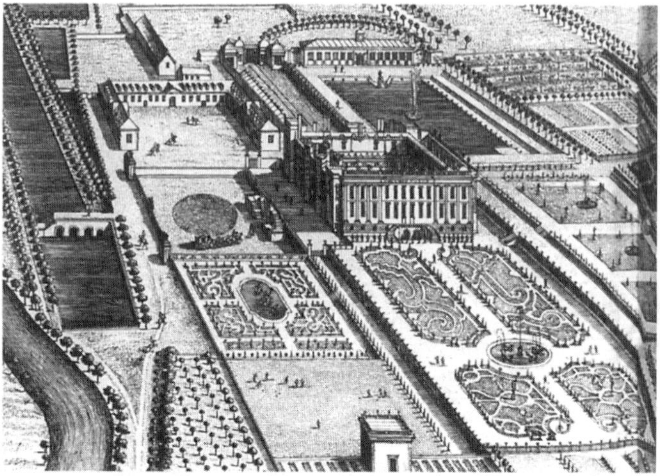

图5 《大不列颠新剧场》图版17(局部),“德文郡威廉公爵和伯爵……查兹沃思别墅……”

图6 《大不列颠新剧场》图版17(局部),“德文郡威廉公爵和伯爵……查兹沃思别墅……”

图7　《大不列颠新剧场》图版78(局部)，“约克郡西区的维克斯里别墅……

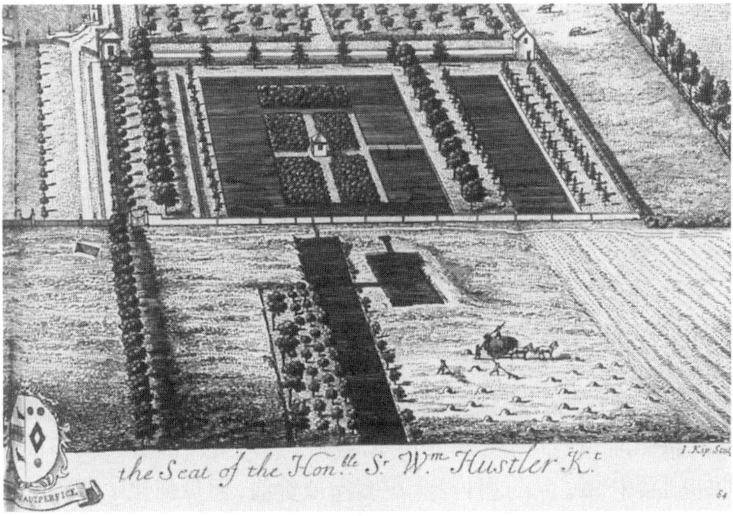

图8　《大不列颠新剧场》图版64(局部)，“克利夫兰的阿克兰穆别墅……”

综合上述观点，可以有这样一种看法：含有剧场隐喻的印刷品既是一种内部流行的风景理念表达，负载了一个统治阶级的社会印记，它们也是向外传播那种理念的方式。此外，我们认为，劳动和劳动者的缺席现象说明了上流社会与底层人民之间的不和谐：一边是井然有序的别墅花园里放射状分布的大量雕像和胸像，一边是零星散布在田野四处弯腰干活的少数农业劳动者。一方是另一方的反衬。从下面引文中，我们可以发现诡态（grotesque）就是“以排他的方式，从位于高处、内部和中心的视角指认谁是边缘人、底层和外来者”（斯塔利布拉斯和
18 怀特 1986：22—23）。巴赫金对于高低范畴的探究有重要启发性：

> 大众狂欢中的人类身体与凝固为古典雕像的人类身体大相径庭……他注意到两种身体图像象征着两种完全对立的存在状态。首先，古典雕像过去总是放置在柱基上，意味着它是高高在上的、静止的、不朽的。柱基或底座这一基本事实标志着古典雕像具有完全不同的身体概念，与多样丰富的、总是构成喧闹群体一部分的诡态身体概念完全相异。对比之下，古典雕像是超验个人主义的光辉中心。“座基上”的雕像凌驾于观赏者和公众之上，使他们被动生出仰慕之心……诡态身体则突出了交换过程中活动的、分裂的、多重自我的欢乐主体，不可能脱离其社会背景或生态体系，而古典身体总是与它们保持距离。
>
> （斯塔利布拉斯和怀特 1986：21—22）

巧隐于别墅中的超验个人主义，部分依靠农业基础而生，即使它同时也依靠贬抑“流汗的粗人”（希尔 1992：129）。在描绘权威和社会等级的印刷品中，赋予了这种贬义更多象征价值，而且强化了印刷品意欲建立的身份意识。有意义的是，支撑乡村、别墅和别墅生活方式的财富的真正来源不再完全由农业劳动提供，还由包括贸易、商业甚至工业在

内的其他产业提供。在此探讨的印刷品剧场也帮助模糊了这些生钱之道的社会关系，使财富隐匿在土地的修辞里。

印刷品里的“乡村”有两层含义：国家的疆土和生产农产品的土地。鸟瞰图的剧场横跨了这些相联接的权力领域——在此，财富、疆域、社会精英聚合在一起，形成了权力的双重印记：乡村别墅作为国家疆土的本地化的形式被反复呈现，而作为物质文化的《剧场》则是展现“乡村”成员类别之间以及内部社会身份的手段。在文化意象的交互 19
强化的过程中，国家与以政治和经济方式代表国家的人们通过土地得以再现。

后来《新剧场》的开本缩小（从原来的45×30 cm变成23×36 cm），但新的版本参差繁杂，容量不断增加[8]，从1708年的一卷本变成1715年的五卷本，18世纪20年代又推出新版本。此书的走俏说明17世纪末期到18世纪中期越来越多的乡绅拥有土地和乡村别墅，也显示了深谙建筑之道对于乡绅的重要性。别墅印刷品在赞助人圈内传播，使得入选《新剧场》的达人和别墅进一步增加[9]。文化资本和风景不可分割地纠结在一起。商业财富本身不能成为文化资本，但是提供了获取文化资本的方式。随着商业精英购买贵族头衔，财产取代了血统而成为国家文化的领导力量，此时英国乡村别墅的风景也就成为这些权力具体化的表现（奥维格 1993）。

银行家亨利·霍尔二世（Henry Hoare II，1705—1785）就资助了贵族们18世纪早期风景再造的狂热（伍德布里奇 1989）。《新剧场》所描摹的中轴布局的巴洛克式花园和林地被开阔的伪自然主义的林园（parkland）所取代。大量放贷和从事奴隶贸易给霍尔带来滚滚钱财，使他能够投资建造自己位于威尔特郡的斯托尔海德庄园的主要景观。现在被称为英国国民托管组织（National Trust ）“皇冠上的珠宝”的斯托尔海德，按照罗马风格重建，是阿卡狄亚的华美翻版（见图9，图10）。霍尔成功地将奴隶财产转换成庄园地位，把物质形式赋予“心灵铸造

图9　斯托尔海德：小桥湖泊与万神殿。(作者摄影)

图10　斯托尔海德：万神殿(1753—1754)，建筑师亨利·弗里特克罗夫特。(作者摄影)

的镣铐”（布莱克 1794，艾布拉姆斯 1986）中新的一环，遂使建立在国外的奴役或国内的贫穷之上的社会关系隐匿起来。

英国乡村别墅的布局不再遵守僵硬的中轴对称风格——当时人把这种风格与法国强硬的君主绝对主义的政治体制联系起来。而用于建筑物本身的审美原则，形成了“井然有序的直线性理性主义的缩影”（斯通和斯通 1986：239）。说到重构地面和建筑时，我们又会遇到同样的两部经典，维特鲁威的《建筑十书》和维吉尔对忒奥克利托 26
的《牧歌》的翻译。帕拉第奥·安德烈亚（1508—1580）就是根据《建筑十书》严格对称的美学原则设计了本尼图地区的维琴察和周边的建筑。帕拉第奥主义，其风格源于帕拉第奥设计的建筑及发表的文章，由伊尼戈·琼斯（Inigo Jones，1573—1652）在17世纪初介绍到英国，但是新帕拉第奥主义或新古典主义的复兴要到一百年后才羽翼丰满，以柯伦·坎贝尔著述的《不列颠的维特鲁威》（*Vitruvius Britannicus*）三卷本（1715，1717，1725年出版）为标志。伊尼戈·琼斯的古典主义建筑的雕版画逐渐被其他图籍补充完善，其中包括坎贝尔及其他新古典主义建筑师为英国贵族们重建乡村别墅和住宅使用的建筑风格。

从意大利乡村到英国乡村

古典教育形成的文化感知和价值观，最终在具体的风景中得以体现。越来越多的英国精英男士在牛津大学和剑桥大学接受正规教育，因而接触了更多的古典建筑美学、希腊文学和罗马文学。当时认为这类知识对于培养文化趣味和气质是必要的，是一个绅士应具备的比血统更重要的标志（基诺尔德 1980；斯通和斯通 1986）。古典文学和建筑研究成为“进场时额外而昂贵的智力装备”（安德鲁斯 1989：3），推动以新的眼光欣赏风景。同时，也使那些受到良好教育的人感受到古典文学所描画的那种城市与乡村的对立关系。要么把农业生产艰巨的现实转换成理想的田园风光（如维吉尔的《牧歌集》），要么赋予乡村世界的劳作一种道德纯正性（如维吉尔的《农事诗》），古典作品提升了乡村生活的层次（迈尔斯 1980；威廉斯 1973）。

教育和旅行一起强化了18世纪牛津和剑桥精英们按照绘画和文学标准智化风景的方式。半义务性质的意大利修业旅行（Grand Tour），使得英国年轻的鉴赏家们，或所谓的业余爱好者（dilettanti），不仅能购买到一些古董（有时是赝品），而且还能收集大量的17世纪末期的风景
27 画，这些风景画通常描摹了以古典神话形象、洞穴、神庙和建筑废墟为背景的理想的、古典的意大利乡村景色（见彩图1，2）。1734年，业余爱好者协会在伦敦成立，这是修业旅行归来者的聚餐俱乐部（卡斯特 1898），年轻的贵族和有钱有势的男子形成了具有政治文化影响的团体，他们的妻女们在宫廷或其他地方服务[10]，使得彼此的关系进一步加强。

修业旅行并非是几个月的浮光掠影式的旅行，而是要花上两年，三年或更多年的时间，这期间年轻的英国贵族与他们的游伴一起接受美学教育。甚至连约翰逊博士这类人也因为没有能力做修业旅行而自认低人一等（塔什基恩，塔什基恩和恩莱特 1990）。特别是在意大利，业余爱好者以近乎放纵的热情收集艺术品[11]，他们与其他鉴赏家不断收集的古董和绘画使得伦敦艺术市场空前活跃[12]。

为了与他们所了解的阿卡狄亚美学吻合，人们改建英国乡村别墅的巴洛克置景。这种美学引导他们获取无与伦比的收藏——克劳德、普桑、杜盖等人的古典田园绘画作品，从中得到的教育又强化了阿卡狄亚美学[13]。在古典田园文学（也就是忒奥克利托的《牧歌》，经由维吉尔的《牧歌集》，还有萨纳扎罗的《阿卡狄亚》）及其图绘的熏陶之下，人们重新布置英国乡村别墅的景观。其结果就是田园风格的如画林园环绕着新古典主义风格的建筑。

当英国贵族和上层乡绅住宅的环境经改造符合古典风景画那种营

造出的自然性特质时,现实与再现之间的区分也就模糊不清了：

> 至高的“现实主义”得以实现……当艺术的能指(signifier)是与周围乡村毫无区别的风景花园时……当风景和自然与某一实体环境融为一体时,这种环境并未停止负载与自然有关的价值意义和规范意义。相反,这些意义变得更加自然,因为它们看起来不再源于某一主体、某一作家或艺术家创造的艺术景色,而是来自客观的现实本身。
>
> (奥维格1993：319)

风景可以具有权力剧场的功用,这一点在基普和尼弗的不断演进的雕版画中尤为突出。改造过的风景,比起过去,其剧场权力不是更小,而是更自然,进一步使实际的权力关系神秘化了。 28

透过阔大的乡村别墅的窗子所看到的景色,现在反映了室内悬挂的绘画作品。意大利田园绘画与依其风格而建的英国乡村别墅风景,双方构成密切的互文关系——这些庄园本身被视为“某种意义上我们国家最古老最伟大的艺术长廊”(布兰登 1935：6)。反过来,奈杰尔·格雷斯利爵士在峰区拥有一座豪宅——德莱克露维厅,1793年他委托保罗·桑德比在其中一间屋子的墙壁上绘制再现峰区风景的全景画。除了一面有观景窗的墙外,整个房间就是一幅呈现了窗外风景的全景画,墙壁前面几英寸处设了栅栏,还留有敞开的边门(见彩图3)。这是奥维格谓之的“至高的现实主义”的另一极致。这一现象也反映了如画风景美学和全景画的普及。

然而,无论是在现实中,文学或是艺术中,别墅景色或前景只能通过继续压制或掩饰农耕场所的人类劳动才能得以保持,而拥有土地的精英们就是从这些劳动者那里劫夺了大量财富。至此,在早期鸟瞰图里被艺术地删除的人实际上成为被清除的人。具有审美愉悦的田园风光是这样创造出来的：把农业过程、农业劳动者，甚至整个村庄从视线里清除出去，留下无人的、如画的风景，使特权观赏者能够观赏纯粹的画面。

议会通过的圈地运动在经济利益驱动下的加速，与这种美学清场紧密结合。这意味着圈地运动的影响深远而广泛，导致伦理秩序与视觉世界的重塑[14]。的确，由于农业不再是唯一的财富之源，美学清场才成为可能。正是早期道德世界的崩塌，才使得从戈德史密斯到约翰·克莱尔的诗歌充满抗议之声，这些诗歌表达了"一群人的悲哀和愤怒，对这些人而言，铅灰色的现在与金色的过去不仅是历史的或神话的经验，而且是个人的经验"（布朗洛 1983：4）。

针对无人风景的抗议诗不可避免地产生了，其代表作为《荒村》（*The Deserted Village*），诗中这样写道：

……富裕而傲慢的人
占据着许多穷人曾生存的空间；
29 他的湖泊、他的林园无限扩展，
土地便这样，遭受了奢侈的背叛；
自然曾展现过的质朴的魅力
正在衰减，壮丽的景观出现；
景色令人震撼，宫殿使人惊叹；
在微笑的土地上，饥荒肆虐，
悲伤的农民带领他卑微的队伍；
当他沉没，没有一只援手施救，
乡村一片繁荣——一座花园，一个坟墓……

（戈德史密斯[1773]；艾布拉姆斯 1968）

当马尔萨斯正在论述人口过剩的恐惧时，英国的乡村人口却在减少，布莱克的《经验之歌》就取材于这个现实。

当“被剥夺的戏剧成为财产的剧场”（博兰德 1995），文化精英们的视线又越过他们的林园胜境，投向已扩大的、篱笆围护的、改良了的农田风景[15]。当英国别墅风景再造正在展开，普通人的权利丧失殆尽；议会通过的圈地法案使村庄的公共场地被圈了起来（伯斯弗德 1961；巴特林 1979；冈勒 1912；明盖伊 1976）。权力运作显然有所转移，乡村别墅景观设计得蜿蜒曲折，而圈地后扩大的新农田却显得整齐划一，犹如土地测量员的直尺画出来一般。农业改良的景观给乡村别墅的居住者提供娱乐之地，因为农业改良的活动——那被认为“值得英国贵族追求”的事情（杨格 1971；转引自斯通和斯通 1986：302），促使精英们更多地介入庄园经营，结果延长了他们在乡村居留的时间。[16]

18世纪英国剧场布景和全景画，观众的教育

风景进入娱乐领域的另一种方式是剧场。沃土植被再现或诠释了绘画作品，而绘画本身又是想象性地重现诗歌中的过去风景，在这些微妙作用之下，写实性的含义已然消失；但18世纪末期的伦敦剧场 30
需要更写实的风景再现。从这层含义而言，写实意味着准确地再现豪华别墅的风景，以及出现在《铜版杂志》（*The Copper Plate Magazine*）和《鉴赏家博物馆》（*The Virtuosis Museum*）之类插图出版物中的特殊地标的特征。这些杂志供稿人既是剧场布景画师又是雕版画家（帕里斯 1973）。正是这些剧场布景画师在19世纪中叶告别了剧场而去绘制全景画（海德 1988）。

在进一步探讨前，我们有必要再讨论一下伊尼戈·琼斯。他不仅将古典建筑介绍到英国，还为詹姆斯一世和查理一世的宫廷假面舞会充当舞台设计师，在英国舞台上展现了维特鲁威推崇的景色。其时，英国剧场是意大利巴洛克式对称拘谨风格的一统天下（一百年后基普

和尼弗的《新剧场》中的花园和场地正是其写照），琼斯设计的乡村牧歌布景“更自然，更有英国情调，背景幕上是宁静的麦田”（罗森弗尔德 1972：171）。[17]正如他对于古典建筑的引进一样，琼斯的布景革新要到18世纪才得到推广，在居瑞巷剧场和考文特花园皇家剧场，在复辟时期查理二世准许经营的专业剧场或剧团采用。

同时，风景布景在英国哑剧中也赢得一席之地，英国哑剧保留了早期庆典和演出的即兴喜剧艺术元素。由于它的狂欢性，哑剧成为允许逾越社会秩序的场所。在这里，风景布景构成了乡巴佬严惩贵族们的故事背景（罗森弗尔德 1972），象征性地颠倒了基普的鸟瞰图所描摹的农业工人和古典雕像之间的关系。到了18世纪中期，英国哑剧中的风景传统已经确立。对地形学和历史的准确性的要求（这一要求正好与英国早期浪漫主义运动同步）导致更写实的风景再现，包括舞台上燃烧的麦田（不再宁静？），同时地形细节不够准确就会招来批评（贝克西德尔 1993；芬克尔 1996；罗森弗尔德 1972）。哑剧既包容了户外集市的狂欢世界，又包含了室内的剧场世界。矛盾的是，剧场是封闭的聚会场所，而风景在剧场中却占据了重要的位置。

乔治王朝时代的剧场地位一般比较低，令人生疑且不稳定，伦敦
31 的合法演员则自如地穿梭在特许剧场与放肆的狂欢和集市之间（布鲁尔 1997；拉塞尔 1995；斯塔利布拉斯和怀特 1986）。像大卫·加利克这样的大牌演员使表演成为值得尊敬的职业，因此剧场对于培养文雅的公众舆论，甚至文雅公众本身起了重要的作用。文化语义观取决于话语场所间的这种置换（displacement），每种场所都有自己的法令和协议，用于社会身份的编码。此外，

> ……最有意义的置换类别是跨越了语义材料的不同疆界的那种，跨越的幅度显得很大，甚至成为惊人之跃，跃过社会意义上不平等的话语领域……身体和话语法则是通过合度的举止、习惯和

> 态度的形塑来规范的，而“合度”(appropriateness)对于每个社会领域而言都是一种关键的规范性因素。
>
> （斯塔利布拉斯和怀特 1986：198—199）

说到粗野的举止，剧场里观众与露天市场拉长脖子傻看的看客半斤对八两，他们的社会领域在这方面似乎没有太大差别。观众必须被教得文明，他们得克制自己不要把剧场看成一个政治舞台，“包厢、正厅后排及最高楼座这些社会编码的等级”(拉塞尔 1995：16)有时嘈杂喧闹，有时骚动不安地演出。教化的过程要求观众从巴赫金所描述“多样丰富的、总是构成喧闹群体一部分”的“诡态身体”(斯塔里布莱斯和怀特 1986：21—22)变成古典雕像似的静止。观众得知道自己是在什么地方，并愿意待在那儿，静止而沉默，而不是表演期间到处走动，交谈、斗殴，或者跑去和演员说话。巴赫金式的雕像也在舞台上出现，因为在18世纪末期，特许剧场也使用哑剧的技巧表达情感：以“醒目的姿势”(就是具有“视觉设计的可读的外形”)来“凝固特别有意义或情感共鸣的瞬间”(贝克西德尔 1993：176)。

对于那些有品味的人而言，剧场成为风景写实主义的场所。那类写实主义的主要来源是当时十分流行的描述太平洋发现之旅的插图(米切尔 1994；罗森弗尔德 1972；史密斯 1985)，以及正在英国兴起的如画风景旅游(贝克西德尔 1993)。画家从中收集素材并给予表现，例如风景艺术家菲利普·雅克·德·卢泰尔堡(1740—1812)。他是 32
美术学院及后来的皇家学院中一位受人尊重的会员，1772年受演员兼经理大卫·加利克委任，担任居瑞巷剧场一场哑剧的舞台及布景的唯一的设计师。

剧作家与舞台设计师两者之间的密切联系是“一个自伊尼戈·琼斯以来还未被接纳的过程”。通过与剧作家合作，卢泰尔堡最终成为“英国有史以来最有影响的舞台设计师”(乔皮恩 1973：n.p.)。卢泰尔堡绘制的布景，无论是浪漫情调的还是如画风格的——奇崛的群山和奔涌的急流（见彩图4）、地形特征突出的场所、暴风雨中的大海和天空、沐浴在光中的全景景观，都由于与17世纪意大利新古典主义绘画相似而受到评论家的好评（芬克尔 1996）。他在居瑞巷剧场及皇家剧场备受欢迎的多幅风景画被其他地方剧场争相模仿（罗森弗尔德 1972），从而使文化精英的风景趣味得以传播，影响到广大的公众[18]。具有讽刺意味的是，在卢泰尔堡的布景里，一些为他所激赏的风景特性正是加利克的朋友，《荒村》的作者戈德史密斯所抨击的。

为了追求风景的写实性和如画性，卢泰尔堡1778年游历了德比郡的峰区，为来年的居瑞巷剧场的哑剧《德比郡的奇观》作些实地研究。奇观包括德文郡公爵的乡村别墅查兹沃思庄园，它具有宏伟的规则花园和广阔的林园[19]。除此之外奇观就几乎全是地理风貌，是霍克斯沃思《航海记》（*Voyages*，1773）[20]插图所描画的各种海外奇观的国内版。正如伯纳德·史密斯所写："此时此地，在剧场及绘画中，奇异风景及民族的再现是自然主义的预兆。"（史密斯 1985：117）《德比郡的奇观》是第一部

> 在英国舞台上专门把风景作为戏剧表现形式的哑剧，情节发展只是多种景色变换的铺垫……布景设置……之所以变得特别有趣，在于不再遵循传统处理方式把舞台侧面与上缘布景分开，而是将两者连为一体，形成弯曲的、椭圆形的连贯曲线。
>
> （乔皮恩 1973：n.p.）

卢泰尔堡布景的写实主义与其舞台上"连贯的曲线"的结合，最终导致
33 了一种完全无需演员的自然主义。

从1782年到1793年间，卢泰尔堡偶尔展示他的eidophusikon，一种专门表现无人风景的微型剧场，布景效果就等于表演（芬克尔 1996；

乔皮恩 1973)。这预示了具有透视感的广角全景画以及后来的活动全景画的出现。后者作为活动背景又被用于哑剧。1789年罗伯特·巴克尔绘制的爱丁堡及其周边景物的360度全景画(他称之为“自然的一瞥”)在伦敦展出。全景画所显示的观景方式具有文艺复兴透视绘画的特征,被视为“沿着透视法绘画的传统……引领到一个逼真的新时代”(威尔科克斯 1988:25)。1799年在巴黎,美国的罗伯特·富尔顿展出了一幅“准确逼真,没有一个演员在场打扰的宏大的环形新世界全景画”(杰克逊 1980:77),获得了巨大成功。

从卢泰尔堡的“弯曲的、椭圆形的连贯曲线”到观众看不见一个人的那种四面环绕的、反转的全景监狱*,透视性凝视得以完全实现。其结果是没有演员的剧场,展示的是无人的风景。后来,路易·达盖尔,巴黎歌剧院和通俗剧场的风景画家,达盖尔银版照相法的发明者,继续绘制微型立体布景(dioramas),其视角小于360度。像卢泰尔堡的微型剧场一样,达盖尔的立体布景强调了光的效果。这些画具有令人惊叹的写实主义特色,一位当时观者写到,“人们试图离开小房间到那野外漫游,登向山的顶峰”(引自纽赫尔 1946:16)。一些全景画中散见的几个人物向观众表明,人们的确有可能登上山顶观赏无人风景(见图11,图12)。风景已经从背景移到了前景,这一变化过程中风景起的作用是极具戏剧性的。

作为一种娱乐方式,最初,全景画和立体布景要么在独立的圆形大厅展出,要么在特许剧场哑剧中以卷轴画的形式展现,主要观众是贵族和中产阶级。到了19世纪,剧场布景画家离开哑剧舞台,转而为集市上的巡回演出绘制全景画,广大的公众也就有机会接触全景画和立体布景了。由于布景画家的参与,全景画和立体布景得以推广到首都之

---

* 全景监狱(panopticon),是边沁设想的一栋环形建筑,看守在中心瞭望台上可以看到每所囚室里的囚犯。——编注

图11　约翰·诺克斯,1810,“洛蒙德湖西南景”,油画,62.2 × 157.5 cm。

图12　约翰·诺克斯,1810,“本洛蒙德山西南景”,油画,62.2 × 157.5 cm。

外的城市,出现在当地专门为此修建的圆形大厅,那里面为不同阶层的观众提供不同设施。作为再现的方式,它们极大程度地影响了传统画
34 室的绘画,以至当时批评家认为全景画家是对学院派的威胁:

> 全景画如此流行,是对精英画家的威胁,是对他们艺术技艺的盗用,这一现象会愈演愈烈,因为全景画家很快将侵入学院派们卫护的专属领地——那些多少称得上是历史画的作品,诸如战

役画、战争画的领地。

（引自科芒1993：60）

基普和尼弗所描画的风景中，建筑和造型植物看起来像沉默的观众等待着演员的出场。全景画就是演员，沉默地等待着观众。鸟瞰图基本上（或完全）是无人的。它们只是为社会上一部分精英制作的、有关精英们的文化产品，这些精英依赖与大众之间的多种距离，如空间、语言、举止等等。最早的全景画几乎（或完全）也是无人的（后来的全景画通常描画战役场景和人烟稠密的都市景观）。这类全景画是面向尽可能多的观众的文化产物，反讽的是，至少在初期，这类画给人一种孤寂的印象。的确，为了保证这一效果，有时会限制观众的数量。全景画在“更低的阶层”大受欢迎，《图说伦敦新闻》将这一现象称为“全景热”（panoramania，海德 1988：11）。

全景画赋予景色及赏景行为文化价值，并将这种价值广泛传播。在19世纪，英国有几百万人蜂拥而至，观赏全景画，借此而游览了密西西比河、穿越了欧洲、做了极地探险、丈量了勃朗峰（海德 1988；沙玛 1996；威尔科克斯 1988）。威尔科克斯称“全景画的成功不在于创作了伟大传世的艺术作品，而在于培养了艺术的新受众，传达了艺术表现极限的新理念”（威尔科克斯 1988：42）。我会将这一观点更推进一步。正如风景作为剧场这一隐喻在欧洲受过教育的人群中流行开来，推动了商业资本主义的透视性凝视；全方位的鸟瞰视景广泛流行，潜移默 35
化地促使人们从假想旅游转向实地旅游。

这种旅游蕴含着大量商机。欧洲旅游在早期只限于贵族及牛津剑桥的精英，他们乘着私人马车，悠闲自得地漫游，遥无归期，部分依靠揣着政治性的或社交性的介绍信而畅行无阻。从18世纪后期开始，国内旅行成为中产阶级的时尚。因道路改善和铁路发展，旅行变得更舒适、更快捷。持续近一个世纪的英法之间的敌意的终结意味着，由全景画而了解国外乡野风景和都市风景的新兴中产阶级，可以通过托马斯·库克及类似企业家的安排游历欧洲大陆。至于“更低的阶层”，他们可以步行或者乘坐便宜的火车在国内的无人风景中短途旅行。全面开发国内无人风景区旅游要到20世纪才开始，本书将在后面章节探讨这个问题。

同时，在风景（特别是无人风景）被文化价值浸透的过程中，全景画的功用不亚于意大利风景画对乡绅的功用。如同意大利风景画一样，全景画成为一种媒介，不露痕迹地传播了特别的理念。全景画吸引
36 了大量观众，让观景成为具有文化价值的美学体验。全景画和立体布景反映了把人排除在风景之外的模式的转型，既有间接的——在观看再现的风景时，也有直接的——在推动旅游时。

文化模仿

无论是17世纪古典风景绘画，还是18世纪早期布局严谨的风景黑白鸟瞰图，或是18世纪后期以湖泊、洞穴、希腊庙宇等为背景，展现如画的缓坡林园的绘画，风景俨然成为一座实有的或抽象的宝库，蕴藏着纵横交错的观念，而这些观念根植于一个更大的先前存在的意识形态体系之中。这种体系好像在不断地回溯到某种社会稳定时期——时间上和地点上定位于各种往昔黄金时代（巴莱尔 1980；吉鲁阿尔 1980，帕里斯 1973；佩恩 1994；斯图亚特 1979；威廉斯 1973）。潜在的权力话语由“风景”、“自然”、“文化”及“民族”聚合而成。通过对其进行符号学研究并对风景等词语的多层含义进行语源学考证，我们发现人与风景之间存在着富有象征意义的意识形态和恋物化的认同（奥维格 1993）。同样的研究也表明土地修辞学能够负载政治性的绝望和愤怒（帕姆特 1994）。

那种恋物化的认同、无人风景及其在18世纪英国的流行程度，这

一切通过研究其文化模仿模式可见端倪。从17世纪末期到整个18世纪，这一阶段目睹了当时人称之为“中等类别”（middling sort）的崛起： 37
商人、工匠、（也许最重要的是）新近迅速壮大的专业人士。中等类别对社会高层人士进行文化模仿而绅士化，这一现象对于以下论点很重要：一个由或多或少无人风景建构的、想象的共同体延伸到更广泛的社会等级。在本章的讨论中，下面这段引文可以表明英国贵族资产阶级——而不是恩格斯称之为的资产阶级贵族，成为文化模仿的结果。

> 中等类别的崛起如此重要，是因为他们对上层阶级的态度。他们不怨恨贵族，而是急于模仿，立志模拟绅士的教育、风度、举止而绅士化。他们把孩子送到寄宿学校学习社会礼仪，他们让妻子不再工作而只待在客厅喝喝茶，他们资助剧场、音乐厅、印刷所、流通图书馆，他们读报纸、杂志和小说……他们的态度形成一种胶合剂，将一个国家半数的上层人士或更多的人胶合在一起，在绅士文化中趋于同质而未伤及精英的霸权……无论这是如何做到的，英国土地精英最大的优势，就是成功地使低于他们的人从心理上一起选择进入绅士的地位等级制中。
>
> （斯通和斯通 1986：291—293）

贵族继续受到尊重（韦尔斯 1935：13—15），从而形成了社会关系中的“胶合”部分，也就是众所周知的“势利”（snobbery）。我已经讲过程度不一的无人风景如何形成一种特定的美学，不仅在文化精英中流行，而且在“中等类别”所接受的剧场布景及全景画中再现出来。第四章和第五章分析了这种美学发展到19世纪则成为阶级划分的道德手段，而“低等阶级”也对这种划分做出反应。

为了弄清楚无人风景是如何向更大的读者群呈现，我们将对五本18世纪的英国出版物进行评论。它们是插图丰富的《铜版杂

志》(*Copper Plate Magazine*),桑德比出版的画集《鉴赏家博物馆》(*The*
38 *Virtuosis Museum*),插图较少的《大不列颠珍品》(*Britannica Curiosa*),[21] 始于1732年,停刊于1784年的《伦敦杂志》(*The London Magazine*),还有《绅士杂志》(*The Gentleman's Magazine*),始于1731年,停刊于19世纪20年代中期,在伦敦发行。[22]

18世纪整个70年代,《伦敦杂志》的插图只是因为几乎没有才显眼。从70年代开始,一系列插页和折页风景插图开始出现,大多数插图画的是别墅以及它们的远景。另一系列苏格兰乡村的雕版插图在1777年至1778年间刊载,表明如画风景旅游业开始盛行。两个系列都配有文字说明。同样,早期的《绅士杂志》也少有插图,只是偶尔刊登一两幅木刻插图。到18世纪50年代中期,它开始刊登一系列英国道路地图,配有时尚花园插画,"许多插图是可从杂志里拿出来放进'光学机器'"(《绅士杂志》1821,5: vii)里细细观赏的。

一系列铜版插图(有些是巨大的折页画)出现在《绅士杂志》里,引起人们对英国地形的极大兴趣,这是始于1787年,延续到19世纪20年代。的确,1821年列出的累计超过两千幅的插图索引中,地形插图被认为是最有价值的,也是最有趣的。极易让人想起早期南海旅行插图的是洞穴、岩石、自然形成的岩石拱门、矗立的石头和圆石结构、山区和山谷、奔流、瀑布,还有弯曲多节的"古"树(通常是橡树)。荒凉的废墟成为完成早期浪漫画的最后一笔。至于国外风光,如山丘、海湾、瀑流、巨窟、火山、洞穴、陆岬、弓形岩石和群山都是画面内容。

《鉴赏家博物馆》是一本精选的英格兰、苏格兰和爱尔兰风光雕版画集,完全没有文字。它的沉默表明存在着一个赏景者共同体,对于风景的认识,他们已有共同话语——这种话语也许就是通过他们自己的风景体验而形成的。出现在一幅山景图中的速写者印证了这一点。屈指可数的城镇风景画取材主要限于英格兰。只有一幅画与画集整体风格不太协调,画的是带廊柱的帕拉第奥式别墅,也即菲福伯爵别墅。对废墟、岩石高地及孤寂山丘的浪漫趣味显而易见，浪漫趣味也反映在惯用的人物描画上——带着孩子或没带孩子的坐姿的妇女，握着长长的拐杖的男人，或骑在马上的男人，指向中景或更远处。这些人物形体细微，需要仔细寻觅。然而，一页一页翻看下去，读者就开始猜测他们会被放在什么位置，三个主要人物类型中，哪一个会扬起手臂指路。

这些插图强化了程度不一的无人风景状况。重复出现的人群体态 39
和姿势反映了其不自然的特性：他们的位置只是（并总是）与画家的绘画传统保持一致。舞台形大拱框定的景色使人联想起舞台布景世界。其他类型的人也许会在风景中出现，但只是为否则就空无一人的凯尔特边区（苏格兰北部高地、爱尔兰山区）增加一点当地色彩，这些地方像南太平洋一样有自己的奇异之处。因此身着苏格兰格子呢褶裙的男子和穿着长袍的女子在某个荒凉的苏格兰城堡前伴着风笛起舞；住在用木杆支撑的简陋茅屋的人们在附近小溪钓鱼；或爱尔兰妇女坐在老式的只有一块搁板的木轴木轮驴车上。这些人以及乞丐、磨刀工、抱着一捆捆引火柴的妇女是英国国内的边缘人，作为本国原始象征呈现在我们面前，他们与自然而不是文明联系得更为紧密。他们是早期基普的英国大庄园鸟瞰图中边缘性装饰性图案的如画性改写。

而《铜版杂志》和《大不列颠珍品》则借助插图和文字，叙述统一的民族历史以教育读者。参照古典文化的框架，精英文化在别墅和实有或再现的风景中得以呈现。通过这类出版物，更多的公众了解到《新剧场》所描画的那个世界的基础。杂志等描绘或描写出来的风景几乎都是无人的。当的确出现了人物时，他们或者是休闲族，或是为休闲族服务的人员。偶尔出现的奇异的乡下人可能会被置于将视线引向大的远景的位置。农业劳作很少得到再现，尽管它在画中一些风景的创造中起了重要作用。

《铜版杂志》的最初版式是分成三部分的。第一部分包括肖像画及英国杰出诗人、戏剧家、哲学家、政治家的简要传记。第二部分是古典神话和历史场景的雕版画。这一部分主要是取材于奥维德的《变形记》和荷马的《奥德赛》的插图译本，其他风景插图则取材于开创时期和神话时期的英国历史，涉及到诸如克努特王和亚瑟王这类人物。第
40 三部分是贵族和绅士的乡村别墅雕版画，又是以英国为主。

大多数插图是远景透视图，不过比起基普和尼弗的鸟瞰图来，视角不再那般高高在上。多数情况下，如画的林园替代了紧邻乡村别墅的巴洛克式布局。在巨大的乡村背景中也少有农业劳动。“盎斯鲁上校的乡间小屋”之类挤走了以前出现在《新剧场》里的庄园。似乎是，盎斯鲁们现在不再热衷于宏大场面了。

几年后，《铜版杂志》的文字量减少。它的新版式是含两幅版画的月刊，售价一个先令，这是当时伦敦剧场最高的楼座价格（拉塞尔1995），这样更多的公众就能读到。从北方城市、城镇、桥梁、运河、英国第一家丝绸厂以及经历过“改良”[23]的农用土地这类景象里，可以看见工业革命以及使它成为可能的农业基础已经出现。非农业的风光和非别墅的风景插图几乎全部是以凯尔特边区为背景的。受人喜欢的或重视的风景是无人风景，这些风景吸引了游客的注意力，因为：

> 险峻而美妙，林木、岩石和无数瀑布的变换……争相夸耀着各种景致，标志着自然物的崇高。
>
> （《铜版杂志》1794—1796 2：31 铜版画LXI，n.p.的文字说明）

风景画题材在扩大，出版方式的改变意在让更多公众阅读，但模仿精英文化仍占显著地位。出版物包含别墅游览指南，罗列了其中收藏的油画、素描、印刷及古典画。《大不列颠珍品》也着手纠正一个令人悲哀的事实，即英国富裕的年轻人更了解荷兰和意大利的风景而非英国风景。它的八开本袖珍版本充当了英国风景和豪华别墅的导游手册。

艺术收藏品的描述很简练。下面这段对诺福克的霍克汉姆豪宅的油画描述就是一例：

> 提香：《维纳斯》，色彩已经变得斑驳，不柔和、不协调。鲁本斯：《逃往埃及》，一幅好画，但形体不悦目，特别是玛丽的形体，她是一座雌性山峰。画面显得冷漠。
>
> （《大不列颠珍品》1777，4：248） 41

结　语

尽管18世纪文化氛围的主流仍然是高雅艺术为商业艺术而悲哀，高雅文化却受到了商业化的双重推动。由商业获得的资本可用于投资模仿乡村生活，又将这种趣味变成商品。资产阶级贵族欲望的商品化引起的矛盾在二百年后仍然突出。品味（乃至英国风格本身）的一个准绳就是风景，这种观点已经变得如此自然，以至于很难剥离出来看。最近的一幅英国城际铁路的海报倒是无意但却娴熟地表达了这一观点，同时传达了“风景意味着分离和观察的理念”（威廉斯 1973：120）。

该海报上是一片耕耘过的田野，低低的地平线，画面一边是灌木树篱，康斯太布尔*景色的天空尽头则是一棵树。如同从乡村别墅看出去的景色，画面也是窗框式结构，没有农业机器或工人破坏这幅构图的宁静。所配文字（直观而又有寓意地）地横亘在画面下方，强调这风景的优越。

> 英国风景艺术。私有美景。在一等车厢，你可以沉思、工作、吃饭、喝咖啡或只是享受这个事实：你拥有最佳的座位，欣赏着世界上最好的展出——英国乡村。

* Constable（1776—1837），英国风景画家。——编注

但是该画面绝对不是私有的，二等车厢的平民也一样可以观看。[24] 构图中永恒的宁静也与城际铁路高速而不间断地展现的瞬间画面——现代的快速全景画或西洋景并不协调。但是这个信息的要旨就是这“景色”表达了一个特定等级的品味，这种品味本身（景色和等级）蕴涵着英国特征。

无人风景是一个严格的等级秩序的产物，它把权力关系神秘化了。其镜像意象是狂欢的、集市的城市世界，一个具有颠覆等级秩序的强大潜力的世界，一个充满了俗人、劣迹斑斑的近距离的世界，看热闹者的天堂。伸长脖子傻看完全不同于凝视远景。本章后面部分探讨了常常是居于城市的“低等”阶级的努力，他们闯入“上层”阶级的现实画面和风景所代表的美学化世界，汗流浃背的俗人挑战了不让他们进入高处风景的传统。在他们迈向无人的高处的路上，是城市居民穿越乡村
42 中景时曾遭遇的、现在继续面临的矛盾关系。

注　释

1 “景色”与“景致”是借自剧场的术语。Scene原指舞台背景（《牛津英语词典》1971）。希腊语skene，拉丁语scaena，法语scène，过去或现在都指“舞台”。Landscape意指肖像画、形体画或舞台布置的背景或“景致”（《牛津英语词典》1971）。我们自己“童年的情景”就是借自剧场的比喻（杰克逊 1980）。

2 《建筑十书》在中世纪时期不断被复制，再复制。1486年其第一个印刷版本在罗马问世（萨默森 1983）。

3 截至1699年的大量意大利语、法语和英语印刷本中有很多实例。具有代表性的包括，世界剧场：《世界剧场》（拉丁语，1574），《天地剧场》（意，1577，1598，1620，1625，1679，1697），《环球剧场》（拉丁语，1606），《世界剧场概述》（法，1587，1632）；各国剧场：《世界新剧场：非洲》（法，1681），《法国……地理剧场》（法，1632），《大英帝国剧场及世界最重要部分略览》（1676），《撒波迪亚戏剧场》（拉丁语，1682），《比利时剧场》（意，1696），《土耳其戏剧场》（意，1683）；城市与建筑剧场：《意大利城市剧场》（意，1616），

《罗马……建筑与设计新剧场》(意, 1665, 1699),《巴黎老剧场》(法, 1639),《韦莱特里历史剧场》(意, 1644),《博洛尼亚剖析剧场》(意, 1668); 园艺剧场:《农业与田地耕作剧场》(法, 1646),《花园剧场》(法, 1663),《药物学剧场》(意, 1675, 1681, 1686, 1696); 蕾丝业、工程、饮食和习俗、烹饪等剧场:《机器与设计……剧场》(意, 1607, 1616, 1620),《机器和改装新剧场》(意, 1607, 1656),《数学仪器与机械剧场》(法, 1578),《演讲、辩论与目录剧场》(意, 1553),《古代与现代智囊剧场》(1660),《木工艺术剧场》(法, 1664); 最后一类是政府、战争和国家与教会关系剧场:《那波利地区政府政治剧场》(意, 1691),《上帝的审判剧》(1597),《犹太教的……背信弃义剧》(意, 1689),《塞文山脉的战争剧》(法, 1690)。

4　frontispiece也是建筑词汇, 指建筑物的正面或正门。

5　现在已成吉尔伯特—沙利文效应(Gilbert-and-Sullivanesque effect, 吉尔伯特和沙利文联手创作的喜剧讽刺了英国人对社会地位的崇拜。——编注)的一个典型的例子就是图版12的标题, 这是巴德明顿的别墅图, 是"最有权有势的亨利亲王即波弗特公爵、伍斯特的侯爵和伯爵、查普斯特伍·拉格兰和高尔半岛的赫伯特男爵、最高贵的嘉德勋爵士团爵士的别墅之一"。对贵族阶级雅致生活的激情远远溢出了贵族阶级本身, 如《绅士杂志》倾八年(1747—1754)之久出版插图来说明英格兰、苏格兰和爱尔兰贵族的全部盾形纹章。

6　9月29日的米迦勒节是英国四个季度结账日之一, 即支付地租, 租约开始或结束, 地方官员选举日。

7　在1708年的《新剧场》版本中, 出现了四五个农业工人在偌大的田野割晒干草的画面。1710—1720年的油画《狄克斯顿庄园, 割晒干草》中描绘了23个割草人, 及50个左右男女帮工的场景。这幅画"描写农业劳动场景, 在远景绘画类型中绝无仅有"(普林斯 1988: 101)。

8　《新剧场》的出版历史难以确定。第一版的出版日期或在1707年, 或在1708年。我采用的是我在哥伦比亚大学埃弗里图书馆查证的那个版本的日期。有时, 该集以《大英百科插图画》为名出版; 更复杂的是, 有些版本包括的版画日期比装订日期还要晚, 五卷本的版画装订为三卷本等等; 版画的数目出入很大; 有些版画既不是尼弗也不是基普绘制的或雕刻的, 而有一些版画则全由基普一人绘制或雕刻; 有些版本还包括后来的城镇、教堂、大教堂风光和地图。

9　例如, 纽卡斯尔公爵向基普预订了400幅有关自己庄园的雕版画, 而波弗特公爵夫人也预订了多幅有关她的庄园的版画, 装订成册赠送他人(哈里斯和杰克逊—斯特普斯 1984)。

10 这些人中有公爵、封建领主及皇室成员，执政官员如大使、爱尔兰总督、枢密顾问官、财政部委员、议会议员，及其他各行业的人员如主教、大主教、剑桥教授、南太平洋和东印度公司的董事们、富裕的城市商人、时尚的建筑师和美学家。

11 到18世纪20年代，英国到罗马参观游览的人都定制了自己的肖像画，其背景大多是古典建筑的遗址。18世纪50年代，蓬佩奥·巴托尼（1708—1787）成为最受追捧的肖像画家。无论被画成奥斯曼土耳其人，还是罗萨画中的匪徒，或是他们本人，这些英国游客的肖像神态逼真，花费的金钱远远低于一幅雷诺兹绘制的类似肖像。有160幅英国游客肖像画保留了下来，另外还有40幅爱尔兰、苏格兰和威尔士人的坐姿肖像画（克拉克 1985）。就数量而言，修业旅行带回的艺术品多到需要建筑物来陈设和收藏。1725年伯林顿伯爵在奇士威克设计了一栋别墅来摆放他的收藏；1725年厄格蒙特勋爵二世在佩特沃思建造了南廊摆放他的希腊罗马雕塑收藏；1770年罗伯特·亚当为约克郡的纽比大宅加建了一系列房间，存放威廉·维德尔的希腊罗马雕塑收藏。约翰·佐法尼（1733—1810）的一幅画，名为《公园街上的查尔斯·唐尼里图书馆》（1781—1783）展现了唐尼里的部分大理石收藏——它们数量颇多，使得展厅空间显得拥挤，这些收藏被认为是“当时最好的且最著名的英国古典雕像的收藏”（韦伯斯特 1976：72），展示了唐尼里以及游客、收集古文物者和公众人物的收藏。某种程度上，这是他受夏洛特女王委托制作的早期画作《乌菲齐的讲坛》（1772—1778）的英国版，令人惊叹地将绘画、雕像和英国业余艺术爱好者画在一起，显示出佛罗伦萨梅第奇美术馆中心的场景，是“修业旅行经历的艺术巅峰之作”（韦伯斯特 1976：60）。在佐法尼的《公园街》画中出现的男子与巴托尼的资助人们在一起。

12 英国卖场都充斥着意大利风景画：“被认为是杜盖绘制的300幅风景” 在1711年至1759年间出售（安德鲁斯 1989：28）。

13 克劳德·热莱，被称为洛林，1600—1682；尼古拉斯·普桑，1594—1665；加斯帕尔·杜盖，1615—1675。杜盖是尼古拉斯·普桑的妹夫，他在后者的画室工作并沿用了其姓。当18世纪提到普桑时，很可能是指杜盖（安德鲁斯 1989）。

14 18世纪和19世纪颁布了五千多个圈地条款，其中在1750年至1830年间颁布了85%。在此期间，有两个圈地密集阶段：1760年代至1770年代，以及1790年代至1800年代。这两个阶段颁布的圈地条款占去总数的80%（特纳 1984）。

15 圈地的社会经济后果的个案研究，一个圈地跨越二百年历史的地产家族在18世纪50年代建造新古典主义乡村别墅和风景林园，最终巩固了它的地位，可参阅约翰·布罗德（1990）写的《圈地造就沃尼家族》。

16 乡村娱乐包括猎狐。在围有马可以跃过的树篱的较大场地，猎狐迅速代替了早期的猎鹿——猎鹿需要更大的空间，骑马逐鹿往往穿越多处林地（吉鲁阿尔 1980；斯通和斯通 1986）。承租的农民，由于土地充当了狩猎的通道，常常遭受损失却得不到补偿。在如画林园的环形路上散步或驾车也是一项高雅的娱乐，正如业余的戏剧演出一样。

17　在英国英语中，corn指小麦。

18　卢泰尔堡也出版了英国风景的地形学著作：《大不列颠的如画风景》（1801），《英格兰的如画风光和浪漫景致》（1850）。

19　尼弗1699年所作的查兹沃思的鸟瞰画（里兹—米尔恩 1968）在基普和尼弗的《新剧场》（1708）中刊载，查兹沃思的透视画在《铜版杂志》的第一辑中出现。

20　卢泰尔堡后来负责考文特花园上演的哑剧《奥麦：或环游世界》的布景和道具。1785年，1786年，后来又在1788年，库克船长的太平洋航行版画，奥麦由胡阿希尼岛出发访问伦敦之行的插图，作为哑剧的舞台背景和布景再版。考文特花园的1799年“航海剧”也以表现出地质奇观的写实布景而著称。

21　所考证的这些出版物的全称和日期为：《铜版杂志，或如画风景月刊，包含大不列颠和爱尔兰崇高而有趣的景色，由著名的艺术家参照第一批大师的油画和绘画制作》，1774年8月到1778年6月发行，随即停刊，接着在1792年2月到1797年7月再度发行；《鉴赏家博物馆，含英格兰、苏格兰和爱尔兰图景》，1778—1781年；《不列颠珍品，或大不列颠岛屿最出色的自然、艺术珍品之描画……包括贵族和绅士的主要别墅》，1777年，六卷本。

22　1818年小查尔斯·圣巴伯将1731年到1818年在《绅士杂志》上发表的版画和木刻做了一个描述性目录和索引，于1821年出版。全面观察这本杂志的插图世界（尽管需要很多时间），再彻底审视那些交错的内容范畴，我们可以看出早期古文物研究者对神秘与寻常、异国与本土的事物的透视性凝视，并发现此中已经预示出专业化之前的民族志、人类学甚至社会学的一些要素（斯托京 1987；乌里 1933；范库伦 1982），因为赫伯特·斯宾塞1873年出版的系列《描述社会学》（*Descriptive Sociology*）就是一个类似五花八门事实的汇集（皮尔 1971）。的确，后来从事民族志与人类学研究的人都在非专业的周刊上发表作品，如《19世纪》、《威斯敏斯特评论》及《双周评论》（库克里克 1991），以回应公众对民间传说和考古学的新兴趣（乌里 1993）。

23　一例就是费尔伯里格豪宅的新种植园的插图，该豪宅的建造“遵循了《给有地产绅士的提示》的作者肯特先生的原则，通过明智的围篱和耕种，大大改善了邻近荒地的面貌，提高了其价值”（《铜版杂志》的附文［1792—1794］第1集，1—25彩图 ×L）。

24　“私有美景”和“私人别墅”及“世界上最出色的展览”都与剧场产生共鸣，用以提醒我们剧场风景的象征，和更早引用的“包厢、正厅后排座和最高的楼座这些社会编码的等级”（拉塞尔 1995）。

二

文化风景

《四季：夏天，黎明》

……晨曦飞速涌来，
掀开所有的草地美景。
露水滴落的岩石，薄雾笼罩的山顶，
眼见它们挺起，随黎明而熠熠。

（詹姆斯·汤普逊 1727）

《村庄，卷一》

……我描绘着茅屋，
正如真相将会描绘它，游吟诗人却不……
富足在微笑——啊！她为少数人微笑——
而那些品尝不到的人，注视着她的存储，
如同挖掘金矿的奴隶；
被财富环绕，却显得更加贫苦。
或许你认为他们的报酬就是健康，

劳作的公正果实,在钱财中凋落?
那么,走吧! 看看他们日出而起,
在漫长的白天里辛苦劳作;
看看他们顶着天狼星下的酷热,
膝盖发抖,太阳穴跳动;
看看他们,靠着大镰刀,望着
做完的苦活,还要做下去的苦活:
看看他们,日晒雨淋,轮番挨过,
积攒下一身的疼痛,年老又体弱
……承认吧,劳作是你的奴隶的不幸,
可能正如你的巨富是你的不幸。

(乔治·克雷布 1783) 49

引　言

前一章显示了英国有产者和政治贵族们在国内重新设计乡村别墅的周边环境时,如何将自己的意大利旅行经历转换成实有风景,参照的是克劳德和普桑的意大利古典风景绘画风格。就此而言,那些重新建构的田园风景实际上就是如画风景。的确,如画(picturesque)一词被理解为任何适合绘画的主题。

本章要做的首先是挑战把我们现在所称的湖区看成单一区域的观念。在此基础上,本章将追随山峦如何被赋值这一美学讨论,并概述文化精英感知的英格兰北部山区如何从空荡荡的空间转向富有文化价值的区域。本章将这一变化纳入英国民族主义和如画风景美学的双重社会范围探讨,描述湖区风景是通过什么文化镜片被观赏,而被看到的风景又是如何以不同的媒介传播给实际前往的和坐以神游的游客。

变换的背景

地方无疑与个人经历密切联系，因此风景可以被认为是“心灵的杰作……由记忆层与岩石层合力建构”(沙玛 1996：7)。相反，空间是无命名、无历史、无叙述的，至少主流文化是这么想，这么看的——主流文化就是通过命名、制图、测量和居住这类权力施为，跨越地理和阶级的距离，将空间殖民化。

在讨论这种从空间到地方的变化的历史特性之前，我想避免将我们现在所称为“湖区”这个地理概念表述为静止的或是单一的。自相矛盾的是，它的地理位置“既属于英国中西部又属于英格兰西北部”(菲西安—亚当 1991：13—18)。[1]菲西安—亚当卓越地援用运动观点，绘制了这个地区在不同时间的空间波动图，即该地区在北部与西部来回移动(扩张和缩减)的状况。作为布里甘特人领地的一部分，该地区最初是“面向东南隔奔宁山脉与约克郡布里甘特人领地的腹地相望”。
50 这样它就被定位在古英国的中西部。作为军事化的罗马人区域，“当地社会布局具有朝北性”，沿哈德良长城*建造要塞，最终把它定位在几个世纪后被称为英格兰西北部的地区。罗马人离开后，乃至整个11世纪，该地区“并没有融入刚刚形成的英格兰版图”，而“回归到它过去的位置，再次成为不列颠中西部的一部分”。

挪威维京人、爱尔兰人和苏格兰低地人入侵和定居，使这个地区与其他地区形成一系列的附庸关系。在11世纪，该地区才更正式地归入苏格兰王朝，而“可能在法国诺曼人到来之前还是由苏格兰统辖”。整个这一时期，它一直属于(古)不列颠的中西部，更应该被看作是“爱尔兰海域大不列颠和斯堪的纳维亚的一个行省，而非完整的‘英国’大陆

---

* Hadrian's Wall，古罗马长城，由哈德良皇帝在大约公元122—126年修建。——编注

的一部分”。

直到12世纪末期，“该地区才实际上不再代表……苏格兰南端……[而成为]明白无误的英格兰西北角”。然而，好几个世纪，该地区一直是真正的战乱区，是英格兰试图征服苏格兰的跳板，也是苏格兰袭击和劫掠的目标。到了17和18世纪，由于煤矿业的影响，面向威尔士、苏格兰低地的发货港口和面向美国航运港口的发展，该地区才“又面向西部，又恢复了早已经失去的大不列颠中西部的地位，当然已经换成大西洋经济背景了”。

知识、美学与趣味

就地质方面而言，英格兰的山区外围可以看作是始于康沃尔，穿过威尔士，直达不列颠西北部的凯尔特边区的一部分。就语言学而言，该地区语言的凯尔特性早已经在“杀手”语言——英语的影响下丧失了（菲西安—亚当 1991）。在整个18世纪，受过牛津剑桥教育的文化精英卷入美学讨论，从而将英格兰北部山区那公认空间转变成了湖区。他们把这个地区安全地纳入英格兰民族特征，这样的定位是“对欧洲大陆修业旅行的美学霸权的严重挑战”（安德鲁斯 1989：153）。

除了罗马乡村理想化的田园风景之外，阿尔卑斯山和亚平宁山脉的风景也给一些做过欧洲修业旅行的英国年轻人深刻印象。以前被视 51
为“驼背”的“赘生物”和“一个破碎世界的巨大废墟”的山区，现在引发了情感和想象的回应。（人们的）趣味发生改变——对艺术与自然的不规律性的欣赏挑战了崇尚规整与比例的古典价值。[2]这种转变并不是在真空中发生的。此前半个世纪对神学、哲学、地质学和天文学原理的重新思索是一种必要的前期准备，为这种对于荒野的、崎岖原生态自然（查尔顿 1984；霍斯 1982；尼科尔森 1959；沙玛 1996）的新审美反应做了铺垫。自然成为战场——在此，经验主义的观察对宗教旧原则以及建立在宗教基础上的科学发出挑战。

从排斥到赋值是一个大的跳跃。从英国人对欧洲修业旅行评论中摘出的四段简洁的引文，可以看出那逐渐合拢的鸿沟。典型的陈述是“自然已把大地的垃圾扫到阿尔卑斯山”，和“我会很喜欢阿尔卑斯山，如果没有那些山的话”（伊夫林 1646，斯彭斯 1730；转引自查尔斯 1984：42）。但有的修业旅行者认为他们已经“步入实际上就是——毁灭的边沿……这种感觉在我身上产生了……一种愉快的恐惧，一种恐惧的愉悦，我感到非常高兴，同时又感到颤抖”。这些旅行者发现阿尔卑斯山蕴含着“宏伟的粗犷，（充满着）辉煌的荒凉景色”（丹尼斯 1688，格雷 1739；转引自沙玛 1996：449）。

1739年，毕业于伊顿公学的两个朋友一起出发参加欧洲修业旅行：一个是托马斯·格雷，后来成为重要诗人；一个是霍勒斯·沃波尔，辉格党首相的儿子。[3]尽管他们在山区风景的赋值方面起了先锋作用，但其狂想通常依托于他们所熟悉的早期远足诗歌和美学作品的背景（尼科尔森 1959）。像沙夫茨伯里伯爵一样，他们属于鉴赏家之类，把上个世纪萨尔瓦托·罗萨绘制的那些荒凉崎岖的山区风景上升到让人膜拜的地位，画上景色使修业旅行者回忆起他们自己经由阿尔卑斯山前往意大利旅行时所感受到的“崇高的恐惧”，将罗萨与“歹徒不时会窜出来袭击倒霉的游客的荒凉山区景色”联想起来——这是一种近视性联想，要算是一种发明，因为“这类景色只是萨尔瓦托画作中的小部分，像任何希望被认真看待的巴洛克艺术家的（画作）一样，他作品的大部分是历史画、宗教画、古典主义绘画和肖像画”（沙玛 1996：454）。

52 这类新发现的欣赏不仅限于山区。风景的方方面面在这个世纪的美学争论中得以抬升。鉴赏家和道德哲学家设法处理三个问题：感知的对象对心灵之影响的本质（即这些对象引发的感情），这些影响的原因，以及因果关系。道德哲学和美学的界限模糊了。风景是一个承载了太多政治意义的范畴，以至于风景美学可被视为是政治话语的一种模式（伯明翰 1994）。那些参与讨论的人运用风景美学作为“社会和谐排序的范式……［该范式允许］如画风景的绘画表现严肃的道德政治内容”（罗森塔尔 1993：14—15）。

“如画风景”一词被赋予的含义随着美学越来越理论化和体系化而发生改变。它得到定冠词修饰，成为专有名词“如画风景”（the Picturesque），与“秀美”（the Beautiful）和“崇高”（the Sublime）一起成为人们加以争辩（参见艾迪生 1712；沙夫茨伯里 1723；哈钦森 1725；休谟 1751；贺加斯 1753；伯克 1757；吉尔平 1791；普莱斯 1794；奈特 1805），后来加以说明的特定的美学概念（曼瓦林 1925；于塞 1927；希普尔 1957；尼科尔森 1959；芒克 1960；伯明翰 1986；安德鲁斯 1989；海明威 1992）。

> 当争论平息下来时，我们今天看到的山区出现在那些用新眼光观赏的人们面前。他们不再把山区视为地球表面的“瘤子”和“麻坑”，而是地球上最宏伟、最壮观的物体。
>
> （尼科尔森 1959：29）

应用于风景的美学认为，那些被开垦的、平滑的、安静的、和谐多样的渐进是“秀美的”。它们是有边界的，因此也就是可知的风景。那些荒野的、崎岖的、超越人们想象的、广阔无垠的风景是“崇高的”，因为其无限性使人们生发出充满敬畏的情感和永恒的观念。简言之，有规律的自然是秀美的，野性的自然是崇高的。如画风景在两种风景范畴中都存在，能够使“想象力形成通过眼睛感觉的习惯”（于塞 1927；转引自芒克 1960：204）。这三个范畴相互关联，其间的区别依据不同的理论家而异。置于美学的范畴之内，风景成为具有文化价值的商品，由艺术、诗歌、文学和国内旅游大量提供（对国外山区风景的鉴赏移置到

53 本土时，国内旅游随之而兴）。

大体而言，地质底层结构实际上是基础性和决定性的因素，决定了某个地方可以是秀美的还是崇高的。因此，高地凯尔特边区风光是如画的或崇高的，因为它位于古生代或前寒武纪时期的火成岩或变质岩之上。相反，低地起伏的景致是秀美的，因为位于中生代岩或新生代岩的底层之上（阿普尔顿 1986；斯莫尔 1990；特鲁曼 1971）。这两种地质范畴（在此作了必要的简化）的不同年龄，以及风化对它们的影响，不可避免地导致两种不同的地貌特征，而这又支撑了不同的定居模式及生态。

风景美学的转向改变了人们的风景感知：英格兰北部的坎伯兰郡和威斯特摩兰郡由荒凉的文化空漠转型为人们渴求的富有文化底蕴的地方。在此，“文化空漠”和“文化底蕴”完成了这样的变化：

> 文化……一种自鸣得意于对希腊和拉丁一知半解的文化……并非产生于智识性的好奇；对它的重视要么出于完全的虚荣和无知；要么把它当作是社会和阶级区别的方式。像一个徽章或头衔一样，文化将拥有它的人和没有它的人区别开来。
>
> （阿诺德［1869］1994：29—30）

从空间到地方

两种现象的演进完成了北方郡县的转型：英国民族主义的兴起和如画风景美学的普及——它使得本国、本地和凯尔特的价值得以抬升。在这两个领域的持续互动下，“湖区”应势而生，成为话语与隐喻（尽管不完全是隐喻）汇聚的新场所。在此，构成浪漫主义的“情感的、玄奥的、田园的、原始的和主观的元素”（纽曼 1987：120）扎下根来。这两个领域不应该被视为只是一堆“与地方、时代及习惯的基质分离的阶级观念和理想”（斯塔利布拉斯和怀特 1986：82），而应该被视为社会空间，记录着湖区由什么人，在什么地点，什么时候，用什么方式被书写、绘图、素描、绘画出来。

某种程度上处于英国民族主义的兴起与如画风景美学的普及之间，并支持这两者的，就是古物研究。[4]尽管威廉·卡姆登的《大不列
颠志》（1586）直到1695年才由拉丁语翻译成英语，埃德蒙·吉布森扩 54
充的、加了评注的版本帮助促成了1710年至1720年间一些考古类书籍的出版。这些出版物主要涉及在英格兰、苏格兰和威尔士北部和西部高地发现的英国或罗马—英国的人造物，而在18世纪20年代初期，威廉·斯图克利就在威尔特郡（位于西南部）对巨石阵（Stonehenge）、埃夫伯里和希尔伯里山进行过勘测（皮格特 1976）。卡姆登/吉布森的《大不列颠志》由理查德·高夫做了修订，其1789年的版本增加了两百多幅英格兰西北部的罗马碑铭和雕像插图。在这本英国历史的特别表述中，英格兰高地的面貌显得比以前突出。

有古物癖的乡村绅士、牧师和医生仍然关注与以前同样那些荒凉的、通常是无人居住的风景；而现在，由于广泛传播的杂志文章、指南和印刷品，那些风景翻新为如画风景。限于一定阶层但又广泛分布的古董家群体的关注点，因此也就微妙地，或不那么微妙地，从对景中之物的近视性考虑转向风景本身。《大不列颠志》投稿者的微观世界标画出古物研究、如画风景和政治的三角关系。古物研究和如画风景运动之间的联系可以由这一事实表明：托马斯·彭南特，苏格兰和威尔士的如画风景旅游普及指南的作者，就负责了《大不列颠志》1789年版本里这两个地区的内容。

古物研究与政治的关系，表现为苏格兰的雅各宾派威胁，体现在罗伯特·梅尔维尔将军本人身上。当英格兰对苏格兰开仗期间，他正在罗马军事要塞的废墟上收集情报，这也构成了他为1789年版《大不列颠志》苏格兰章节投稿的部分内容（皮格特 1976）。如画风景与政

治的联系也通过梅尔维尔得以反映，在卡洛登战役后他鼓励和帮助了威廉·罗伊将军1747—1755年的高地勘测。勘测过程中，年轻的保罗·桑德比作为制图员初试锋芒（沙玛 1996）。[5]桑德比后来为《铜版杂志》撰稿，并出版了《鉴赏家博物馆》（1778—1781），一本关于英格兰、苏格兰和爱尔兰如画风景的集子。

正是罗伊将军在1793年发表了这一时期“有关不列颠北部罗马军
55 事要塞最出色的研究”文章（皮格特 1976：121）。将军事性的、政治性的、艺术性的和崇古主义的视角合并起来，主流文化对于民族建构实施权力（也就是说以英格兰在苏格兰的军事存在确保“英国性”）这一行为，在殖民化空间的再现技术中进一步表达出来。具有讽刺意味的是，那些再现很大程度上重述了罗马对那同一空间的殖民。

18世纪末和19世纪初，包括法国革命期间和拿破仑战争期间，英格兰与法国之间充满公开的敌意，这种敌对关系具有周期性发作的特点。在这样背景下，英国人出国休闲旅游并不总是那么容易，可能性或可取性大打折扣。同样，国内的远距离旅行也颇为不易或多有限制。但是若有可能，他们会到英格兰群山起伏的北部乡村以及北威尔士旅行，这也是英国旅行者能感受到阿尔卑斯山式的震颤（frisson）的最近距离（见图13）。1756年，艺术促进协会设立特别奖鼓励人们绘制新的、更精确的英格兰和威尔士郡县地图（科利 1992：93）。

不仅仅地图需要重新绘制，在1750年至1790年间，旨在改善英国道路体系的收费公路法案几乎增加到五倍，“景色的欣赏……对自然中崇高的感知成正比增加”（于塞 1927；转引自皮格特 1976：122）。[6]实地观赏新地图标出的风景需要合适的运输工具。由于18世纪前期种马的进口以及更早期的“阿拉伯”母马的进口，马种得到改良，变得更强壮，跑得更快了[7]。钢弹簧马车的新技术使定期发车的车行能够提供更快捷、更频繁和更舒适的旅行方式。

修业旅行已经使得外国风景唤起了观景者的情感，然而国外旅行

图13　阿莫斯和哈丽雅特·格林，1804，《英格兰、苏格兰、威尔士景色：从魔鬼桥的旅馆看莱德尔瀑布》，石墨淡墨，32.1×41.6 cm。

受阻。于是，“国内”山区、罗马—英国的遗物和中世纪的废墟代替了外国风景和古典遗址。对古物的嗜好已经微妙地被导引到如画风景方面。同时，如画风景美学又使游客的观景目光重新包括了对古代文物的凝视——虽然，这种凝视更有浪漫主义的特点，而非经验主义的或历史意义的精确的观察。新地图和新感知产生了对英国的重新想象及

一种新文学——该文学与改善的公路和运输密切联系，概括起来讲，就是与旅行有关，旅行往往就是寻求如画风景，而如画风景的基本构成就是废墟和历史遗迹。苏格兰很快被包括其中；格雷早在1765年就在……高地体验过狂喜，马丁·马丁在《西部岛屿描述》中标注的岛屿之路，已由托马斯·彭南特向急于体验这 56

种新感受的公众公布。彭南特不仅前往旅行，还撰文记叙了他的游历，包括家乡威尔士之行、1769年的苏格兰之行，以及1774年《赫布里底群岛的旅行》。此书不仅在国内立即获得成功，在国外也是如此——例如，在德国浪漫主义的推动下，仅五年后，埃伯林的译本即得以出版。

（皮格特 1976：147—148）

景色与观景

古物研究专家威廉·斯图克利，在1725年的写作中，把湖区绵延起伏的群山比作剧场布景的屏风，认为一个画家不用“到意大利去寻求多姿多彩和宏伟的景色”（皮格特 1976：122）。早期鉴赏家观看和欣赏湖区的方式深受17世纪意大利风景绘画范式的影响，这种影响一直持续于整个18世纪。

在大约1753年写给利特尔顿勋爵的一封信中，来自坎伯兰郡的剑桥牧师约翰·布朗声明自己不能胜任传达“完美”的德文湖和湖区全景这一任务。他给自己开脱，说因为这样做要求“集克劳德、萨尔瓦托和普桑的能力于一身”（转引自比克奈尔和沃夫 1982：15）。近十五年后，他的信仍然被认为是湖区景色的最有说服力的说明，并以单行本形式发表。甚至到了18世纪末，游客还是以意大利情结来欣赏湖区的。例如，一个去过湖区的游客在1792年给即将前往湖区者描述他穿越德文特山地的感受时写道：“你会看到，并有点感觉到是在阿尔卑斯山，以为你已经像汉尼拔*一样完成壮举。一定尽可能上午9点以后就出发。”（转引自安德鲁斯 1989：154）

---

* Hannibal（公元前247—前183?），迦太基将军，曾率军穿越阿尔卑斯山并在特拉梅西诺湖击溃罗马军队。——编注

古典教育，犹如绘画知识一样，使得游客把风景与文学联想起来，将当地人变成了艺术装饰。“看到坎伯兰郡的牧羊人赶着羊群攀爬山地的第一眼，越是接近文学原型，就越令人激动：维吉尔的《牧歌》突然闪现在游客和牧羊人之间的空间”（安德鲁斯 1989：3）。那些参加过欧洲修业旅行的人在自己的故土寻求意大利风景画的本国版本，因此，
像德比的托马斯·史密斯（1716年去世）这样的艺术家跑到湖区寻找 57
使他回忆起意大利绘画的景色。如果没有能找到，他们也会略使巧计，重新安排各种（风景）要素以满足要求。实际上，在苏格兰平定下来之后，穿格子呢短裙的高地袭击者（让人联想到罗萨的《山匪》）使湖区雕版画更具如画风景特点，如T.阿罗姆的《霍尼斯特峭壁》。自从意大利艺术家的作品通过版画和文字评述为广大观众所知悉以来，一个接受这种风格的市场应运而生，受众范围远远超过那些直接观赏绘画的人们。

到18世纪40年代末期，英格兰和威尔士山区和高沼地风景雕版画市场已经势头良好。但是湖区景色要等到1752—1753年和1758年威廉·贝勒的系列画，及1761年托马斯·史密斯的三幅风景画出版后才进入市场（托马斯和沃夫 1986）。把供求问题带入另一层面，我们来比
较一下托马斯·史密斯的早期绘画和他后期的一幅雕版画。这两幅画 58
描绘的都是德文特湖的景色，是以仰视角画出来的。画面上，在两个面对观众的绅士的注视下，一群劳动者（正在砍锯着新放倒的木材）被醒目地置放在前景的中间部分。在后来的雕版画中，劳动者消失了，一棵恰好具有如画性的枯萎“古”树取代了林地，由于视角升高，两位绅士观者的尺寸大大缩小，他们背向观众，静静地注视着眼前的景色。这种重新布局反映了如画风景运动的普及和市场对这类雕版画的需求。

早期到湖区的精英游客是“参加实验的典型的绅士或淑女，他们对一些新的、往往令人生畏的视觉经验作出有所控制的美学反应”（安德鲁斯 1989：67）。如果说下层人士占据了颠倒混乱的狂欢世界，那么

那些进行如画风景实践的人们就占据了另一个世界，一个有时会前后颠倒的世界。要看见想看的风景，观赏者就得转身背对风景。把一个椭圆形或圆形的琥珀色或涂银的凸镜（被称为克劳德镜[*]）举在略高于肩的高度，就可以看到一幅框入镜内、缩小和反转的风景画[8]，只有前部的景色细节清晰。慢慢移动镜子，就能发现“完美的”如画风景。这种对意大利17世纪风景画的仿效，随后可以勾勒或涂画出来。

不同色调的透明镜子允许以另外的方式操纵所看的景色。透过灰色的或蓝色的镜子观看，一个阳光灿烂的午后景致变成月下景色；透过黄色的镜子观看，明亮的阳光变成曙色（当然比一大早起床，跑到观景点看太阳升起要省劲得多！），而霜色的镜子产生的是几近雪景的景色（安德鲁斯 1989）。这种对季节或白天效果的即时操纵让人联想起卢泰尔堡的微型剧场，其中光线、天气和季节的效果不仅具有戏剧效果，而且就是无人风景的看点。

卢泰尔堡是18世纪末三位擅长描画威尔士和英格兰山区景色的最著名的画家之一，另外两位是他的朋友托马斯·庚斯博罗和德比的约瑟夫·赖特。卢泰尔堡几年前在为居瑞巷剧场上演的哑剧《德比郡的奇观》做地貌草图时参观过德比郡。1783年再次造访该郡时，他游
59 览了湖区。接下来的四年里，他以湖区—德比郡旅行为素材绘制了17幅风景画，在皇家艺术院展出（霍斯 1982；乔皮恩 1973）。这些作品大部分都是山区景色，探索了不同类型、差别令人惊异的透视图景，许多人在艺术院展览上观赏了它们。

透视性凝视的精华是全景画。现存的湖区全景画中，最早、最大的一幅在18世纪70年代制作，最初或许用于装饰环形房间[9]。其他的全景画在19世纪30年代出现，要么尺幅太小，要么只是180度的半全景（霍斯 1982；托马森和沃夫 1986）。为了获得适当的风景写生地点，没

---

* 因为用这种镜子看到的风景效果像法国画家克劳德·洛兰的画。——编注

有山地徒步经验的艺术家开始身体力行攀爬顶峰，有时遭遇到灾难性的结果。[10]

对湖区的描写显示了古代遗址与如画风景之间的联系。威廉·哈钦森（1732—1814）的《湖区远足……1773—1774年》重点在考古学方面。不过，他遵从正在形成的惯例，引用普桑、罗萨和克劳德来描述风景。哈钦森将克劳德与托马斯·史密斯归为同类，这样，也就“归化了”外国艺术家。

第一本将湖区视为如画山间风景的真正意义的指南，是耶稣会牧师托马斯·韦斯特（1720—1779）的《湖区指南》（1778）。该书不断再版长达50年之久，经过多次修改和扩充，直到被威廉·华兹华斯的《湖景描述》（*A Description of the Scenery of Lakes*, 1822）所替代。威廉·吉尔平（1724—1804）的英格兰、苏格兰和威尔士部分地区的游记系列，对普及如画风景美学起了重要作用。[11]作品面向牛津剑桥精英以外的公众，为此，吉尔平把涉及的许多拉丁术语翻译成英语。有点像早期人们把性格的形成归功于山区的影响，吉尔平这样描写湖区（1786）：“这个国家最伟大的朴素之地，其节制与节俭，乃是当地居民遵从的必然性。”（吉尔平；转引自沃森 1970：47）

随着赞美如画风景的作品出现，顺理成章地，伪德鲁伊教和古典风格的神庙开始出现在湖区狂热者们的庄园里，特别在有湖中小岛的庄园（见彩图3中当地的和以前的样式）。这些建筑反映了对德鲁伊教和凯尔特文物及文学的兴趣，以及对古典废墟衬托的意大利风景的兴趣。多萝茜·华兹华斯就“痛苦地看到大地上最令人愉悦的地方遭受人类摧残”（华兹华斯 1802；转引自比克奈尔和沃夫 1982：27）。她痛苦地 60
看到湖区风景被强加了一些非自然、非民族的东西——她的痛苦表露了一种完全不同于哈钦森的观点，与她兄弟对湖区本地建筑风格统一性的关注如出一辙。

到1780—1790年代，如画风景通过湖区指南、雕版风景画集及彩色蚀刻画、地图和勘测报告得以普及，一些勘测报告中包括成套的雕版风景画。在指南手册的指导下，如画风景的鉴赏家沿着围绕群山和湖泊的环形路游览，路上有一个个观景站或最佳观景点。[12]这些地点的风景据说特别容易激发游客的想象和情感，有助于他们作画和摆姿势。

因此这个地区的布尔乔亚化就开始了。更好的道路和更舒适的旅行意味着，夏日里“各种形状和型号的四轮大马车沿着湖岸喀嚓喀嚓地前行，挣扎着穿过陡峭的山路，时不时地在路边停下，游客跳下马车，飞快地勾画出一个不知所措的牧羊人”（安德鲁斯 1989：153）。湖上也变得拥挤起来，船只来来回回装载乘客，有时出一定的价钱还可以发射大炮，这样，当回荡在群山之间的炮声停歇下来之后，游客就能在极度寂静中听到远处的瀑布声。马车租金、船只租金、住房和食物费用、按天或按周聘请向导，这一切都对当地的经济开始产生影响。物价上涨，人们谴责旅游业腐蚀了当地人：

> 给他们带来了对快乐和满足的胃口（而对什么是快乐和满足他们又一无所知），刺激他们对家乡的不满，使他们粗鲁而勤劳的举止感染上了懒散和对不诚实手段的渴望。
>
> （普伦普特 1799；转引自安德鲁斯 1989：171）

参观（visit）是一个及物动词：这就是问题所在。那些寻求如画风景的参观者与被参观者形成碰撞，后者只想过平静的日常生活，不想作为风景中的如画性物体而存在：

> 在早期的湖区版画中，经常看到人物仅仅被视为景色的一部
> 分。高地的劫掠者在德文特湖边点起篝火，匪徒或强盗在柯克斯
> 敦聚集，模模糊糊的、裹着褶裥短衣的人物，犹如雾霭般忧郁，在莫
> 61 勒柯姆湾的沙滩上踟蹰沉思。这种风景成为有人的风景，但……

> 不……不是在农场和酒馆随处碰到的那些壮实的、精明的、独立的山民。这类人与游客看到的景致并不搭调。
>
> （尼科尔森 1955：93）

关于在湖区进行的休闲徒步旅行（大约250英里）的记录，已知最早发表的是约瑟夫·布德沃斯的《湖区漫游两星期》（*A Fortnight's Ramble in the Lakes*, 1792）。[13]更值得注意的一次徒步旅行是由詹姆斯·普伦普特完成的。他是一位剑桥牧师，在1799年从剑桥到苏格兰高地，然后经由湖区返回，全程1174又四分之一英里，这个确切的数字得之于普伦普特所携带的计距器。他实际上带了很多东西：一副克劳德彩色玻璃镜、素描便笺簿、水彩颜料和画笔、望远镜、气压计、地图及一套指南（安德鲁斯 1989）。普伦普特是一位经验丰富的徒步者，此前他曾徒步到过约克郡、湖区，又取道北威尔士回到剑桥。

年轻的威廉·威尔伯福斯就读剑桥。在1779年那个漫长的暑假，他到湖区徒步游历。在一篇日记中，他写道："湖区使得其余的英格兰乡村显得平淡、平静，富有田园情调，与壮观、美丽和崇高的湖区形成巨大反差。"（威尔伯福斯[1799]1983：18）其他记载表明他用过克劳德镜观景，他觉得发现的岩石嶙峋的风景优于萨尔瓦托·罗萨画的那些。在1818年10月1日的一封信中，威尔伯福斯提到湖区是"地上的天堂"（威尔伯福斯[1799]1983：20）。

不同的议题/性别

大型动物的狩猎及驯服，与控制英国荒野山区风景的方式颇多相似之处。游客"'捕获'荒野风景，将其当成图画一样的战利品'钉牢'，以便出售或镶上画框，挂在客厅墙上"（安德鲁斯 1989：67）。威廉·吉尔平，如画风景旅行的主要倡导者之一，也对这两类活动做了类比研究：

> 我们是否假定猎手追踪小动物的快乐超过了一个有品味的人
> 62 追求自然之美的快乐呢？去探索自然的隐秘之处，突然瞥见自然的惊鸿一闪，追寻她至隐藏的迷宫……
>
> （威廉·吉尔平 1792；转引自安德鲁斯 1989：68）

安德鲁斯没有承认男性追踪、抓获、揭开和洞穿女性的自然是一种潜藏的性意象（可参考图13）。这个意象引起人们的关注是在一个世纪后，爱德华·怀伯尔关于他自己及其他英国人十年间游历阿尔卑斯山的经历的叙述（怀伯尔 1871）。在那部作品中，我们获知山脉"露出""玉肩"，却又再次"羞怯地"蒙上面纱；"一次次拒绝刺激了重新努力"，怀伯尔和朋友们一旦自信能成功，就发动了进一步的"进攻"；面对"还是处女的"山峰，这些男人"攻击"并最终"征服"了山顶。（后面的章节将涉及工人阶级徒步运动的早期与民族志的现在，会重新拾起性别化的视角以及风景体验这一线索。）

结　语

18世纪的英格兰，经验主义的观察为地质学和天文学带来革命性的改变，导致了对时间和自然的重新评价。剔除早期的神学基础后，美学争论引起对自然的新审视。随着趣味的相应转变，过去令人害怕并予以回避的山区风景变成了极具美学价值的胜景。"空间"被转换成"地方"，就像我们在湖区看到的情况。借助于多种媒介，特别是印刷品的再现方式，加之文化民族主义的兴起给"国内"山区风景注入新意义，湖区成为早期风景旅游场所。

在18世纪初，"风景的阶级视角蕴含了由社会，并最终由经济所决定的价值观，画出来的意象使这些价值观得到文化的表达”（伯明翰 1986：3）。该世纪最后十年间，风景作为文化的表达，无论是通过再现还是旅游，已经在那些受过良好教育的精英以及模仿他们的人中间广为流传。如画风景运动可以被视为具有民主特性，因为其价值观定位在当地、本土和基础更为广泛的风景接触上。与此看法相悖的是风 63
景的政治化——通过议会的圈地法案，伴随着对被剥夺者的无情。

中产阶级的文化模仿行为取决于休闲活动的盈利性商业化。这样一来，就形成了一种潜在的矛盾。正是刚被夺走土地的人们才使得休闲成为可能，要么生产利润好使他人有钱休闲，要么生产休闲活动所需的装备。旅游指南、风景描写占突出地位的小说、风景诗集、个人版画、版画集、版画、画册借阅图书馆、绘画学校、绘画指导书、运输、安顿游客的小酒店，所有这一切都构成一张努力与期望的文化网格，将冒雨速写、才气平平的如画风景游客与学院派大规模的绘画展联系起来。甚至那些不能直接实地赏景的人们也通过阅读如画风景和观看版画集，介入努力与期望的文化网格。

因此，文化风景按阿诺德的观点得以建构，用以区分阶级，反映了文化资本的缺乏或存在。通过文化模仿，如画风景旅游得到文字和实践的普及，最后成为讽刺的对象。詹姆斯·普伦普特牧师利用自己千辛万苦获得的对如画风景游和游客的了解，创作了他的喜剧歌剧《游湖者》（*The Lakers*，1798）。讽刺如画风景旅游的顶峰之作是托马斯·罗兰森的《句法博士寻找如画风景》（*Dr. Syntax In Serach of the Picturesque*，1812），一系列插图由威廉·库姆写的打油诗串联起来，库姆是个以赚钱为目的的劣等艺术家，常常为了逃债而匿名写作。用句法博士的话来说：

> 我会读也会写，素描和绘画，也能涂几笔，
> 如此这般，创造了一枚真正的新币；

这里散文一番，那里诗歌一把，
再给它处处来个风景如画……
每隔一页就是一幅画稿，
精致的景色配上水绿才妙……
我承认它只不过是垃圾，
64 但它能够提供现钞。

注　释

1　由于此处及后面的段落中的所有引文都源于同一篇文章，我仅在此标明引文所引用的页码范围。

2　对古典主义的反拨在17世纪出现，伴随着印度织品和中国漆器、瓷器与壁纸的引进，其装饰元素取决于不规则和不对称的特性。从这一角度来看，这些（东方）器物的广泛流行孕育了对“遥远的时代和地方”的兴趣，包括对凯尔特和挪威文学的兴趣，因而“东方主义为浪漫主义铺平了道路”（艾伦 1937：256）。

3　霍勒斯·沃波尔真切地体验了山区的“粗蛮”，当时他的叭儿狗（恰好名为“托利”，英文意为保皇党）小跑着追随主人的轻便马车（车上配备了挑夫）攀登塞尼峰时，一只狼突然把它抓起（沙玛 1996：447—448）。

4　伦敦考古学会1717年成立，苏格兰考古学会1718年建立。

5　2英寸代表1英里——以此为比例绘制地图。高地勘测旨在扩展1715年苏格兰起义之后韦德将军建设的道路系统（皮格特 1976）。

6　《绅士杂志》在18世纪50年代开始刊登大尺幅的英格兰和苏格兰乡村道路折页地图。第一波收费公路体系扩张正好赶上杂志刊登大量的风景、古代遗物和废墟雕版画。

7　这些品种的马有达利·阿拉伯、伯利·土耳其和戈德芬·柏布。经过繁育产生出绅士们的狩猎马，克利夫兰湾及约克郡公共马车的马（皮格特 1976）。新品种的涌入一定程度上使斯塔布斯（Stubbs）的马画和版画数量猛增，表明经济潜能的发挥得益于市场上新产品的出现。

8　湖面也可以当作反射范围更广的镜子。在风和日丽的白天，湖面完美的倒影仍然令人惊叹，产生出一种奇异而晕眩的效果。在给这种景色拍照以后你会经历几秒钟的停顿，搞不清“你的”定格的战利品哪边朝上才对。

9　幸存的6张德文特湖的全景画现存于伦敦维多利亚—艾伯特博物馆，据说为业余画家克里斯托弗·麦克尔（1747—1827）所画。骚塞（“湖畔诗人”之一）曾见过一幅二十多英尺长的德文特湖全景，1777年由托马斯·赫恩绘制。这幅画最初打算用于装饰乔治·博蒙特爵士的环形宴会厅，但这间屋子没有建起来，因此画的草图也就遗失了（托马森和沃夫 1986）。这可能是一个先例，远远早于保罗·桑德比接受奈杰尔·格雷斯利勋爵委托绘制全景画（见第一章）。

10　这事迹中最著名的艺术家是查尔斯·高夫，他1805年4月在赫尔维林山的斯韦勒尔崖摔死。他的尸骨在7月份被发现，他的狗不仅幸存下来，还与刚产下的狗仔一起守护在他身边。查尔斯·高夫极可能是因为死亡而比活着的时候更有名，因为他的悲惨结局和狗的忠诚给华兹华斯和瓦尔特·司各特的诗歌提供了忧郁的素材。阿姆贝尔萨德的赫伯特·贝尔1891年拍摄的一张照片显示，在紧靠赫尔维林山顶处建起了一个纪念高夫的石冢（霍格 1974：27）。这是实践中的定位：从“空间”里创造出“地方”。

11　吉尔平的游记被翻译成法语和德语，里面有许多绘画、地图草稿和全景画，涉及很广的区域，但具有地形学意义的精确性。他的插图几乎成为克劳德和普桑的原版再现（比克奈尔和沃夫 1982）。他的标题毫无新意：《瓦依河和威尔士南部其他几个地区的观测……主要与如画美相关》（1782）；《主要与如画美相关的观测……特别是山区、坎伯兰郡和威斯特摩兰湖区》（1786，2册）；《大不列颠，尤其是苏格兰高地几个地区……主要与如画美相关的观测》（1789，2册）；《汉普郡新森林地区……森林景色及其他林地景色（主要与如画风景相关）的观测》（1791，2册），《如画风景旅行的……三篇随笔，兼论风景速写》（1792）；《随笔二篇……关于画稿》（1804）；《北威尔士的几个地区……观测，与如画美相关》（1809）。实际上指南书籍太多，人们开始将其编为选集。

12　观景点环线上已经约定俗成的情感—想象反应，实际上是世俗的潜意识在发挥作用，与14幅耶稣受难图组成的连环油画和版画“十字架苦路”也有些相似之处。同样是以旅行的方式唤起强烈的情感。每个景点要求游客沉入特别的思考之中，不管是对如画风景，还是对宗教的思考，面对不变的“他者”（无论是上帝还是自然），会想到人类的偶然性和易变性。威廉·华兹华斯本人与他的神圣的湖区，“大地与天空混合的圣洁”，呼应了世俗性朝拜的这一元素。

13　布德沃斯以“漫游者”笔名为《绅士杂志》撰写乡村题材的文章（比克奈尔和沃夫 1982）。

三

民族风景

《伦敦》

我徘徊在每一条富人专用的街上，
不远处流动着属于他们的泰晤士河。
我看到每一张迎面而来的脸庞，
写着虚弱，刻着忧伤。

在每一个人的每一声哭泣，
每一阵婴儿的惊恐啼号，
每一种嗓音、每一条禁令中，
我听到灵魂的镣铐在铮铮作响。

扫烟囱孩子的哭喊，
震撼着每一座熏黑的教堂，
不幸士兵的仰天长叹，
如鲜血沿着宫墙流淌。

然而最令我夜不能寐的，
是大街上年轻妓女的咒诅，
那骂声凝固了婴儿的啼哭，
一如瘟神，把新房变成灵堂。[*]

（威廉·布莱克 1794）

《序曲：第七章，伦敦住所——巴塞罗缪集市》

一旦我们祈求缪斯的帮助，
她将接纳我们，乘她的羽翼御风而行，
飞过拥挤和危险的人群，
放到马戏团的主持台——多么震惊，
耳朵和眼睛！什么样的混乱和噪音，
野蛮人和怪物——群魔乱舞，
多么恐怖，色彩、动作、形状、视觉和声音！ 67
……人群
招徕了……
恶形、怪状、尖鸣……
所有的荒唐，所有的乖谬与反常，
所有的畸形，所有人类的狂妄之想；
他的乏味、疯癫、技艺表演，
所有的混乱无章，造就了
怪物议会。帐篷和货摊，
这一切仿佛是一个巨大的工厂，

* 这首诗采用了刘守兰的翻译。参见《英美名诗解读》第121—126页，上海外语教育出版社，2003年2月第1版，略有改动。——译注

> 正在吐出、接受，四面八方，
> 男人、女人、三岁的孩子、怀中的乳婴。
> 哦，令人茫然的混乱！真实的体现
> 那伟大城市的本来面相。

（威廉·华兹华斯 1805）

引　言

我曾经将我的研究方式描述为“抛出去的连接线，从民族建设的社会政治领域收回”，我所说的“民族建设”意指大不列颠的政治性虚构。在此我还要加一点，就是针对这样的建构，“英格兰”这一特殊意象被编织，这个意象直到今天都对立于理性的、政治经济的建构。

这一章要进入19世纪。此时，工业革命和英国浪漫主义运动兴起。本章试图讨论一系列相关领域的紧张关系。鉴于它们对英国山区的赋值造成的影响，本章会涉及生发于文雅社会之内，存在于伦敦意象与反意象之间、农业/工业革命与英国浪漫主义运动之间、英格兰与大不列颠之间的一些紧张、分离及歧义关系。为此，我们将前一章探讨过的湖区置于造就了漫游湖区时尚的伦敦社会背景之内进行分析，也就是将问题置于当时正在进行的文化民族主义重构的框架之内。

文化理念的产生与消费是动态的。供求关系是敞开的，可以随时
68 调整。抵制会在别样的层面创造出自己的需求，造就新的供应途径。

> 如同所有艺术，如同语言，文学是集体的活动，完全被社会力量所限定，某一时间在某一特定共同体里需要说什么和可以说什么——这也许是人类学家而非心理学家的领域。

（巴特勒 1982：9）

同样，风景的赋值和消费也是动态的、集体的活动，一种“地理与等级坐标交集而成的排他性网络”的活动（斯塔利布拉斯和怀特 1986：108）。

位于前景的风景提供了另一通道，进入交互作用的紧张关系领域——也即社会力量内部和之间，这些社会力量围绕着文化民族主义的兴起和集中化民族国家的产生。如画风景美学是文化束中的一枝。前一章节抽出这一枝进行了仔细考证。本章将重新编织，并厘清如画风景美学如何具有特定时间内不平等性的意识形态，存在于并贯穿于风景之中。这种美学充当了阶级形成的方式，

> 产生于并潜在地重塑人们的体验以及由体验获得认识的方式。这是意识形态的历史动力，我们必须尽力发掘。因此，我们就得把意识形态置于文化架构之内，特别是置于文化矛盾的架构之内。
>
> （西德尔 1986：154）

本章标题“民族风景”蕴涵之意是：哪些人参与无人风景的欣赏而被认为值得列入民族之内。

基于伦敦的文化及其传播

查理二世（1660—1685）荒淫无度的宫廷，光彩夺目而又咄咄逼人。其后则是威廉和玛丽（1688—1702）、安妮（1702—1714）及早期乔治家族（1714—1727；1727—1760）的宫廷，颇有居家之风但却乏味，高雅文化和精美艺术的欣赏活动渐与宫廷圈子脱离。一份近期的简明研究报告显示出，怎样的机制与实践使得高雅文化不再是“皇家政治的侍女”而“成为商业的合伙人”（布鲁尔 1997：3）[1]。经济扩张给艺术创作带来了新动力，培养了一批具有求知欲的新观众（索尔肯 1992）。社会雅 69

致化与艺术的培养密切配合[2]。

置于政治经济理论架构内考量，一个英格兰意象正在形成。面对欧洲大陆而突显的英国例外论被表达为政治自由，这种政治自由基于商业的繁荣、自耕农—农民的土地所有权、法律保障的农业（亚当·斯密［1776］1985）。有用的艺术（商业、制造业）得到进一步发展，借助科学技术的改革和发明，带来“普遍的富裕，惠及到人民中的最低阶层”（亚当·斯密［1776］1985：33）[3]。但是国力的加强取决于社会的稳定及劳动分工，而保护政治自由和商业利益增长的旗帜飘扬在少数人而不是许多人的上空：

> ……如果［这面］旗帜的一面绣着“商业”的徽章，另一面就是“文明”。这面旗帜的面料是自由，如果我们仔细查看其针法，自由其实就是法律。“市场”是营造出来的，一些人必须自由地限制其他人，包括几乎所有的妇女，以此建构进步。
>
> （科里根和赛耶 1985：105）

华兹华斯的“怪物议会”——人群，被激情支配的乱民，颠覆了市民/文明（civil/ized）社会，哪怕只是短期地，也威胁着稳定。在启蒙主义的进化模式中，理性的个人是由驾驭激情定义的。激情是非个人的群体的特征，是巴赫金称之为“诡态身体”的特质。正是“养成的品味消灭了激情……［而且］改善了我们的情感”（休谟［1741—1742］1985: 6）。养成的品味也支持着一种共生关系，在这种关系中，社会雅致化的获得与实施需要并产生了有用的艺术所提供的物品[4]。社会雅致化和商业是同一枚硬币的两面，由要求合作和理性互动的市场来铸造。

基于伦敦的文化摆脱了宫廷并按照城市的商业生活来运作，是英格兰作为城市现代化的中心及“普遍富裕”（罗宾斯 1988）制造者形象的缩影。但是18世纪伦敦的黑暗面形成了一个令人头疼的反意象。

这头野兽的下腹部容纳了布莱克笔下令人难忘且有着难忘标记的脸庞，是长满脓疮的贫民窟和妓院，挤满了贫困潦倒、体弱多病、流离失所 70
的人们、从正在进行的一系列昂贵战争[5]中退役的士兵和水手（许多人是截肢者）、孤儿和成千上万"隐身"的黑人：总之，到处都是被盯上的猎物和出自底层阶级本身的猛兽。伦敦上层生活与下层生活同时并存，这种近邻关系使得任何一方不可能忽视另一阶层的生活。

这一时期也见证了有修养的都市男女的崛起，一类富有想象和情感的男女，其社交风度的优雅可由有见地的谈话、穿着和其他外在符号表现出来。在《旁观者》、《闲谈者》及《卫报》登载的文章中，约瑟夫·艾迪生和理查德·斯蒂尔引领风骚，提供了起教育作用的美学，该美学正是迅速扩展的"文雅社会"那部分人群所需要的[6]。第一章研究的风景插图刊物和杂志，第二章探讨的与湖区相关的旅游指南和版画集，这些都是印刷资本主义不断扩张的服务的一部分——服务于持续再造出来的、不断扩张的休闲需要。如画风景美学不仅是"想象"、"情感"和"趣味"交汇点，而且成为三者实践的焦点。

18世纪末期，文化和休闲的纵情消费及商品化的蓝图已经勾画出来。社会身份的这种自我塑造不可避免地成为一个排他的过程。而基于伦敦的"文化"：

> 其最好的政治渴求的确是进步的，但在其方式、道德及想象性作品，乃至形体、仪态和品趣中，暗藏一种……构成其历史存在的精英主义，在其主体性身份上铭刻了所有可以显示自身是一个不同的、杰出的、高贵的阶层的标记。
>
> （斯塔利布拉斯和怀特 1986：202）

这样的一个阶层居住在一个独一无二的城市。英格兰人口中有十分之一居住在伦敦。18世纪的不列颠人中，每6人当中会有一个一生中的某些时候在伦敦工作。不列颠首府使所有其他英国城市相形见绌，世纪中期，伦敦拥有近75万居民，是西欧最大的城市（布鲁尔 1997）。

广为人们接触的伦敦文化生活已经确立。艺术、音乐、戏剧和出版
71 一片繁荣景象，体现在首都的博物馆、音乐厅、大型剧场、图书馆、咖啡屋、版画与书店、文学社团、画室与客厅。高雅之士内部互通的交际圈进行着文雅的谈话、文学批评、舞蹈、绘画及音乐表演，从而形成了范围广延的共同体，深度地介入文化资本的生产和消费。报纸、期刊和杂志成为日常的结缔组织，虽然可能存在政治和宗教信仰的差异。

到18世纪末期，这类都市精英公开的统一化和正在统一化的文化叙事，借助市场力量在伦敦之外的地方得到复制，市场力量刺激了分化差异，凝结了身份认同，在国家与市民社会之间左右逢源并在全国范围发挥作用，文雅社会的社会关系集合已经形成。尽管存在着地区的种种排他主义，文化共有的实践有助于各地城镇及乡绅阶层组建自己的社会关系与规则。这一切的完成得益于众多已有的非正规组织的网络，包括知识分子和宗教协会组织，也得益于新的集会场所——这些场所也起到替代地方排他主义的作用（斯塔利布拉斯和怀特 1986）。俱乐部、会所、聚会屋、读书会和辩论会虽源起于城市，却在乡村渐成气候（莫里斯 1990），甚至小城镇“也能举行精心策划的舞会、聚会、音乐会、演讲及纸牌晚会”（坎宁安 1980：17）。总之，我们看到了简·奥斯丁小说中的场景。

文化的标志（书籍、期刊、版画、游记、舞蹈指南、绘画、音乐、看戏、参加舞会和业余剧团）与适应于不同季节、地点和场合的时尚消费，推进了对这一特定的文化叙事工程的模仿复制，同时也创造着这一工程。通过强调个人自己的想象力和美学体验，如画风景的实践横越这文化束之中的多个范畴[7]。在这一过程中，如画风景美学帮助培养熟人之间以及更广范围的文化公众之间共有的身份和情感。

风景成为认同形成的场所，依据人们如何阅读、游览、体验、实地观景或欣赏印刷画册、谈论及绘画风景而形成认同。既然物品是文化意义的载体，“谁拥有这些物品”就成为物品文化意义的一部分。品味与休闲行为的表达帮助人们把自己和他人定位在相应的社会阶层（布迪厄 1984；米切尔 1994）。最终，画境游无论是徒步还是乘坐马车，72
都是衔接主体与客体的重复性和表演性行为，同时将如画风景转化为“物品”[8]。

被不同的群体以不同的方式应用，如画风景美学轻易地借用了这一社会网络，并使之强化。如画风景替代了理想化的古典主义传统，激发出对现实性或再现性风景更广泛的美学思考。对于有些人而言，如画风景美学美化了外省身份，使其得到认可，通过抬升他们生活其间的风景，把外省人与中心连接起来。如画风景美学也有助于神话乡村，使吉普赛人成为“一种有趣的地方色彩，而非居无定所者对现状的威胁”。如画风景的实践“为在变动的乡村生活中失去根基并继续失去根基的乡绅”提供了“维持功能”（安德鲁斯 1989：252 n.3；摩根 1983）。面对英格兰城市化过程中旧身份的丧失，如画风景帮助塑造新的身份。

无论在伦敦还是在外省，在观看歌剧、戏剧和音乐会时，在参观休闲花园时，在参加俱乐部、舞会和集会时，都存在着一种双重的紧张局面。内在的紧张生发于文雅社会成员的自律要求。观众被教育成为沉默安静的观看者，而舞台上，瞬间定格的姿态用来传达情感。舞台下，观剧指南要求观众能够“听见不快之事面无愠色……（而且）听见愉快之事不动声色”。进入文雅社会的成员要努力做到“既不太前卫，亦不太保守，更不太随和；要谨慎明智，淡定自若”（布鲁尔 1997：111）。绘画、舞蹈和音乐教师指导男女新晋会员控制激情以确保在社交场合取得成功。暂时逆转一下这种效仿，巴赫金的古典雕像会走下乡村别墅的基座，与中产阶级融合，却不会被允许尽情撒欢。

外在的紧张则源于对物欲横流的现实的批评。贪财、贪欲、欲望和虚荣对商业有利，却对灵魂有碍。奴隶贸易和奢侈之间的关系被大力渲染，部分批评出自浪漫主义诗人柯勒律治、骚塞、华兹华斯[9]。自我推销的惟利主义信念导致对穷人的压迫，加剧了非洲奴隶贸易的残酷性
73 （鲍姆 1994；埃弗雷特 1994；格兹纳 1995）[10]。传统形式或俗成的英格兰“灵魂”，正在牺牲给自我利益和利润。与城市及文化叙事相联系的文雅社会受到诟病，说它错在把技巧诡计当作美学优雅的基础。这个社会缺乏道德准绳，成为众矢之的。结果，另一种依据自发的感情和感伤主义的叙事得以发展。但是，得到强化的感性可能倾向于鼓励慈善行为，也可能痛苦地逃避人类遭受的苦难（埃弗雷特 1994）。无论是哪一种方式，对感性和情感的强调帮助培养了一种美学，感应“粗犷、野性而真实的自然崇拜……将国家的边缘地区（苏格兰高地和威尔士山丘）当作审美的中心”（布鲁尔 1997：118）。这种崇拜就是对如画风景的追求。

“不列颠”和“英格兰”问题

这一时期是身份认同建构的漩涡时期。文雅社会形成中同质化的过程伴随着不无问题的不列颠的发展而进行。但就在此时，围绕两种过去的英格兰定性——盎格鲁—撒克逊和诺曼的，双方的社会政治继承人们展开了激烈的争论，加上在大不列颠的组成部分中间文化民族主义刚刚崛起。此时正值英法之间为殖民地而争夺和大动干戈之际。

由于认为法国品味支撑着伦敦文化，所以围绕何为真正的英格兰的诸多争论中，有一个矛头就指向文雅社会。当文雅社会的文化叙事在全国范围内被复制时，它可能导致“沿文化界线形成内在的社会分离感”（纽曼 1987：99）。在诺曼统治下，传统的英国自由丧失，这段历

史成为反对中央集权、要求政治改革的英格兰激进爱国主义的注脚（巴特勒 1988；埃文斯 1995）。到了世纪末，由于法国革命恐怖统治的影响，这种大唱反调的爱国主义也就崩溃了。面对共同的敌人法国，大范围的反法情绪，“不列颠”感和“不列颠人”感却应时而生。民族具象化的象征就是大不列颠。但是，即使这种身份认同也不是没有问题的。涉及到她所承载的政治信息，大不列颠可能代表反诺曼的英格兰或是反法国的英国（阿瑟顿 1974）[11]。 74

围绕法国性所进行的历史探讨和当代争论都是沿着反映两种社会道德世界的阶级分界进行的。统治阶级因其高卢化而道德腐化（国外旅行、典雅的品味以及伦敦文化的装饰）。诺曼前的英国身份的恢复及纯正英国原则的确立，取决于乡村美德的重新提倡、野性自然的赋值，以及对所有外国东西的排斥（纽曼 1987）。恢复这个往日曾有的英国，与政治经济构造的英国形成了鲜明的反差——在一个正在政治经济方面奋进的英国，当地或本土共同体的价值可比不上国外贸易伙伴及殖民扩张的利益。由于正在与法国交战，国外旅游受到限制，伦敦社会转向凯尔特边界山区，抬升了那里的价值，使远离都市的湖区成为时尚之地。18世纪期间，对某些人而言，文雅社会打造为时尚的地方已经成为文雅社会所缺乏的美德之宝库。

大不列颠作为一个民族国家，这一至关紧要的政治身份在18世纪形成。苏格兰、英格兰、威尔士的政治联盟始于苏格兰国王詹姆斯六世1603年登基成为英格兰国王詹姆斯一世。1707年的《联合法案》制造出一个定义模糊且引发愤怒的联盟。苏格兰人和苏格兰、英格兰人和英格兰让位于不列颠人和大不列颠[12]，人们为之愤怒不已。尽管不列颠是一种叠加在旧有身份之上的身份，但它并没有取代旧有身份（卡纳戴恩 1995；科利 1992；罗宾斯 1988）。像所有身份一样，它是依据某些条件，通过与一个社会或疆域上的他者——也就是与天主教法国比照而建构起来的（萨林 1989）。

英国和法国之间存在着深深的反感,几近痼疾的仇恨,这种敌意在斯图亚特王朝时期愈演愈烈。略去雅各宾派/罗马天主教对新教英格兰的威胁不讲,我们足有理由认为所谓詹姆斯一世的登基给苏格兰和英格兰带来和平的看法与将近一百五十年的事实不符。17世纪末期到18世纪中期,从英法之间的多次战争中我们都能听到一个声音低低地说,"法国资助了詹姆斯党人的入侵",而"1715年和1745年心怀怨恨的詹姆斯党人的军队从苏格兰向英格兰进军,说明过去的边界间的敌意仍然在继续"(科利 1992: 4,13)。至于爱尔兰,那儿的詹姆斯党人一
75 直站在法国军队一边抗击英国。18世纪80年代,爱尔兰在伦敦议会发出了抗议之声,最终爆发为1798年的起义,这次起义得到法国舰队的援助,显然对于解除英法间的敌意毫无作用[13]。当新教与天主教的对抗消弭的一些时刻,威尔士人、苏格兰人和英格兰人的国内分裂得到弥合,不列颠人这一观念和经验得到加强(科利 1992)。

然而,不列颠身份建构这一观念强调的是弥合国内分裂的纽带,而非"使他们分离的信仰"(布鲁尔 1992: 5)。国内分裂是通过文化民族主义表达的,但是新教本身也包含了分裂主义的断层线。需要质疑的是单一实体的新教英国与天主教法国及其在爱尔兰之影响的对抗。应该承认的是国内存在着种种异端或非国教宗派:如长老会教、公理会、浸礼会、贵格会、唯一神教派、卫理公会派、不信奉英国国教派及激进的宪章派。关于这个主题将在侧重中部地区研究的第五章继续论及。

英格兰的两种版本

英国有两种版本这一事实早已经提及。需要追问的是:是否有过一个统一的英国身份?起初,在都铎王朝创建时期,当"系统地挖掘盎格鲁—撒克逊的证据——他们的教堂、语言及法律条款"发轫之际(菲西安—亚当 1991: 2),"英国人更可能与自己的区域和地方产生认同,

而不是与整个国家本身产生认同”（埃文斯 1995：232）。种族史和制度史的意义举足轻重。“亨吉斯特—霍萨*的种族神秘性”（罗温萨 1991：208）将身份植根于盎格鲁—撒克逊种族和民主体制之内。

这种神秘性支持了不列颠身份，也支持了英格兰身份的一种版本。[14]它们都是与同样的他者相抵触的，尽管他者的建构有所区别。以盎格鲁—撒克逊的“英国”视角，他者就是诺曼领主及其当代的不列颠继承者。站在不列颠的角度，他者是有领土扩张野心、骄傲自负、道德沦丧的当代法国。

盎格鲁—撒克逊原始的民主制（连同凯尔特人、德鲁伊特教僧侣和游吟诗人——这些人被再现为当时在南太平洋上遇到的那些“高贵的野蛮人”的本国变种），与诺曼领主当代继承人展开竞争。当时国内的社会分野要求用阶级区分的眼光重新审视过去： 76

> 一方面，种族谱系的神话正被尽情发挥，这个神话追寻“真正的”英国共同体……上溯到卑微的撒克逊时代……年复一年，从迷宫一般的学术性和伪学术性研究中拼凑出一个“真正的”英国或不列颠种族共同体概念，它拥有共同的过去，共同的道德、社会、文化和政治的构成，这一版本与撒克逊祖先理想的道德接榫，迎合了强烈的情感诉求……其政治含义……即凭着天生的道德优越性、大不列颠岛屿历史领先权以及“这些人”对日耳曼制度的继承，他们应该享有更多的合法性和更大的权利，而不是压迫者（“高卢人”、诺曼人、法国人）施舍的那一点点权利。
>
> （纽曼 1987：117）

同时，另一个完全不同版本的英格兰正在形成，由进步的话语和政

* 传说中于公元五世纪率军征服英格兰的日耳曼首领。——编注

治经济理论精心构造。这个版本的英格兰是一个进步的、“改善的”、城市化的、制造业的、工业化的英格兰，可与大不列颠互相置换——现在仍是如此。这对联体双胞胎从未分离过（卡纳戴恩 1995；格兰特和斯特林格 1995；罗温萨 1991）。吊诡的是，启蒙运动的进步主义却把进步的对立面鲜明引入知识分子视线：未改善的、落后的、离奇的——这些都是所有古董家、民俗学者、如画风景追随者备感兴趣的东西。启蒙运动所信奉的进化模式也许是思想的决定性模式，但是任何模式由实体与虚体构成，二者相互依存。就风景和农业实践而论，在启蒙计划看来需要予以改进和现代化的东西，正是另一种人眼里的共同体的堡垒和活文化的宝库。中心移向北部山区——英格兰湖区，标志着对进步的英格兰的另一层反抗产生了，美学和情感联合确定了本地风景的连续性和传统。具有家长作风和仁慈之心的土地主精神和道德价值观，与进步的、倡导改良的土地主和农民形成对比。圈地运动与驱逐行为打破了农业共同体历史悠久的互惠关系。当然，这种互惠的纽带以前已被破坏过许多次，也许在16世纪全国范围的圈地运动中，这种破坏格外显著。

77 启蒙运动的现代化规划关系到凯尔特边区风景/土地使用，对此的一种有趣解读用到亚瑟·杨格的《1776、1777和1778年爱尔兰纪行》（1780）和塞缪尔·约翰逊的《苏格兰西部岛屿纪行》（1775），揭露了政治经济缺乏时间性，威胁本土文化：

> 对杨格而言，爱尔兰是新未来的显现之地。在民族主义者看来，爱尔兰是一个尚能瞥见过去的轮廓的地方；透过现代人眼中所见的表象，依然能感受到隐匿于风景里的历史传统和情感。这类表象堪称一个民族不断增生的年鉴，负载许多世纪以来人类持续在场的种种印记……当口传和书写的传统遭到强制性的遏止时，民族的风景就变得非常重要，成为另一个选择，它不像历史记录那么容易被毁弃。农业改革会抹去乡村的表象特征，造出一种

经济和政治的白板，从而威胁到文化记忆的留存。

（特林佩纳 1997：52—53）

乡村传统主义的世界观源自如画风景运动和古物研究的互动[15]。原本属于文化精英的兴趣移向范围更广的社会阶层。风景中古旧或衰老的成分（可能是人物也可能是建筑物），田间颓塌的纪念碑、珍奇之物如古树或"灵石"，以及言语、穿着和举止的传统，逐渐加入这种世界观的生成[16]。地方生活和本地特色的重要性开始突显，与日益恃强自重的城市中心相对。风景的遗迹"成为本土文化的幸存碎片，其复原是国家和地区的骄傲"（布鲁尔 1997：582）。英国乡村成为永恒稳定性的所在地，准备经受，或实际上正在经受随社会关系转型而来的迅猛的变化（伯明翰 1986；纽比 1987）。

这种新创的传统主义世界观为文化民族主义提供了原材料，推动了对英格兰、爱尔兰、威尔士和苏格兰历史（神话的或真实的）、民间信仰（如有关"小矮人"的信仰）及其实践（如收割仪式）的收集和评价。这些历史、信仰和实践植根于对地方、对栖居于风景之中的神奇前辈的依恋，实际上是对神奇性的依恋——而神奇性早在宗教改革时期就已被妖魔化，又遭到启蒙运动的否定（施奈德 1991）。[17]文化民族主义与 78
进步和改良的修辞背道而驰，但是画境游允许市场把抵抗地区的风景也收并进来。到这些风景区游览促使人们关注到这样一种陈述的非英国背景：对"品味纯粹的人"来说，湖区是"一种国家财产"（华兹华斯［1835］1984：133）。如此便有助于阐释文化民族主义通过风景发挥作用这个观点，也框定出如画风景美学的作用范围。

文化民族主义

大不列颠政体形成之际，国内文化民族主义也在形成，产生了近来称之为“‘四个民族’的文学历史”（皮托克 1994：2）。鉴于“强制性的‘英国人’版本在那时得到如此专注的发展”（卢卡斯 1990：40），当时出现的爱尔兰、威尔士和苏格兰身份认同就是抵抗不列颠国家的主动形式。然而，它们也被中心产生出来的一个必需的边缘性他者所颠覆（布莱顿 1995；埃文斯 1995）。透过如画风景运动的棱镜，可以观察到并在一定程度上理解这些文化民族主义之间的相互联系。

不列颠未经改良的凯尔特边界山区恰好为如画风景的实践提供了一处微缩版的阿尔卑斯山风景。[18]如画风景美学强调个人的情感发展。衰败和贫穷的意象对于美学很重要，但只能作为边缘性的装饰图案。情感的发展是其重点，然而对于所见所闻（人类的痛苦），人们无需介入：

> 毕竟，如画风景的一个重要的特征就是，观景者或读者并不是从道德、社会或政治上介入看到或读到的东西。寻求如画风景仅仅是寻求美学体验……威廉·吉尔平强烈反对将他称之为“忙于各种营生的农民”引进如画风景的绘画。如果出现了乞丐和老年人，应该按照审美的需要把他们融入景色，这样观众就能沉入令人
> 79 愉悦的忧郁之中。
>
> （卢卡斯 1990：92）

政治意义的不列颠身份的兴起使文化身份范畴（威尔士人、爱尔兰人、苏格兰人）的倡导者不再要求政治主权。政治主权现在已经归并到民族国家之中了。[19]新教、贸易危机、国防都成功地在所有社会阶层推进了不列颠的身份认同，尽管这些阶层之间或之中存在纷争（科利 1992；罗宾斯 1988）。[20]然而，正当对一个更包容的政体的诉求把“更广大的社会与管理精英，包括大量的威尔士人、苏格兰人和信奉新教的盎格鲁—爱尔兰土地主和商人”（埃文斯 1995：223）汇聚在一

起时，历史更为久远的那些王国的种族特性也在得到探究和证明（纽曼 1987；罗宾斯 1988）。[21]

在几个世纪的英国化的冲击下，威尔士经历了文化衰落和自信丧失的过程。独特的威尔士生活方式逐渐消失，其法律制度受到压制，威尔士语不再是官方语言，早在13世纪就几近灭绝的游吟诗人制度命悬一线（赫克特 1975；罗宾斯 1988）。威尔士的再发明始于18世纪，到了19世纪则已硕果累累。这一再发明部分依赖于仿造和新创的威尔士事物，真正的凯尔特本土特色巧妙地糅了进去（摩根 1983）。如画风景美学与古董癖的结合造就了赝品大行其道的氛围。追寻如画风景、古董癖及边缘性文化的再发明是交互作用、相互强化的文化实践。

混乱无处不在。什么是凯尔特，什么是撒克逊，定义不清。18世纪20年代，在埃夫伯里和索尔伯里发掘出来史前巨石阵，点燃了威尔士人和游客把德鲁伊教和凯尔特浪漫化的想象之火。到18世纪50年代中期，诗人托马斯·格雷写诗对荒野的自然和遥远的历史做出新的回应。格雷翻译了据说是“前文明的北方”（卢卡斯 1990：50）的斯堪的纳维亚和威尔士诗歌，他的翻译被引用来推进“去中心化的”文化民族主义。格雷转向古代北方文学研究，标志着换个方向追踪英国诗歌的源头，“这个连绵不断的文学传统的源头不是（像过去和现在习惯的那样）上溯到诺曼—普罗旺斯—拉丁文学的传统，而是上溯到威尔士和斯堪的纳维亚的传承”（巴特勒 1988：43）。18世纪凯尔特戏剧就借鉴了他新翻译的古斯堪的纳维亚语作品《埃达》，剧中有一些德鲁伊教式的场景。格雷最受欢迎的诗歌《游吟诗人》以爱德华一世统治时期被英国驱逐的最后一个威尔士游吟诗人为题。其重要性在于，从历史角度而 80
言，政治主权和文化主权在威尔士游吟诗人身上得以体现。该诗歌激发了许多绘画的创作，最终又转过来帮助了威尔士神话的建构。[22]

18世纪末期，前往人烟稀少、农业萧索的威尔士山区的画境游成为时尚。山区虽然崎岖难行但还不至于危不可攀。落后的农业劳动和

“原始的”民居成为可接受的美学意象，表现衰落，证明了时间的流逝。由于贫穷而保留下来的服装摇身一变成为民族服装。游吟诗人的佚诗变成“德鲁伊教的”遗物，通过某种方式，威尔士语也与希伯来语有了关联，风景传奇被润色或发明出来，既是为吸引游客也是为了“促使威尔士人明白应该珍惜他们的风景”（摩根 1983：86）。[23]这些举措收效颇佳，这一点可从19世纪威尔士国歌第二段得到证明。内容（译文）如下：

古老的威尔士山区，游吟诗人的天堂
每面悬崖和每道山谷，在我眼里都那么美丽
洋溢着爱国的感情，充满了神奇的魅力
是她的河流和小溪的旋律

（摩根 1983：87）

游吟诗人的“……如此深植于风景之中的颂歌”（特林佩纳 1997：3—4）激情澎湃，将风景与自发的文化民族主义联系起来。说到文化守护者这一角色，新发现的澳大利亚土著居民被当作盖尔语游吟诗人的同类（史密斯 1985）。汇集、阐释、发布或伪造游吟诗人传统，对威尔士、苏格兰和爱尔兰民族主义的建构非常重要（皮格特 1976；皮托克 1994；沙玛 1996；特林佩纳 1997）。例如，詹姆斯·麦克弗森杜撰的原住民文学对于凯尔特苏格兰的形成至关重要，据说那是弹奏竖琴的游吟诗人莪相的作品。[24]然而，苏格兰身份，初始是一种西部高地身份，其实是“对爱尔兰文化的背叛”，而非对英格兰的背叛，因为历史上正是爱尔兰游吟诗人文化形塑并主宰了赫布里底群岛。至于爱尔兰，“甚至在17世纪和18世纪英格兰的统治下，凯尔特爱尔兰仍然固守自身作为文化意义上的一个历史性民族的意象”（特里弗—罗珀 1983）。这一意象部分是竖琴师和游吟诗积极参与的结果，从两方面意义来说，

游吟诗都承载了民族的“重荷”(burden)。[25] 81

如果游吟诗承载了“民族”,那么,“民族”又承载什么?根据标准词典(《韦氏新学院词典》):

> NATION:中世纪英语为nacioun,源自中世纪法语nation→拉丁语nation-natio,意指出生、种族、民族;源自naci的过去分词natus,意指出生。

> Native(本土)和nature(自然)词根来自拉丁语natus-nasci,与nation意义相关:

> NATIVE(本土的):中世纪英语为natif,源自中世纪法语→拉丁语nativus→natus,nasci的过去分词,意指出生。

> NATURE(自然):中世纪英语,源自中世纪法语→拉丁语natura→nasci的过去分词natus,意指出生。

当风景与民族、本土、自然相联系,这个词也就具有了“隐喻的、意识形态的效力”,这种效力是由于“一个民族文化的本质或性格与其栖居地区的本质或性格之间,发展出了一种更恒久的维系”(奥维格 1993:310—312)。表达这种更永恒的维系的方式之一就是本土语言或母语——这与natus-nasci的内涵呼应。涉及到18世纪凯尔特边界,这种风景/语言的联系对于游吟诗民族主义至关重要。到了18世纪末期,风景是“自然的书写,人置身其中最大程度地体验自己在此地此时,而且成为……转向主观时间意识的一个关键概念”(索尔维森 1965:14)。

风景与语言的联系通过地名的记忆和隔绝状态得以保持。在整个18世纪,古老的语言,就英格兰而言是古老的方言,仍然在偏远的地区使用着（罗宾斯 1988）。风景和语言时而合并成为图像性的表达，例如，1659年出版的詹姆斯·豪维尔词典的标题页中，威尔士语被描绘为“神圣而野性的林间少女武士”（摩根 1983：48）。但是，由于废弃、禁止使用民族语（盖尔语、威尔士语），英语长驱直入，取得了压倒性的优势。民族语终于衰落了。[26]

对地名进行大规模的清洗，致使记忆发生位移，这一情形就发
82 生在苏格兰高地。通过规范地图的命名就能掩埋过去，例如，1824—1836年间英国地形测量局对爱尔兰进行地形测量时，就换掉了原有的盖尔语地名。相反，地形测量局的勘测者为威尔士语地名的正确拼法而大费周章（哈里和沃尔特斯 1982；转引自罗宾斯 1988）。当地的地名（包括那些英格兰边缘地区的地名）经常受到忽略或混淆（威尔伯福斯 1779）。[27]个别情形下，会发生相反的涂改，例如詹姆斯党人动乱期间深入苏格兰高地的军用道路上的部分里程碑就被移走。军用道路上这种逆涂改情况在爱尔兰也很普遍，不过通常地图的社会行为和权力更持久（哈里 1992；皮克尔斯 1992）。

风景中表示时间流逝的元素对如画风景非常重要。废墟和青苔或者常春藤覆盖的建筑是令人忧郁的光阴似箭的提示。山区讲述了一个（新近发现的）久远的地质年表，对比之下，人类的生命周期就显得微不足道。黎明和日落（即使透过一片玻璃看过去，它们也显得如此绚丽）包含了个人能够测量得出来的时间流逝，而任何一处废墟、任何一座爬满青苔的桥梁、任何一个风烛残年的人、任何一条山脉都会激发人们的想象和感受。往日浮现，追忆过去，这就需要特定的、高度本地化的废墟、桥梁、人物和山脉。注意力转向仔细观察风景（默多克 1986），视觉艺术里的这一转向与描写特定地方的诗歌同步发生。这类诗歌是个人的地名记忆，是对个人内心疏离或异化的认知，诗人试图通过确定自己在风景中的位置寻求庇护。定位的特性使人对暂时性的感受更加痛切，而这种定位记忆的痛切感说明记忆战胜了时间。

英国浪漫主义运动和湖畔诗人

英国浪漫主义运动这个词语在19世纪中期用来回指18世纪末期到19世纪初期的英国诗人。一个经典而一致的英国浪漫主义的形成是20世纪40年代的产物。不同时期的浪漫主义推出了各自界定的湖畔诗人：华兹华斯、柯勒律治和骚塞，还有布莱克、拜伦、济慈和雪莱。他们都是英国民族主义美学的倡导者，该美学由早期的诗人发展而来，
如汤姆逊、申斯通和考珀。在20世纪最后的一二十年，人们对英国浪 83
漫主义，尤其是其代表人物华兹华斯，进行了批判性的再审视（艾厄斯等 1981；巴特勒 1982，1988；路易 1989；麦克甘 1983），揭示出把素材与社会和经济背景割裂开来的诗学位移和理想化的意识形态。

英国浪漫主义这一术语也用来指涉更宽泛的作品，涵盖了18世纪40年代到90年代的诗歌，其时地方主义备受推崇；18世纪90年代到1815年，地方风景依旧引领风骚，但是后革命的宗教正统已然侵入；1815年到1825年，当时的主调是削弱地方主义和民主主义。在这个更宽泛的时间范围，英国浪漫主义“倾向于反对不列颠中央国家及其体制”，关注“阶级、社会变化、自然宗教、地区和民族的骄傲以及世界革命”（巴特勒 1988：37—41）。浪漫主义不是“一场单纯的知识运动，而是对各种社会压力……的综合回应”（巴特勒 1982：184），发轫于工业革命的早期阶段（艾厄斯等 1981），其结果是

> 一种浪漫的情感结构得以产生：提倡自然、反对工业，提倡诗歌、反对贸易；人类与共同体隔绝进入文化理念之中，反对时代现实的社会压力。我们可以确切地从布莱克、华兹华斯及雪莱的诗歌中听见其反响。
>
> （威廉斯 1973：79）

受教育人数的增加、出版业规模的扩大以及随着收费公路发展而改善的印刷品流通，这一切为地方上的中产阶层以及乡村绅士接触到英国浪漫主义诗学和政治提供了保证。到18世纪末期，由于前半个世纪的本土乡村或田园诗歌的影响，有阅读和写作能力的公众对自然的欣赏发生了巨大变化，因此湖区作为稳定性的一种有力的文化象征更容易被人们接受。

诗歌，特别是游吟诗的反对声音所显示出来的重要性表达了一种深化中的意识，即诗人应该对其共同体并为其共同体说话。然而，基于伦敦的文化叙事在各个地方被模仿，本土/民族/自然（native/nation/nature）的共同体在圈地运动与城市化的双重影响下已经分崩离析。到18世纪中期，英国诗人和作家正在经历他们所描写的文化的深刻危机。
84 沮丧、疯癫和自杀成为艺术—知识分子团体的标志（巴特勒 1988；卢卡斯 1990；纽曼 1987），而在该世纪的后期，诗歌继续演绎着英国风景的赋值和仇外的双重主题。

面对人与地方的分离，风景回应了对可以感受到的连续性的需求。在极端情况下，这可能表现为一批据说是中世纪的诗歌和散文，颂扬了英国地方特色。但总的来说，诗人

> 从詹姆斯·汤姆逊（1700—1748），到托马斯·格雷（1716—1771），再到威廉·布莱克（1752—1827）和威廉·华兹华斯（1775—1850），他们用弘扬地方主义的象征语言取代了“宫廷”或“伦敦”或德莱顿、蒲伯、斯威夫特和盖伊的贵族话语……他们表达并进一步确立了足能代表一些绅士以及许多“中等类别”，特别是18世纪伦敦及各地的工商业界人士的态度。
>
> （巴特勒 1988：41）

汤姆逊的乡村诗歌堪称上述更宽泛时间范围内的英国浪漫主义第

一阶段的生动范例。他的诗歌描写了具有普遍意义的乡村生活，有感于天下皆同的季节而发，表达了人皆有之的情绪。早期的湖区旅游者借用古典作家来提升他们所看到的景色。从18世纪40年代开始，由于汤姆逊的《四季》广为传播，本土文学在提供情感联想方面变得日益重要。

与游吟诗不同的是，这类田园诗所描写的乡村共同体之间的关系其实是伪造出来的。基于同样的原因，诗中城市共同体之间的关系也同样与事实不符（卢卡斯 1990；塞尔斯 1983；威廉斯 1973）。到18世纪末期，如画风景美学推动了寻找如下地区的风景：

> （在这些地区）尚无当代工业化、圈地运动和地产开发的痕迹，而且各种形式的田园牧歌情调都未被注意到，海峡对岸令人恐惧的“平均主义”影响无法波及……如画风景旅游者愿意千里跋涉寻找一个“劳烦之中被人遗忘的世界”。
>
> （安德鲁斯 1989：66）

乡村或田园诗歌和雕版风景画确认了如画风景美学，而如画风
景又影响了湖畔诗人的早期作品。在被称为“国内人类学”（贝维尔 85
1989）的诗歌中，华兹华斯使我们看见湖区到处都是边缘化的人们：瘸腿的士兵、瞎眼的乞丐、隐居者、疯癫的妇女、吉普赛人、流浪汉，换言之，到处都是被早期农业和工业革命抛弃的流离失所的苦命人。[28]也许毫不奇怪的是，这些边缘人构成特定种类人群的一部分，他们正在被中央政府规划为后来颁布的《济贫法》的基础。华兹华斯

> 开始为那些声音遭到拒听的人奋笔疾呼。这类人不再被当作（通常从远处）观望沉思的对象——汤姆逊的抽象沉思就采取了这种拉开距离的技巧。他们变为主体：在说话，在体验。不过后来，

> 华兹华斯开始隐退，从他的诗歌语言和实际行为都可看出这一点。
>
> （卢卡斯 1990：6）

说到隐退，就来到了华兹华斯特指的隐退之地，他满怀深情屡屡重返的“有限的处所”，诗人在那里探求对地方和安身之处的深度熟悉（克罗伯 1975）。这就是为什么

> 布莱克的英格兰图景是解放的，具有悲剧性的真实，[而]华兹华斯的则越来越虚假。从位于湖区远离城市的“自在”之地，或“栖居地”，他摆出为人类说话的姿态，特别是为英国人和英格兰说话的姿态。这是田园诗终极的、极端保守的野心。
>
> （卢卡斯 1990：117）

正如前一章所讲，比湖畔诗人大肆赞美湖区要早近半个世纪之前，湖区价值已被抬升。不过，始于如画风景的美学有待于湖畔诗人赋予更多的民族情感。风景区居民是对其他人而言已逝的英格兰美德的活榜样：朴素、克制、节俭而独立（埃弗雷特 1994）。诗人笔下居住在一个山区共和国的政治家—农民及其家庭尤其如此（华兹华斯 1835）。

对那个“山区共和国”中农业劳工的状况进行问卷调查，结果却
86 是另一种故事（皇家委员会 1834）。山中风景区独立世外，成为道德和政治避难之地，这并非一种新观点。18世纪的作家也是复兴了一种早期的自我赋值的文学，如阿尔卑斯山民曾被描写成具有“简朴的健壮和自然的美德”之人，并进一步被塑造成“大自然的原始民主主义者”（沙玛 1996：479—480）。与连贯的过去这一意象相冲突的是毁灭的机制：农业、商业和工业领域的巨大变化急剧地改变了人与地方（波拉尼 1944）。

借由绘画、诗歌和小说艺术形式，英国浪漫主义者完成了对苏格

兰、威尔士和爱尔兰的凯尔特边区的凝视与整合。这种凝视在更接近家园的地方发挥作用,在湖区铭刻下英格兰的一个特定图景,使之成为一个想象性或不那么想象性的过去的存储之地。这个过去保留着伦敦贸易/金融中心已经愉快地在中部地区出卖掉的核心价值。湖区被塑造成一个图标、一扇窗户,人们借此可以感知到一个更大的现实或真理,不管是上帝的还是英格兰的——不过两者并无必要彼此相异。这种上帝、英格兰和湖区的混合也许在安·麦克贝思(1875—1948)的两幅巨大的刺绣画中得到淋漓尽致的表现,她当时居住在湖区中部山地高处的佩特山谷。麦克贝思以当地人为模特,将哈索普山谷当作基督降生布道的场地。绣在好牧人基督肖像下面的是布莱克《耶路撒冷》一诗的乐谱,所配的诗句为:“在古代是否那些脚步/踏上英格兰山区茵茵绿草?”

经由湖畔诗人及其圈内人的诗歌,特别是华兹华斯的《湖区指南》,湖区风景为更多的读者所知。[29]湖区风景也在赏画者中广为流传,在19世纪头二十年内,职业水彩画家开始对湖区趋之若鹜,他们的作品大量进入市场(比尔德 1980;比克奈尔 1987;比克奈尔和沃夫 1982、1983;赖恩 1986;塔特·加勒里 1996)。英国民族身份的一个版本受到支持,它依据(真实或神话般的)过去,而抵制人们眼中共同体毁灭的现状。湖区是可资联想的风景,不是借用过来的和理想化的、意大利式南方大别墅的古典风景,也不是像丘园(Kew)、查尔斯·汉密尔顿位于萨里郡科巴姆的佩因斯山庄园(Painshill)那样点缀着中国宝 87
塔、桥梁或土耳其帐篷的“东方式”奇异风景。[30]毫无疑问,湖区与中部地区制造业中心已被毁损的风景形成最鲜明的对照。

19世纪初期,湖区人气的增长以及相对临近中部制造业中心的地理位置,把新的富人带到湖区,不只是游客,还有全年或夏季的住客。气派的别墅在中心地带和偏僻的地方竖起,在这两种地方可以尽览湖光山色。[31]在《湖区指南》中,华兹华斯抱怨工业家粗制滥造的豪宅,颜色俗气、位置扎眼，只是为了抢占风景，不像当地的古旧民居那样隐入风景，不露痕迹。他还反对将铁路修到湖区的提议，因为铁路会招来大量一日游的旅客和工人阶级。

> 民族风景与精英判断珠联璧合……华兹华斯这个看法令人难以忘怀。他将湖区称为“一种国家财产，在这里每个具有感受眼光的人都有权利和兴趣”，但是这种眼光只能逐渐形成，在趣味得以培养的环境之中形成。早先华兹华斯寻求为游客（当时也就是几个绅士）保护湖区，现在却要保护它们免受游客的入侵（他把游客到处乱窜的行为比作“孩子割开他的小鼓以了解声音从何而来”）。
>
> （罗温萨 1991：219）

在农业革命和工业革命带来的英格兰空间重构的影响下，湖区一直是没有得到利用的空间或作用消极的空间，在下面的章节中被当作是未曾得到考证的资本主义动态的表现。一种新型的、史无前例的价值观汇聚到这一空间，其价值由于知识分子和艺术精英的阐发而不断升值，就因为它不同于资本的新集中（在城市）。尽管一种趋同的英国民族身份说法围绕湖区展开，将其作为“一种国家财产”，吊诡的是，竞争随介入风景而起，引起了阶级的文化分化。

结　语

本章开篇引诗——布莱克和华兹华斯各自的伦敦之诗表达了这一
88 时期以城市为中心的紧张和焦虑，与英国山区，特别是湖区的赋值形成绝对反差。华兹华斯站在一个低矮但还是拉开距离的“主持台”上，审视伦敦的圣巴塞罗缪集市的“本土文化”。《序曲》第二章以赫尔维林的峰顶开篇，从这个超拔的高度，诗人向下凝视位于低低山谷的一个乡村集市，富有感情地思索着聚集在那儿的人们的自然共同体。吊诡的是，在此高度并非分离，因为在此存在着人与地方的恰当关系，我们应该记得民族、本土、自然系出同根。

J.M.W.透纳1798年的一幅展出画《科尼斯顿丘原的早晨》里，诗歌、绘画、民族、自然和湖区风景融为一体，按照传统的垂直版式制作——使人联想到祭坛画，该画配有弥尔顿的诗行：

> ……雾气与水汽呀，汝等方升腾
> 自山中或湖泊，朦朦胧，混沌沌
> 直到太阳将你的柔裙染成金，
> 要为礼敬这世界伟大的作者而兴。
>
> （弥尔顿《失乐园》第五章，第185—188行）

而四处环绕着商业制造出来的雾霭与蒸汽，制造业城市及其居民只能对这种景色起污染作用。想到铁路必然会把“一拨拨愚蠢的现代游客”带进湖区，约翰·罗斯金（全国知名的艺术批评家和工人教育的领军人物）也认识到“工程师和承包商必须维持生存”，但是，他祈求他们也许可以生存得“更有用和更有尊严，远非在赫尔维林山下维持老巴塞罗缪集市运转”（罗斯金 1876：4—6）。

在伦敦、中部地区制造业城市及帝国的贸易中心，巴赫金式的多重诡态的身体随处可见。文雅社会只得前往高地寻求避难。湖区已经成为英格兰的象征，从其19世纪初期在国外“被发现”这一事实可以略见一斑。下面的论点涉及塔斯马尼亚，但从澳大利亚和新西兰风景中也可看到湖区：

> 纽敦周边的景色是我在地球这一边看到的最美丽的景色——很像坎伯兰郡湖泊：宽广蜿蜒的德文特湖水在崇高而如画的山峦 89

间流着……似乎回到地球正常的那一边。

（梅瑞狄斯 1852；转引自史密斯 1985：291）

湖区作为文化范例的进一步证据是：湖区的如画风景美学被用来描述锡兰（斯里兰卡）中部山区的一个山谷城市康堤（Kandy）的风景。1795年被英国武力占领之后，根据1802年和1815年的英国条约，锡兰被吞并。尽管植被不同，两处风景“读”起来是一样的，查尔斯·哈密尔顿·史密斯陆军中校就是这么看的（见彩图5和6）。

康堤的坡向和地形［使得］它可能被创造成家乡风景的复制品……康堤被设计成工业革命前的英格兰的浪漫意象。英国湖区的风景模式强加给山区和康堤湖泊，以再造一个地方，在此英国淑女和绅士可以在某种程度上摆脱热带地区和当地文化，象征性地回到故园。

（邓肯 1989：192）

围着新近命名的维多利亚湖修起散步场所、马车道以及骑马小路，效仿湖区建起观景点以便欣赏如画风景，清除丛林中有碍视域之物以便使人一下纵览城镇、湖泊及群山的景色。结果是

在康堤，无论是否愿意，你的心灵都会被带回到英格兰的湖区。你会发现一种安宁静谧之美，摆脱了压力和竞争……大自然与其领主之间普遍的和睦，令人想起格拉斯米尔、温德米尔湖、德文特湖流域以及这些地区的灵魂——骚塞、华兹华斯、柯勒律治和其他坎伯兰郡的不朽人物。

（赫斯特 1890；转引自邓肯 1989：194）

同时，文雅社会创造了一种新的人群。这个人群“无所不在，出现
在艺术和其他记载中……他们不是伦敦街上那类陌生人，更不是具有
威胁性的暴民，而是一屋子彼此相识或似曾相识的熟人，在舞会或宴会 90
上碰面”（巴特勒 1982：25）。他们几乎算得上充溢着理智与情感、傲
慢与偏见，诚如简·奥斯丁引导我们了解的那类人群。布莱克的“心
灵铸造的锁链”不是哪一个阶层的专有领域，过去和现在都不是。没
有哪个阶层可以自动摆脱“已被法律、习俗和偏见造就的心灵”（巴特
勒 1988：57）的奴役。经由如画风景美学和早期英国浪漫主义，湖区被
改造成时尚之地。有一段时间，湖区成为一个阶级逃避另一个阶级的
隐退之地。美学的、认知的和道德的标准掩饰了阶级间的对抗，正如风
景的代表性掩盖了政治代表性的争议（赫尔辛格 1994）。如果湖区的
的确确如华兹华斯所声称的是“一种国家财产”，那么谁是欣赏风景的
恰当人选，谁又值得纳入国家之内？ 91

注　释

1　当高雅艺术摆脱了宫廷的保护，赢得独立之后，伦敦吸引了大批意大利、法国、波兰、瑞典、德国和荷兰作曲家、音乐家和艺术家。伦敦及其周边地区奢侈品产业发展迅速，主要因为胡格诺教徒的涌入，他们尽管被禁止离开法国，还是追随因南特法令的废除而遭到驱逐的牧师来到伦敦。在此之前，胡格诺教徒盘根错节的家族垄断了路易十四王朝的装饰艺术行业。高雅艺术和奢侈品的市场扩展到贵族阶层之外。有“品味”的人，以及“中产阶级”的上层，拥有可任意支配的收入来满足他们的趣味。

2　形容密切配合的短语“hand-in-glove”（戴手套的手）引发一系列联想，追问下去，就会发现虽然所有的社团和协会尽力促进国内生产，英国培养起来的品味和风雅却不青睐英国货。最初作为手工产品受到禁止奢侈法令的遏制，结果手套成为18世纪“文雅”社会的一个标志。手套的走私贸易量如此之大，以至于大不列颠艺术、商业、制造业鼓励协会（1754年成立）提议颁发金奖表彰“顶级”手套的生产，以抵制从合法或其他渠道进口的法国货。说到文化模仿，手套最终在布尔乔亚社会普遍流行。英格兰西部手

套生产中心尤韦尔，在19世纪30年代前每年生产30万打手套（但几乎全部用的是外国皮革），尽管还要从法国每年合法进口超过150万双手套。19世纪20年代末期，当新发明的法国机器替代了手工生产，英格兰、苏格兰和爱尔兰的手套工业就崩溃了，随之而来的就是这些手套生产中心的教区穷人也日益增多起来。这种社会经济的“进步”有很多详细的例证，遭到强烈的谴责（赫尔 1834）。毫不奇怪，亨利·文森特，宪章运动的主要组织者之一，发现在手套生产中心赫里福郡莱德伯里，几乎每座房子都是“贫穷悲惨的情景”（《西方辩护者周刊》1839；转引自索思霍尔 1996：182），组织运动的时机已经成熟。

3 通过前一个注释提到的社团诸如艺术协会，艺术、科学和商业结为联盟。金奖章颁发给各行各业，从绘画到雕塑（摆脱了法国在装饰艺术方面的主导地位），再到染料实验（这样，英国生产的布就无需船运到国外染色）。大量类似的协会在18世纪中后期不断涌现。尽管在贸易和商业圈里成立，这些协会通常还有来自显贵阶层的会员，这样就能具有如下优势：“融合社会各类有地位、有影响的阶层，带来各类互惠关系和良好效果的前景。”（科利 1992：93）柯勒律治就在《孤独的恐惧》中列举出自我服务的“法庭、委员会、公共机构/协会、社团……一个相互奉承的利益俱乐部”。这类制造商社团和协会还有助于分摊资本主义引起的风险，如价格的波动和政府财政政策的改变（莫里斯 1990）。

4 实用艺术也提供了现金，用来以更大规模表达社会优雅，亨利·霍尔二世就是一例，参见第一章，第27页。

5 例如，超过20万人，“其中多数是穷人，一些是残废，全都接受训练参与施暴”（科利 1992：101），在七年战争（1756—1763）后复员。

6 斯蒂尔的《闲谈者》在1709—1711年间每周发行3次。后来由艾迪生和斯蒂尔主办的《旁观者》日报接替，该报一便士一份，在1711—1714年发行。艾迪生声称每天有3000份的销售量，而每一份多达20名读者。该报在英国传播甚广，进入私人住宅、辩论社团和俱乐部，远至苏门答腊的新英格兰和东印度公司的办公室。《旁观者》的文章也在学校课本、指导手册和散文集中被引用（布鲁尔 1997）。

7 如画风景美学的商品化进一步推动了高度私有化和个人化的风景体验，同时吸引了大批人加盟这一美学共同体。新的平版印刷技术使插图更加逼真地表现出水彩效果（芬莱和韦德尔 1996），大量素描和水彩风景画指南手册出版，相应地也带来了艺术用品的商业化（斯坦德林 1993）。除了向印刷品和绘画流通图书馆提供藏品外，艺术商店还供应旅游用具，诸如可敬的詹姆斯·普伦普特所携带的那些装备。

8 约西安·韦奇伍德的952件奶油色正餐和餐后甜点瓷器是在1773—1774年间为俄国女

皇叶卡捷琳娜(1729—1796)制作的,表明如画风景实际上已转换成了器物,商品化了。每一件陶器上都绘制了不同视角的英国风景:公园、花园和古代遗址。这著名的“青蛙餐具”(因每件餐具边缘装饰以青蛙而得名)“是第一个将具名的地形景色用于瓷器上”(杨格 1995: 16)。已有的版画也与新近受托创作的绘画一起用于瓷器。在运往俄国之前,餐具先在韦奇伍德的伦敦货栈展出,上面的装饰还没有完成。这样,可以使“那些本人庄园还没有画在餐具上的有权势的顾客提供绘画用于复制”(雷伯恩 1995: 147)。由于展览大受欢迎,《铜版杂志》1774年创刊,随后《鉴赏家博物馆》在1778年创刊,“特别提及了女皇的创意,以唤醒英国人不要忽略自己的国家”(安德鲁斯 1989: 35)。

9 虽然柯勒律治最后成为坚定的英国国教徒,当他初次遇见骚塞和华兹华斯时还是一个狂热的非国教派。只是因为托马斯和约西安·韦奇伍德(陶瓷厂主、贵格派信徒约西安·韦奇伍德的两个儿子)给了他一笔年金后,才说服他没有担当唯一神教教长一职。

10 如第四章将要探讨的,反奴隶制运动的象征比喻和能量都会用来为英国劳苦大众服务。

11 有些政治版画承载反诺曼的英格兰的信息,画上显示出英国贵族和政府大臣(除皮特外)已被法国文化的象征所包围(家庭教师、舞蹈教师、奢侈品等),而且正在帮助和支持法国对大不列颠的掠夺、肢解和毁灭。

12 英国北方乡村的坎伯兰郡和威斯特摩兰郡是有趣的棱镜,通过它们可以看见旧有身份认同的模糊性走向结束。来自苏格兰的边界劫掠是已在这些郡存在多个世纪的半固定特性,与之并存的是反劫掠和征服苏格兰的企图。结果,边界兵役成为农场承租人履行的义务。由于苏格兰王朝1603年与英格兰和威尔士联合,边界战事被认为暂告停止。依据这一假设,人们争论到,在这个地区,边界兵役实际上巩固了有利于承租人的土地租赁制,因此詹姆斯一世试图用假定的“和平”作为一次机会,将北方王室的领地重新赐给土地贵族,按新条款加倍收取租金及罚款。这样,许多土地贵族跃跃欲试,想取消租户的常规的低额租金,打破他们承袭已久的承租方式,以更高的租金出租。这个问题1621年在肯德尔(威斯特摩兰郡)上演的一出戏剧中得到反映,该剧被当局认为具有煽动性。也许是的。它引起人们的一次请愿,向国王及议会要求保护租户惯常的承租权利,说这种权利不应该依据边界兵役而定。结果反而促使星法院对请愿者实施惩罚。剧中,一个傻子对另一个傻子评论了建造在舞台下方一点的地狱,据说地狱里羊被用来喂养乌鸦。

> 乌鸦吗,不,你错了,那是虚伪的地主发出嘎嘎声,那些羊是可怜的人,权利被那些狡猾的家伙剥夺,他们任意处置我们承租人。我们已失去古老的自由,他们蹂躏我们,把我们剥得只剩下骨头。
>
> (加内特 1621;转引自坎贝尔 1942)

虽然花了二十多年，承租人还是赢得了这场官司，确保了代代相承的权利。这些不仅构成了不绝如缕的对抗的素材，也是这个地区成为“古老的英国美德”宝库的神话之所在。

13 卢泰尔堡的素描《英国狮子和法国公鸡》（再版于科利 1992：2），回溯到1797年，当时他因为在剧场的工作而大获成功，名声鹊起。这幅素描戏剧性地捕捉到了英法之间仇恨的精髓。一头肌肉发达的狮子，张开大嘴咆哮着，爪子张开，用一只前爪按住了一只骨瘦如柴、眼睛凸出的小公鸡，后者似乎绊倒在一组风笛上。狮子的另一只前爪高高扬起，看起来要把公鸡置于死地。背景中是一艘触礁船只，碎片乱飞，而在狮子鬃毛上方，汹涌的波涛已经变成海神波塞冬及其随从。

14 1750年，第一个盎格鲁—撒克逊教席在剑桥设立，由此可见深远的历史延续性的交织。该教席的基金得之于文物研究者理查德·罗林森博士的遗赠。遗产的收入来自罗林森在湖区的家族财产，即亨利五世因罗林森祖辈在阿金库尔战役中抗击法军有功而赏赐的地产（塔什基恩，塔什基恩和恩莱特 1990）。约翰·罗斯金在其抨击铁路入侵湖区的文章中，也引用这段厚重的历史，将在湖区田野劳作的男子的强壮和美德比作那些人，“在阿金库尔与亨利五世并肩作战，与他的骑士们并无二致”（罗斯金 1876：7）。

15 对大自然的美学反应的转变并不是在真空中发生的，崇古主义者对凯尔特的赞颂也非空穴来风。这一转变归结于更广范围的知识研究——从孟德斯鸠的《论法的精神》（1750）和卢梭的《论人类的不平等》（1753）就可以看出：“在不再总是由《创世纪》原义文本主导的语境之内探求人的起源：原始社会的特性、语言与文学的开端、自然法的存在和制度的最初发展。”（皮格特 1976：73）换言之，归结于人类学研究的根源。

16 在最早几十年的《人》（*Man*，旧系列）中涉及到的资料让人强烈地联想到18世纪的这个方面。这些期刊充斥着书评，如《苏格兰高地和岛屿的迷信》（1900，1：901）；凯尔特民俗简评，包括莪相作品（1901，63—64：79）；配图文章如《一些苏格兰人物线条画，约翰·格雷牧师画，里弗斯和海登博士命名》；爱尔兰奇石论（1901，1：12—13）或英格兰钻孔石护身符论（1903，8：17—20）。这些专业化杂志说明民族志和人类学肇始于非专业化的古董家的研究（库克里克 1991；斯托京 1987；乌里 1993；范库伦 1982）。

17 不再可能忽略这样一个事实：一系列狗不期然地闯入尾注的叙事。首先是霍勒斯·沃波尔的叭儿狗托利，在沃波尔和托马斯·格雷翻越阿尔卑斯山时被狼掠走（第二章，注3）；然后是不幸的画家查尔斯·高夫忠诚的母狗，当主人滚下赫尔维林山后几个月一直守候在尸体身边（第二章，注10）；以及现在施奈德复述的一只中世纪法国灵猩，圣吉纳福（Guinefort）的微观历史，这只狗的故事或多或少与未被圣化和未受崇拜的18世纪威尔士猎犬杰勒特相映成趣。杰勒特杀狼的能力（托利的报复？）是编造出来的，葬狗的石冢清楚不过地是为如画风景的游客建造的。这两只狗出现在一首诗中，当时非常著名：

> 约瑟夫·哈顿配上了埃里·文的曲子，几年之内，这个故事改头换面，回到只说威尔士语的斯诺登尼亚居民中间。这生动地说明神话创造的复杂过程。这类神话有助于渐渐让威尔士人欣赏他们赖以生存的严峻的风景。
>
> （摩根 1983：87）

18　这类专注于如画风景题材的油画、绘画、版画和书本，参见展览目录《最美丽的岛屿：英国风景欣赏1775—1850》（1989），耶鲁中心英国艺术展。

19　同样，帝国的英国身份的兴起使得其他民族身份类别如埃及人或印度人不再要求政治独立（萨义德 1979）。在任何一种情况下，同样的模式被推行：宰制之后就是霸权。

20　政治与文化总在相互交织。全民抵抗法国入侵的问题延续了几代；不仅限于短暂的某一阶段。从政治角度来看，这个问题体现于对“不列颠人”的号召中（科利 1992），就社会层面而言，贯穿整个18世纪，“大部分人都服过役，如果没有直接参战，就是作为士兵和水手的亲戚间接参战”（罗素 1995）。战争不仅反映在经济方面，也反映在文化方面，英法之间的系列战争在诗歌、小说、戏剧、版画和抨击文章中得到表现。第一次世界大战期间出现了同样的情形（罗宾斯 1988）。

21　这也与20世纪最后几年的情形类似，超越民族国家的欧洲联盟的建构引发了复兴区域性和本地身份的运动（戈达德、利奥伯拉和肖尔 1994；麦克唐纳 1993）。当英国身份开始让位于更大的欧洲身份时，响起了权力下放到地方的呼声，正如我在后面章节将要探讨的，英国风景再一次成为民族身份情感的所在地。

22　格雷的《游吟诗人》（1757）以最后一个幸存的威尔士游吟诗人为主题，后者不愿被英国人抓捕，手拿竖琴，跳下山谷而死。这种“诗人与国家权力的冲突……很快成为威尔士诗歌音乐比赛年会（复兴游吟诗的聚会）上的诗歌和随笔的主题”，后来被借用于推进马扎尔民族文学（摩根 1983）。卢泰尔堡和保罗·桑德比两人都依据格雷的诗歌创作了油画。配乐的《游吟诗人》是20世纪50年代我在学校学习的一首多愁善感的歌曲的主题！直到现在我才明白为什么“游吟诗人大卫”自己要跳下“白岩石”。当时对于一个孩童来说，这是一个谜。

23　面对同一种风景，不同的职业群体脑海中浮现的是不同的认知地图（弗莱克曼和洛夫格伦 1987）；占有同样风景、使用不同语言的群体也各自描绘出自己的认知地图。写到格温内思郡操威尔士语言的人：

> 威尔士这个角落的经济和政治历史已经使英国人、操着非威尔士语之人、说威尔士语的当地人的区分永远存在。当爱德华一世在13世纪打败最后的半独立

的格温内思贵族们时，他建立了一个城堡和英国定居点的网络以便牢牢地控制威尔士。波玛里斯、康维、哈莱奇和克里克奇，这些在游客中非常受欢迎的爱德华式城堡城镇，直到今天依然是英国化的中心，许多操威尔士语的人故意视而不见。……德根维和多勒维德兰的威尔士贵族们的城堡、传奇英雄的坟墓和其他与著名的威尔士男女联系在一起的地方（它们很少出现在旅游线路图上），远非英国统治的象征，这些地方对威尔士人来说才是富有意义的风景。

（鲍伊 1993：181）

如果把专为18世纪英国游客而发明和美化的特有风景的传奇拿来看看，人们不免想知道它们与威尔士语人群的隐秘风景有多少相像之处。

24 所谓的莪相作品是根据爱尔兰歌谣伪造出来的（后者随后被当作“真品”的低劣反映而忽略）。它成为揭示高地格子呢短裙古老习俗的“原始资料”。小格子裙实际上是在1720年左右由一位英国贵格派工业家设计的，改造了宽松的传统衣服样式，这样穿着可以使苏格兰铸造工人安全自如地快速工作。且不探讨格子呢短裙和紧身格子呢绒裤涉及的阶级议题，只需指出：当格子呢短裙成为反英情绪的象征时，它就遭到禁止，因为莪相的帮助使它带有古老的传统。一个例外是1745年后英国化的高地军团军装，就采用了格子短裙（特里弗—罗珀 1983）。

耐人寻味的是，从人类学角度而言，19世纪高地军团被派到南非，高地的小短裙进入了卡勒拉舞蹈，成为部落“自我”之间，以及部落“自我”与殖民“他者”之间的区分方式（米切尔 1956）。当米切尔研究卡勒拉舞蹈之时，短格子裙不再是舞蹈比赛的着装，只是他的一个调查对象逝去的童年的记忆。那个时期缺乏对国内杜撰传统的历史研究垫底，所以就没有什么特别的东西值得米切尔注意的了。如今在建构抵制身份过程中，格子呢短裙是个加倍强化的意象。

25 在音乐术语中，burden指合唱或重唱的副歌或叠句（反复出现的主题）。第一次爱尔兰凯尔特复兴的高峰期，1792年的贝尔法斯特竖琴家节日同样重申了文化与政治的民族主义的副歌。节日期间，文化复兴与天主教解放的要求联系起来，而胜利纪念晚餐则成为对巴士底狱攻陷周年的祝贺（特林佩纳 1997：10）。

26 然而，甚至在英国语言范围，也存在着形式化的抵制。反对者以及该世纪后期出现的激进分子出版了“英语俚语和方言”词典（巴特勒 1988：47）。

27 斯蒂芬·戈顿是我1987年结识的一位湖区居民（达比 1988），他在丘原高处的一所房子居住了许多年，这儿曾是他父母的避暑别墅。年已七十的他坚持说当地的方言。在厨房的餐桌边同我一起翻阅19世纪40—50年代陆地测绘地图，或一起出外散步，他会经常指出一些错误：地图上的一个山肩或卵石山坡的名字实际上应该属于山脊，或者相反；一个当地的名字即使出现在“恰当的位置”，如何已被糟蹋了一番；有些地名在地图上根本没有出现。对他而言，保留当地的知识——真正的记忆——而不是地图和地图绘制者的官方世界所强加的替代性知识，是重要的。同样重要的是，他坚持使用本地方言和有特色的本地词语。与本地出生的人们交谈时，他的发音有明显的变化，他使用一些本地词语，那是在同我和别的像他自己一样的外来者（不出生在该地区的人们）交谈时不会用的。

28　琼·鲍姆（1994）分析了引起柯勒律治和华兹华斯关注的这些边缘人，揭示这些人身上所隐含的被奴役的现象。

29　华兹华斯的《湖区指南》经常使用如画风景语言，但更经常在散文诗领域书写，有时候没有明确说明就借用了多萝茜·华兹华斯的写作。《指南》起初是作为约瑟夫·威尔金森的《坎伯兰郡、威斯特摩兰郡和兰开夏郡景色选集》（1810）的序言匿名发表的；后来被重印，名为《英格兰北部湖区地形描述》，附录在华兹华斯的十四行诗集《达顿河》（1820）后面；接着，1822年又以《英格兰北部湖区风景描述》为题单独发表。《描述》在19世纪50年代得到多次扩充，到20世纪80年代中期继续再版（比克奈尔 1984）。

30　可敬的查尔斯·汉密尔顿在1738年至1773年间持有佩因斯山的租赁权，在此期间，他设法通过贷款（有些从霍尔的银行）筹措他的200英亩景观建设项目的资金，结果导致自己的破产（萨克尔 1989）。该项目包括一个凝灰岩结构的石窟岛屿、一处隐士居、一座有意做旧的“荒废的”修道院，以及一所存放真正古代文物的“荒废的”罗马风格凯旋门建筑。扮演隐士是件难事，因为尽管有人能够暂时化身为艺术品，保持这种态势却是一个难题。一位老人签订了隐居七年，酬薪700英镑的合同，三个星期后就“逃到了当地的小酒馆”（赛姆斯 1991：36）。

31　制作平板玻璃的技术革新允许生产巨幅的长方形玻璃，如1704年用来建造伦敦肯辛顿宫的柑橘温室的玻璃。然而，是1845年取消玻璃课税才使得非贵族们也可以拥有绘画窗户。

第二部分

政治性的风景

第一部分提出了哪些人值得纳入民族范围，尤其（但并非仅仅）在涉及充满民族意义的风景时。第二部分则考证作为个体、阶级的一部分、民族的一部分的人们如何体验并挑战关于排斥和接纳的标准，关注社会演员的能动性以及政治代表权与风景进入权之间的紧密联系，观察开阔的风景如何成为抗议和争辩的场所（关键性神话围绕这些场所得以演进），以及（在某些情形下）他者性质如何得到视觉再现。

过去150年的风景保护和公共路权立法史以及进入风景和道路的努力，与更深层的农业资本主义历史密切关联。通过观察物质基础之上的权力关系，特别是植根于土地的归属神话，这一部分分析了阶级与民族认同、宗教与休闲的相互作用，以及城市与乡村的对抗关系。空间组织被视为阶级关系的反映。激进分子和宪章派、非国教徒、土地主、偷猎者、改革家和工人阶级漫游者，都是出现在第二部分的社会演员。他们在特定时刻及特定运动中为达到自己的目标而采取的行动，无论是政治行动、社会改革还是保护和进入（风景）的行动，都是历史、事件和情感，构成了一个本应客观的立法史的多样性背景。

四

进入权政治

英国民族的格言就是“排他”。我们的幸福和骄傲就维系于兹。

（威廉·哈兹利特）

《乡村游吟诗人》

曾有曲径通向自然幽处，
曾有小路旋入每道山谷——
圈地来了，界桩隔断通途；
每个暴君钉下标牌：私人领地
暗示他人不得擅自进入……

（约翰·克莱尔）

《地上天堂》

忘记六个郡浓烟滚滚，
忘记蒸汽喷涌，活塞击打，
忘记丑陋的小镇不断扩大……

（威廉·莫里斯）

《国民托管组织1903—1904年度报告》

以谢菲尔德的一个劳动妇女为例,可以看出居住在大城镇的人们如何珍惜自然之美。在寄出一张小额邮政汇票时,她说起在谢菲尔德一家工厂工作了三十年后,她最大的快乐就是到高沼地度假,因为她在那儿感到心旷神怡。她希望有一天能去更远的地方,诸如乌斯湖和德文特湖(它们都在湖区)。

(引自马希 1982: 58—59) 105

……浪漫主义对功利主义的批评也在同时进行,但路径全然分离。威廉·布莱克之后,没有一个人同时了解这两种抵牾的文化,也没有一个天才能在这两种传统之间做互相解释。只有一个头脑糊涂的欧文斯先生主动揭示了"新的道德世界",而华兹华斯和柯勒律治则躲进他们自己去魅化的堡垒里。因此这些年时时出现的似乎不是革命的挑战而是抵制运动,参与其中的浪漫主义者和激进的手艺人都反对贪婪之人(Acquisitive Man)的宣告。当两种传统未能对接时,某些东西就会失去。失去多少我们不能确定,因为在那些失去某些东西的人之中就有我们。

(E.P.汤普森 1966: 832)

引 言

如同其他物质结构一样,风景也是在意识形态的语境中被创造,被毁灭。因此,恢复与特定地方相关的意识形态的历史,是理解风景的基础。事件与观念之间的关系的确可以得到透彻的研究,从而使风景像物质结构一样清晰可见。本章将讨论从18世纪末到二战爆发这一期间英国风景(特别是峰区)进入权如何根植于政治、社会和经济问题。

第五章将重拾与湖区相关的线索。每一章的讨论都有连接线引向民族建设的社会政治领域并收回，同时考证了工业化时期的各种紧张关系——它们与当时各种关于民族“过去是”，“已经是”，“应该是”什么样的争议交响在一起。这一资料还将引入制造业城镇人口重新移入乡村的话题。

这两章的重点是通过考证历史上阶级与民族身份相互作用背景之下的本地特殊性，阐述进入敞地的政治。虽然在湖区和峰区，对自然的社会性使用情形有异，但一个地区发生的事情对另一个地区的发展会产生直接和间接的相互影响：每个地区的事件引发形成有关进入权的舆论氛围，具有强烈的政治寓意。

静止和运动之间的多级互相作用纠结在一起，构成了进入风景的
106 政治。静止和运动兼具表面的和比喻性的意义，成为波动模式的两极，波动在社会和地理的层面上、在分散的和总体的时间框架中进行。根据任何一组给定的特殊性，国家可通过法律隐晦或公开地支持或反对静止和运动。在日常生活中，根据某时某地的社会的、地理的和历史的迫切性，人们采取或不采取行动，国家干预或缺少干预，都能引起进入权斗争中的立场转换。

进入和穿越英国风景区的行动只是考察那种斗争的一种方式。透过这个角度，我们可以观察到更大范围的支配、兼并、竞争的问题。不管什么时候圈地的栅栏被拆毁，从城市周围的公用地传来挑战政府当局的声音，工人阶级游客在湖边享用瓶装啤酒，德比郡松鸡栖息的沼泽地受到无业游民的侵扰——这就是各类被剥夺者采取的行动。这一切都打上了阶级差别的印记，表明谁是“文明人”，谁不是“文明人”；谁有“文化”，谁没有“文化”。排他的地理正好位于社会地位和地理空间的交叉点上。

不同版本“英格兰”的争议渗入了公用地风景享用方面的文化差异。实际上，公用地进入权成为两种英格兰的主要差别。一种版本是

发展中的政治经济建构，等同于不列颠；另一版本是诺曼征服前神话一般的盎格鲁—撒克逊英格兰。公用地的古老性不仅标志着早期不列颠的一种前庄园制，而且证明和联接了冯·毛雷尔、亨利·梅因爵士、西博姆等人提出的理论："现存的公用地权利是一种集体拥有土地体制的遗留……盛行于早期的共同体，其存在可追溯至欧洲大部分地区。"（埃弗斯利 1910：5）这种证明和联系又转过来支持了法律论战及议会保护少数幸存公用地的决策。[1]

表面上看，论战所涉及的要害问题是定位于风景之中的美学民族主义，它后来或许成了一种关于乡村的世俗宗教，恰当地托名于国民托管组织。在更深的层面，政治、宗教和休闲互相关联，构成不仅仅是进入风景之争的要素。1832年、1867年、1884年和1918年的四项改革法案强化这种"不仅仅是风景"的主题，这些修改法案扩大了选举权，给天主教和不信国教的新教徒带来政治的解放。107

下面6个选择性的而非详尽的列表，构成了一个参照点，由此将本章及接下来的两章的各类线索串联起来。它们显示了（1）路权立法；（2）早期的人行道保护协会和徒步漫游组织；（3）与保护和进入风景相关的组织；（4）1837—1925年与公用地、荒地、开阔风景及其圈地和反圈地相关的议案和法案；（5）与进入山区和乡村相关的法案、法令和议会委员会报告；（6）与国家公园、乡村进入权和管理相关的法令、议会委员会和委员会报告。

1. 路权立法

1815	关闭不必要道路的法案
1833	公共人行道特别委员会（记录休闲空间缺乏的现状）
1834	酗酒特别委员会（酗酒与1833年委员会之间的关系）
1835	通用公路法案（有效废除了1815年法案）

1933	路权法案（新法案剔除了“无限使用”的标准，确定以20年的连续使用为标准，简化了人行道的“证明”）
1990	路权法案，由根兹伯罗和霍恩堡的下院议员爱德华·雷提交（涉及农场主承担的人行道和支路的义务）

2. 早期的人行道和徒步机构

1824	约克古人行道保护协会
1826	曼彻斯特古人行道保护协会
1856	凯西克地区人行道保护协会（湖区）
1856	伯恩利人行道委员会
1866	普雷斯顿人行道协会
1866	卡尔·希尔道路保护委员会（纳尔逊，兰开夏郡）
1866	班克托普人行道协会（布莱克本）
1876	海菲尔德和金德斯考特古人行道协会（峰区）
1880	曼彻斯特青年基督教协会漫游俱乐部
1884	森林漫游者俱乐部（伦敦）
1890年代	利物浦乡下人
1894	布莱克本地区古人行道协会
1894	峰区和北部乡村人行道保护协会
1894	中部地区漫游者协会
1897	合作假日协会
1900	谢菲尔德号角漫游者

3. 保护与进入风景的组织

1865	公用地、敞地与人行道保护协会

1883	湖区保护协会
1884	全国人行道保护协会（1899年与公用地、敞地及人行道维护协会合并）
1895	全国名胜古迹托管组织（1907年成为法定团体）
1905	漫游俱乐部联盟（伦敦）
1922	曼彻斯特地区漫游俱乐部联盟
1926	谢菲尔德地区漫游俱乐部联盟
1926	英格兰乡村保存委员会（1969年更名为英格兰乡村保护委员会）
1930	青年旅社协会
1931	全国漫游俱乐部联盟委员会
1934	湖区之友
1935	漫游者协会

4. 公用地：圈地与保护

1837　圈地法案—公共休闲地规定，由米德尔塞克斯郡下院议员约瑟夫·休姆提交

1845　圈地总法案（圈地方案的监督由议会委员会移交给独立专员负责的当地咨询机构，他们有权但不是必须在公用地或荒地已被圈封的地方留出休闲用地）

1865，1871，1876，及1880—1890期间的每一年，都有废除《默顿法案》的议案或修订议案提出（被否决）

1887　瑟米尔法案（为专责委员会开了先例，准许其对风景保护议题举行听证会，这就意味着各方有关人士，而非仅仅只是受到影响的土地主，都可以提交证据）

1887　誊本保有法（由上议院提交，该法案使新的荒地或公用地

	誊本保有的许可权从教区委员会移交给土地委员会；土地委员会后来更名为农业部）
1893	公用地修订法案（要求农业部审查许可任何依据《默顿法案》实行的圈地行为，指明农业部要确定这类圈地有益于公众）
1894	誊本保有法（进一步加强了承租人对经登记的土地上公用地的权利）
1925	财产法（使位于城区的公用地成为公众领地）

5. 进入山区和乡村

1882	空地法案，梅德斯通的下院议员约翰·卢伯克提交
1884,1888,1892	山区进入权（苏格兰）提案，南阿伯丁下院议员詹姆斯·布赖斯提交（被否决）
1900,1906,1908	山区进入权（苏格兰）提案，英维尼斯自治市下院议员安南·布赖斯提交（被否决）
1908	山区进入权（英格兰、威尔士和爱尔兰）提案，埃兰德、西里德因的下院议员查尔斯·特里维廉提交（被否决）
1920—1930	五个山区进入权议案，多位下院议员提交（被否决）
1931	山区进入权提案，东米德尔斯的下院议员艾伦·威尔金森提交（被否决，威尔金森后来担任贾罗的下院议员，领导了贾罗的请愿游行）
1937	山区进入权提案，东伍尔弗汉普顿的下院议员杰弗里·曼德提交（被否决）
1938	山区进入权提案，西普利的下院议员克里奇·琼斯提交（被否决）
1939	山区进入权法案（从未实施）

1949	国家公园与乡村进入权法案
1983	扩大乡村进入权法案，班伯里的下院议员托尼·鲍德里提交（被否决，1975—1985年间每年提交而均未通过的进入权议案之一）
1994	刑事司法和公共秩序法案，第70、71条
1996	乡村进入权提案，舍伍德的下院议员帕迪·蒂平提交（被否决）
1999	议会开幕典礼上的女王演讲提出一项允许漫游者在空旷乡村漫游的动议，要建立两个新的国家公园，引入更多的野生动物保护措施

6. 国家公园

1929	政府成立国家公园委员会
1931	艾迪生委员会《国家公园委员会报告》
1935	CPRE成立国家公园的常务委员会
1942	斯科特委员报告《乡村地区的土地使用》
1945	道尔委员报告《英格兰和威尔士国家公园》
1945	工党政府成立了英格兰和威尔士国家公园委员会，亚瑟·霍布豪斯爵士任主席
1947	霍布豪斯委员会《（英格兰和威尔士）国家公园委员会报告》
1947	霍布豪斯委员会，进入权小组委员会报告《人行道与乡村进入权》
1947	霍布豪斯委员会，野生动物特别保护委员会报告《英格兰和威尔士的自然保护》
1947	城乡规划法案

1949	国家公园和乡村进入权法案
1951	湖区、峰区、达特穆尔和斯诺登尼亚国家公园选定
1952	彭布罗克郡海岸、北约克高沼国家公园选定
1954	埃克斯穆尔、约克郡溪谷国家公园选定
1956	诺森伯兰郡国家公园选定
1957	布雷肯山国家公园选定
1968	乡村法案
1974	桑福德委员会报告《国家公园政策掠览》
1981	野生动物和乡村法案
1991	乡村管护计划

非道德/道德经济

《默顿法案》(1235)和《威斯敏斯特第二法案》(1285)确认圈用庄园荒地的权利神圣不可侵犯。它们规定圈地的庄园主必须预留足够的公用地和荒地,允许他人进入,确保自由佃农的进入权。如果几个庄园相互接壤,那么所有庄园的自由佃农进入权都应予以保护。法律没有规定保护农奴(或后来的copyhold tenant,誊本佃农)及非誊本佃农使用公用地或荒地的权利。圈用公用地和荒地,取缔了人们采集木柴的权
111 利、割草的权利、放牧权或捕鱼权。所有这些权利曾为农业劳工及其家庭在不稳定的季节性营生中提供了一点点生存安全感。

(庄园主)对这些法律章程做出了更宽松的解读,由此推进的圈地运动在15世纪50年代至80年代达到高峰。羊毛价格不断上升,加快了圈用荒地的速度,大量可耕地被改成有利可图的牧场。16世纪中期,由于谷物价格的上涨和羊毛价格的下降,圈地势头锐减。16世纪末期人口增长及羊毛价格回升再一次推动了圈地运动的发展。顾忌到暴动和武装叛乱的政治压力,在1517、1548、1566、1607、1630、1632和1635年都

先后设立过皇家咨询调查委员会，来确定耕地改成牧场的数量。皇家颁布公告反对圈地，议会则立法反对耕地改成牧场，甚至限定了每人可以拥有的羊只数量（康托尔 1987；塔特和特纳 1978；沃狄 1983）。但是圈地运动仍然势不可挡，使得许多人流离失所，少数人暴富。

对穿越英国风景区运动的控制，其背后的深层根源来自于规约地域上和社会上流动性的价值观。[2]与地方认同是这种价值观的中心内容，其核心理念则是洛克关于私有财产起源的劳动理论。土地主阶级的道德经济与高度发展的农业资本主义的崛起密切关联，后者的需求迫使无地者为工资而干活，带来了社会与家庭关系的深刻变化（罗斯伯里 1991；威廉斯 1973）。与这种深刻的非道德/道德经济形成反差的是一种原始共产主义，其理想最初由14世纪农民的大社会（Great Society）表达出来，后来则表现在17世纪政治激进分子如掘地派和平等派身上（希尔 1992；威廉斯 1973）。[3]

稳定性与禁止流动不是绝对的。在创造雇佣劳动制度的同时，早期农业资本主义还建立了游民和被剥夺者的范畴。吊诡的是，对流动的控制推动了流动性。为了减少济贫税的负担，一个教区会把圈地受害者驱逐到别的教区，这时，最无助的受害者也就被迫接受了流动的生活方式。在英格兰，春季和夏季的几个月里，可以看见到处都有缓慢流动的人们，来自苏格兰高地、英格兰北部和威尔士的牛群供养了中部和南部的城镇。几百年来，赶牧人驱赶着哞哞叫唤的牛群沿着绿色通道 112
走着，要到19世纪，铁路上的冷藏货车才把冰冻的动物尸体运往市场。由于赶牧人具有实际经验，他们的证词有时会被用于路权的争论之中。补锅匠、吉普赛人和游商行贩也一年一度地缓慢穿越乡村，而成群结队的采果人从威尔士北部徒步走到英格兰的西南地区和东南地区采摘。

在农业科学的影响下，新一轮的农业剥夺在18世纪初期开始逐渐产生。随着议会圈地法案的颁布，开始对土地进行大规模的改造和价值重估——这一法案影响近乎21%的英格兰土地面积，造成悲惨的局面。四分之三的圈地法案都集中在两个时期通过，即1760年代—1770年代和1790年代—1800年代（特纳 1980）。由于圈地，所有的租约被宣告无效，农业土地租金普遍上涨了两倍，这一现象既反映出对生产力提高的预期，也说明了收入从佃农转向土地主。

那些表面上看起来没有被剥夺的人们也遭受了空间错位。清空村庄和圈用田野抹去了曾是地方标记的纵横交错的传统人行道。圈地也意味着敞地的损失，人们通常在敞地赶集、聆听布道、参加政治集会或举行运动赛事。这些活动并非各不相干，一场足球比赛有时就是聚集足够的人手去捣毁新的圈地栅栏的前奏。作为回应，一些协会成立起来，如抵制共和派及平等派、保护自由与财产协会（巴克西德尔 1993），这个名称蕴含了早些时代的焦虑。

异见者类别与异见的威胁

统一的不列颠的表象被源于非道德/道德经济行为的紧张关系扰乱，不列颠凯尔特边区文化民族主义的形成、异见者反奴隶制的演讲和抗议国内工资奴隶制的呼声，以及激进派与宪章派的在野党活动都产生影响。异见者另类的道德和知识文化，也即与激进主张密切相连的文化进一步扰乱了完美的不列颠感觉。

113 18世纪70年代出现的激进派的表达瞄准了“旧的腐败”：互相勾结的贵族、土地主、国教教会和对议会的联合控制。改革宪法的激进要求体现在1838年5月出版的《人民宪章》一文里。《人民宪章》主张所有成年男性拥有选举权、保护投票、废除议会议员财产条件、设立平等的选区、议会每年改选一次（D.汤普森 1984）。

宪章运动的社会原因源于对政治的不满。宪章运动不仅表达了郁郁不平的社会群体的愤怒和失望，也传达了“另外一种道路的实际希望和实现它的可信方式”（斯蒂德曼·琼斯 1983：96）。这并不是一个一成不变的组织，而可以根据不同时间和地点的条件灵活变通，依据各种利益诉求相机而动。工业革命前的工匠群体（如手摇纺织机织工）或工厂的雇佣工人的加入，使得宪章运动内部形成了地区差异。例如在中部地区宪章运动格外强势，但是该地区形形色色的特殊主义也导致激进的交锋时而高涨，时而低落（加狄恩 1986）。

从18世纪末期开始，工业资本主义吸引了大量来自英国乡村的移民，他们满怀希望或绝望地涌进新的城镇成为工厂或纺织厂工人，进入城市中产阶级家庭从事服务，或使失业大军膨胀、不可受雇者或罪犯构成的下层阶级数量激增。同时，伦敦人口在1821年至1841年间增长了20%，伯明翰、利兹、曼彻斯特及谢菲尔德的人口增长超过了40%，布拉德福则增长了65%（威廉斯 1973：152）。无论他们的社会经济归宿如何，19世纪初期生活在工业城镇的多数人都思念乡村生活。英国的国内移民率才是城市迅速扩容的主要原因，而不是由于增长的或稳定的出生率。由于生活环境不卫生和拥挤不堪，儿童死亡率很高（伯内特 1979；卡特和刘易斯 1990）。[4]

与有产者密切相关的伦敦文化在外省传播。然而，还存在着与此对立的另一种社会文化生活，各类派别的非国教徒通过这种生活获得成功。在中部和北部的制造业城市，唯一神教派和贵格派信徒不仅成为社会、商业和科学界的精英，而且也深度参与了当地盛行的激进行为。“浸淫于‘理性主义，宗教狂’、功利主义和激进主义组合成的一种相干模式”（皮尔 1971：54），长老会教徒、贵格派教徒、公理会教徒、卫 114
理公会教徒、浸礼会教徒、唯一神教徒、福音会者及其他非国教派群体共同建构了一种他者文化。通过他们的大学、科学和文学团体、学术聚会和非正式聚餐、激进通讯协会、技工学校和激进的报社，还有商业网络如贵格派银行家、铁器制造商和瓷器制造商网络，这种文化得以表达出来。然而，正如约西安・韦奇伍德悲叹的那样，令人痛苦的是商业成功往往取决于“伦敦”文化品味是否接受（杨格 1995）。

人道主义的改革运动、反奴隶制的立场、“对自由事业与被压迫的种族予以同情”（皮尔 1971：76），是异见文化的情感结构的标志。它不是一种意义单一的文化，而是存在着地域性、政治诉求和宗教诉求特殊性差异的文化。它不仅限于外省，也可以在“内部”运作：托马斯·霍奇金，盖伊医院的一位贵格派内科医生，是1843年成立伦敦民族志协会的核心人物。该协会大部分文物收藏家和语言研究者是非国教徒（特别是贵格派教徒），虽然协会里的自然科学家没有正规的宗教信仰倾向（范库伦 1982）。

各地的文化表达参差多样，无论是激进派的还是异见者的，最终还是被首都的观点所压倒。铁路交通使激进派演讲者可以与议会保持联络，更快捷地奔走各地，却也使外省对伦敦的挑战更容易被颠覆。1831年在约克成立的英国科学促进协会，“代表了省级科学文化压倒和反对都会及古老大学文化的呼声”（鲁德维克 1985：30）。非国教信徒踊跃参加各省区城市举行的协会年会，但这些会议最终充斥着剑桥和伦敦演讲者——他们乘坐火车就能轻易抵达外地演讲。

这种立足外省的异见文化的一个政治性表现，就是“全面普选联盟”，由贵格派谷物商、铁路系统推进者、慈善家兼废奴主义者约瑟夫·斯特基于1842年在伯明翰创建。该联盟得到了各类非国教神职人员的支持，在诸如伯明翰、诺丁汉、莱斯特和德比这样的城市里表现得最为踊跃，赫伯特·斯宾塞（1820—1903）就担任过名誉秘书。斯宾塞论社会进化的文章刊登在爱德华·梅尔的《非国教徒》（*The*
115 *Noncomformist*）上，这是伯明翰的一家报纸，同时登载联盟的文章，旨在调解中产阶级和工人阶级的关系。

“社会学之父”斯宾塞，出生在一个卫理公会的家庭。在他身上体现了对排斥非国教徒的体系的排斥。他“对诸如大学、教堂、传统和当地共同体这类社会创造的古老东西几无感情，而它们却是大多数19世纪英国工业主义批评者的情感支撑”（皮尔 1971：212）。斯宾塞为工业主义的勃勃生机和改革创新欢欣鼓舞——它们给许多非国教徒提供了科学与商业解放的渠道。同时他也痛斥工业主义给"金融奸计"及"投机和贪婪"(斯宾塞 1855: 9—10),特别是给土地主阶层可乘之机。

斯宾塞厌恶地主阶级中的某些成分,他的自传却充分表明他热爱土地主所拥有和控制的东西,热爱英国伦敦周围诸郡的农田或人烟较少的高地。周日在泰晤士山谷或肯特郡长时间漫游,在德比郡周边徒步,或在朋友的乡村别墅如约翰·拉伯克爵士和霍顿爵士的别墅里漫步,是工作后的短暂休息。虽然他抱怨潮湿的房间、沉闷的安息日及"凯尔特人的懒惰"(斯宾塞 1904第二卷: 94),在苏格兰高地、湖区和威尔士的假日漫游却满足了他对山区景色的向往。这些地区深深影响了他的风景趣味,甚至在"山脉和湖泊壮丽景色"环绕着的阿尔卑斯山,他也发现"瑞士……要比苏格兰逊色得多"(斯宾塞 1904第一卷: 498—499)。1862年的一次假日他在苏格兰高地独自漫游时迷路了,由此他哀叹地图的质量,感受到"导游手册编辑者和出版商所要承担的重大责任"(斯宾塞 1904第二卷: 90—91)。

有关阶级协调的文章是斯宾塞介入全面普选联盟的桥梁。"阶级"作为一个指涉社会阶层的词,在18世纪40年代首次出现(皮尔 1971)。18世纪90年代用得更为普遍,到19世纪三四十年代则被广泛使用。无论它的含义如何被接纳、争论、利用或建构,显而易见,"阶级"一词转向普遍应用,是与"社会"[5]所负载的国家责任之义得到不断强化的过程同时发生。也许,社会学领域的出现及其规律、规则和体系方法不仅有助于把社会"客体化",也有助于把一种阶级体制"客体化"。无论如何,社会分层与工业主义之间的政治—道德关系被一些学者视为 116

肇始于外省中产阶级,特别是非国教徒的社会经验,他们把自己与拥有土地的绅士和贵族对立比照。阶级意味着流动性,地域上和社会上的流动性,反对等级、秩序和产业象征的稳定性;阶级更多指涉的是职业或角色而非地位；一个人凭借行动而非血统获得自身的阶级属性。

（皮尔 1971：60）

按这种理想化的阶级观，阶级遂以“横向的政治团结替代了服从、忠诚和庇护制的联盟……阶级之间因纵向的对抗而彼此分离”（皮尔 1971：62）。这些阶层并没有摆脱分歧。甚至宪章运动内部也是“充满裂隙”、一片混乱（斯特德曼·琼斯 1997：171）。

总体而言，服从、忠诚和庇护制仍是有权支配本地民兵的太平绅士（Justices of Peace）管理本地社会日常运作的方式。颠覆这种方式就意味着“创造一种连结各个地方的全民性政治，挑战这些本地政治组织”（索撒尔 1996：178）。在这种政治空间化中，特别有意思的是菲尔格思·奥康纳的行程。1838年和1839年间，奥康纳频繁出现在伦敦、中部地区、北方和苏格兰高地的城镇，多达147次。在1839年的圣神降临周（Whit Week），他先在约克郡的皮普·格林的一个群众集会（号称有50万与会者）上演讲，后来在伯明翰激进派组织的第二个会议上发言，又在奥海姆*附近的科萨尔高沼地举行的第三个群众集会上露面。会议的广告敦促“离集会场所只有一天步行距离或20英里之内的所有男女老少”都参加会议。广告的“口号”是“到沼地去！到沼地去！！到沼地去！！！”（索撒尔 1996：81）。

做工的穷人在高度地方化的社会里显得微不足道，但是如果聚集的人数以千计或数以万计，他们就形成了“具有道德力量的庞大群体……能够经过培训去达成现实的目的”（奥康纳 1839；转引自索撒尔 1996：180—181）。在发表于《北极星》的演讲中，奥康纳把这些会

---

* 奥海姆：英格兰西北部的一个自治市，位于曼彻斯特的东北。它是制造工业中心，并有纺织工业。——译注

议比作链条之环。通过在各地的演讲，"这些环节环环相扣。伦敦、纽卡斯尔、卡莱尔、格拉斯哥和爱丁堡现在被铸成一体"(《北极星》1838；转引自索撒尔 1996：81)。奥康纳打造的巨链塑造了一场社会运动，抵制并挑战了当权者认定的总体计划——"铸造不列颠"。 117

排他的地理

正如空间在乡村被侵占一样，时间在新兴的、过度拥挤的、阴暗的、不卫生的制造业城镇也被盗用。人们白天行走的范围缩小到工厂哨声或铃声已圈定或正在圈定的半径范围。想想看一周工作70小时或更长时间，城内又无露天的休闲空间(贝利 1978；布莱克塞尔 1982；赫恩 1978；里德和威尔斯 1990；沃尔文 1978)；在这种情形下，邻近乡村依然保存的任何公用地使用权或古老道路通行权，就成为重要的实有性资源或象征性资源。1833年，议会公共步行道特别委员会得出结论说，露天空间的缺乏导致"低等阶层[追求]低级的、伤风败俗的娱乐"(坎宁安 1980：92)。改革者将进入休闲风景区与社会改革联系在一起。[6]

关闭人行道、圈用公用地和荒地、兼并或圈用旷野致使公众缺乏露天空间。在城镇，专为上流社会使用的娱乐花园占用了以前的敞地。1834年，埃德温·查德威克在议会酗酒特别委员会上的演讲中提到：

> 在乡村，以及在一些城镇的郊区，我听到人们强烈抗议终止公众使用人行道和古道的权利。大规模任意圈用从前的公用活动场地的结果，就是把劳动阶层驱赶到酒吧。
>
> (查德威克 1834；转引自坎宁安 1980：81)

1837年，激进的改革家约瑟夫·休姆提议：

> 在所有圈地议案中，应该规定留出足够的公共空间，用于周边居民的锻炼和休闲；假如委员会［圈地］议案里没有这条强制性规定，他们需要专门向议会呈交报告说明其不遵守议会条款的理由。
>
> （汉萨德 1837：c.162）

罗伯特·皮尔爵士将休姆议案中的"工业城镇的周边居民"扩展
118 到城镇和乡村的所有人口，即"那些愿意从事运动和高强度锻炼的人，尽管他们没有［休闲空间］的法律所有权，但他们拥有进入那里的道德权利"（汉萨德 1837：c.162）。皮尔建议中央政府和地区当局提供等量的资金确保在圈用的地区留出公共空间（汉萨德 1837：c.163—164）。

还有一些更激进的土地改革方案。菲尔格思·奥康纳于1845年组建的宪章土地公司就打算

> 把足够的空间归还给人民，使他们享有选举权。该公司很快就有7万名支持者，拥有60个分部，持有9万英镑的股份。到1847年，在诸如名为"宪章村"和"奥康纳村"的定居点，经过投票选举出600个农民……在议会对其活动做过调查之后，1851年该公司被清算，资产被出售。
>
> （里德 1991：19）

土地宪章派，继承了掘地派和平等派的衣钵，强烈要求给所有劳动者分配小块土地，种植粮食作物——其实就是改头换面的公用地（马希 1982；威廉斯 1973）。当然，这个提议忽视了这一点：使贫穷的劳动者成为自给自足者，也就等于资助了低劳酬制度。1842年"贫穷劳动者（小土地分配）特别委员会"所担心的，却是给劳动者分配土地可能成为"忽略他平常的有偿劳动的诱因"（里德 1991：19）。

进入公用地充满了政治含义。处境悲惨的工厂工人以及与他们同

样悲惨的农业劳工（尽管二者结构不同）联合成一种影响巨大的力量。激进的请愿示威和威胁性的游行，其目标就是获得对于民众立宪权和权利宪章的支持。这些示威不过是对一个保守政府的抵制的最新表现，这种抵制可以上溯到英国历史上13世纪的农民叛乱。[7]进入公共空间（通常是城市周围的公用地）的争议在1795年后达到高潮。产业工人和农业劳工在被排除在政治权力之外时，又被当地的规定和内部规章排除在可供他们发泄政治怨气的公共空间之外，警察和国民军强化了有关的司法规定。对农业劳工而言，压制性的惩罚体现在工作和住房方面。给他们居住的宿舍尽管拥挤，也只有受雇之后才可以得到。 119

工人阶级的男女激进分子和宪章运动者，深受托马斯·潘恩的共和主义影响，汲取了法国革命的教训，聚集在正式和非正式的公共空间。他们在开阔的高沼地和公用地举行大型集会，抗议政府的政策或抗议引进替代手工的机器，这类集会具有集市和狂欢节的特性。在群众集会上，抗议者举着旗帜，戴着红色贝雷帽或“自由之帽”。这些旗帜和帽子通常由妇女制作，她们在运动中扮演重要角色。妇女在集会上发表演讲，冲在鼓动宣传队的最前沿——这种行动被视为逾越了常规的性别角色；当丈夫们被监禁或押送到囚犯殖民地时，她们还得承受厄运的重压。此外，她们还得确保自己丈夫的悲惨境况引起报界的持续关注，因此推动了激进事业在全国的开展（施瓦茨克夫 1991）。

在高沼地和公用地举行的大型集会引起对中部地区密谋叛乱的恐惧，而那里的军事操练活动加剧了这种恐惧——就在同样的高沼地和公用地里，公民们模仿着法国大革命的公民—士兵（citoyens-soldats）进行夜间操练，为他们希望拥有的“拿起武器”的权利而做准备[8]（爱浦斯坦 1994；埃文斯 1995；加德恩 1986）。军事庆典具有一种壮观性，本来是为吸引中产阶级以外的志愿者的，这些可以看作是宪章派对于军事庆典的挪用和逆用。类似的颠倒秩序和等级的狂欢伴随着激进的煽动家的法庭辩护（爱浦斯坦 1994），犹如大型户外集会一样，这类狂欢是戏剧化的、表演式的政治话语。它们是对政府权威的挑衅，带有武装叛乱的可能性，而且愈演愈烈，最终在1819年8月发展到一个高潮，即激进派在曼彻斯特的圣彼得广场的大型户外集会（爱浦斯坦 1991；加德恩 1986；霍恩 1980；汤普森 1966）。[9]

6千到1万名群众手无寸铁，举着横幅，旗杆顶上挂着红色贝雷帽，手拿月桂枝，在乐队的带领下井然有序地进入曼彻斯特城，行进到集会场所。在这个时代，“表演、展示和观看是社会机制必不可少的部分”（罗素 1995：17），在圣彼得广场举行的宪章派集会上，盛会式的表演具有一种悖逆性的文化政治意义。这层意义并未被集会的地方色彩所遮
120 盖。群众集会最终演变成一次骚乱，因为按照地方法官的命令，骑兵举着马刀杀过拥挤的人群去逮捕讲台上的演讲者。9名男子和2名女子被杀死，上百人受伤，这就是著名的彼得卢大屠杀（Peterloo Massacre）。

一个月后，大约3万人聚集在利兹城外的亨斯莱特高沼地抗议彼得卢大屠杀[10]。他们举着横幅，其中一幅画着一个戴锁链的男子，“被两个重担（国债和税收）压弯了腰。画的上端写着‘生来自由的英国人’，下端写着‘不列颠人永远不要做奴隶’”（赖特 1970；转引自埃文斯 1995：231）。

为纪念彼得卢大屠杀而设计的徽章显示了贫穷劳动者充当“工资奴隶”的状况，颠覆了约瑟夫·威基伍德制作的英国反奴隶制的官方徽章（鲍姆 1994）。后者画面上一个强壮的奴隶单膝跪地，手腕脚踝都铐着锁链，身上只有一块布围系在腰间，双手紧握，哀求地举起，头向后斜仰，眼睛向上望着一个看不见的他者。在他的下面是一行带状的铭文：“难道我不是人，不是你的兄弟吗？”

彼得卢徽章边缘是一圈骷髅和交叉白骨，中间有三个人物。一个是跪着的男子，衣衫褴褛，双臂前伸，手掌向上，头向后斜仰，嘴大张着，面带恐惧。他正仰视着一个戴刽子手面罩的穿制服的士兵，后者双膝前曲，举着滴血的屠刀正要砍下来。这两个人的身后是一具工人尸体。

徽章一边的铭文写着："难道我不是人，不是你的兄弟吗？"另一边则回答："不！你是一个穷织工！"[11]织工们见证了种种推进工业资本主义的野蛮措施：

> 1812年2月27日，乔治·戈登·拜伦勋爵在上议院对同仁做了第一次发言。当时拜伦尚未成名，他充满激情地讲述了居住在他新门寓所附近的纺织工人"空前的惨状"，是他亲眼看到的。他的讲话被用来支持否决对"捣毁机器者"——即那些破坏新安装的纺织机械的人动用死刑的议案，但否决**没有成功**。
>
> （尼科尔森 1991：22，着重号为后加）

随着彼得卢大屠杀以及其他暴动和骚乱的发生，政府采取措施暂时中止了人身保护令，限制自由集会。这些措施的动因是害怕训练有 121 素的暴民采取革命行为。在这个全国性的危机时期，这种政治戏剧很快得到舞台上的再现，并反映在时代背景气氛中——政治戏剧就依托于此上演。当彼得卢大屠杀上演时，埃德蒙·基恩*正在居瑞巷皇家剧院出演《加勒比首领》的主角。尽管这部戏剧的背景发生在伊丽莎白一世统治时期，讲述的是一个前奴隶受强烈的复仇心驱使的故事，却同时反映了加勒比种植园暴动以及北方工业地区骚乱（鲍姆 1994；巴克西德尔 1993；拉塞尔 1995）。

改革或革命得到舞台上的表现时，既显露出对无政府主义暴徒的恐惧，也显示了对"人民"的自豪。探究一下诺曼征服前的神话，可以发现"人民［被］表现为能够记住自己古老权利的人"，在他们的身上蕴藏着自然的感知力（巴克西德尔 1993：223）。当宪章派激辩出版自

---

* 埃德蒙·基恩（1789?—1833），英国演员，以扮演莎剧中伟大的悲剧角色著称。——译注

由时，通俗的和无许可证的剧院受到宪章派支持，成为表达社会紧张局面的另一个场所。激进文化的表演性方面，比如审判场景，再现在为募集基金而上演的戏剧中，比如宪章派的“民主戏剧《威廉·退尔》”（汤普森 1984：118）。在剧院里，在激进分子用来抗议的图像里，在文学精英们的心里，种族和阶级正被联结起来。牙买加暴动促使骚塞（湖畔诗人之一）写道：“上帝保佑我们本国穷人的悲惨状况不会在将来某一天……在这个国家引起可怕的后果！”（转引自鲍姆 1994：167）

在社会混乱的大背景下，改革或革命成为英格兰压倒一切的议题。印刷资本主义激发出一种全国想象来支持国家向土地主阶级“阐述”自身，同样，它也为激进派和激进化的报界提供了可能。不断增长的识字率和主流报刊日趋扩大的自由度帮助形成了早期的劳工协会或工会，入会的成员是“纺织厂地位卑微的白人奴隶”（雪莱；转引自鲍姆 1994：140）和同样卑微的农业劳动者。

有关奴隶解放的争辩加剧了危机。1807年议会通过了废奴法案，但英属西印度群岛的奴隶解放却要等到1833年。犹如反对奴隶“贸易”一样强烈，拜伦这样的公众人物抨击废奴主义者没有为生活在痛苦中的英国农业劳动者和穷工人说话，而华兹华斯则写道：“尽管不存在戴镣铐的奴隶”，英国的工场和农田“在屈辱的苦役下呻吟着”（《人
122 性》1829；转引自鲍姆 1994：71）。

农业界的不满表现为工团主义、纵火犯罪和残害家畜，与工业界的工联主义和激进的革命威胁联合起来（阿彻 1990；佩恩 1993；明盖伊 1989；霍布斯鲍姆和鲁德 1969）。中产阶级也看到了政治和宪政改革的需要（赫尔辛格 1994；霍恩 1980；斯特德曼·琼斯 1983；D.汤普森 1984；E.P.汤普森 1966）。要求改革的游行之频繁和波及范围之广泛，显示了危机的严重性和几近革命的不满之深度和广度。游行规模也很庞大：1831年秋和1832年春在伯明翰和伦敦举行的游行分别有上十万人参加。不管福音卫理教派是否颠覆或转移了这次革命性的冲动

（奥尔森 1990），到1831年末，

> 不列颠处于革命一触即发的状态，一旦开始，（如果我们考虑合作和工联理论的同步发展）其迅速激进化的态势就很可能预告了1848年革命和巴黎公社。
>
> （E.P. 汤普森 1966：817）

1832年的改革法案让年资产征税估值超过10英镑的中产阶级成员拥有选举权，因而化解了革命的趋势。虽然议员席位从人口稀少的选区再分配给新兴的工业城市，新增了80万个选举人，但还是不够。扩大选举权，以此打破土地主对政府政策的政治操控的斗争还是失败了。

中产阶级和工人阶级共有的激进主义在第一个改革法案的问题上分裂。它通过财产界定使原则问题政治化，阶级差别强化了：

> 比英国历史上此前或此后的任何时期更明显，比任何其他国家更突出，参与国家的政治体制的资格完全依据是否拥有产业以及是否拥有固定收入。
>
> （D. 汤普森 1984：5）

1832年之前“人民”还是一个包罗所有人的术语，1832年之后“人民”成为“劳工阶层”的同义词（加德恩 1986；斯特德曼·琼斯 1983）。在这个过程中，工人阶级开始类聚。在贫穷劳工分化的过程中，1834年 123
的济贫法意义同样重要，该法案“使他们不属于救济对象，并区别于贫民”（波拉尼 1944：166）。反济贫法的暴乱在19世纪40年代此起彼伏，部分由于“爱尔兰联盟和宪章派的公开关系”，宪章派的集会上更是充斥了革命的语言（D. 汤普森 1984：323）。

公用地上的群众示威、革命象征符号的出现、向议会提交请愿书的庞大的游行队伍，所有这一切于1848年4月在泰晤士河南的克宁顿公用地举行的宪章派集会上得到集中体现。宪章派中主张“武力”斗争的人将这次集会视为一次武装暴动的聚焦点。如此预想的集会引起了巨大的恐慌，维多利亚女王转移到了更安全的怀特岛，同时威灵顿公爵指挥精兵强将集结伦敦。

把这次集会视为英国卷进横扫欧洲的革命狂热之中的重要时刻——这一预想实际上失败了。大约只有2万宪章运动成员参加了集会，当局不准他们进入伦敦市区。费格斯・奥康纳和其他宪章运动的领袖向下议院递交了请愿书（据称有 525万人签名），但是在奥康纳发表演讲之前，一个委员会以伪造签名为由否决了请愿书。改革和革命都没有实现。那些希望有威胁作用的示威者自己也遭到威胁。排他性的政治程序依然如故，各类宪章运动者被限制在自己的社会和政治位置上。

乡村神话

从19世纪20年代起，中产阶级“视宁静的农田为民族身份的代名词”（海明威 1992：298）的观点开始出现，这一观点是对日益汹涌的分
裂潜流和范围深广的社会动荡的各种表现的反拨。风景再现转向东南
地区良田平阔村舍俨然的低地风景。低地风景与如画风景或山区和废
墟构成的浪漫高地风景形成鲜明的对照，这里尚在乡村黄金时代：各
124 种社会秩序和谐共存，人们怡然自得。乡村英格兰的神话在于一种
双重感：乡村是和谐之地，英格兰依然是一个乡村之国——苍翠愉悦
之地。

大量的油画和文学作品表现了这种神话般的记忆，兜售给贵族精英和活跃在新兴的城市制造业、贸易和商店行业中的“中产阶层”。怀

旧之情对非城市化过去的记忆进行过滤，留下一种与农业劳动者严酷的现实严重不符的神话。在神话制造的过程中，农业资本主义的非道德/道德经济的深层的政治特性被遗忘或者遮蔽掉了，而城市化也被完全过滤掉了。19世纪20年代由伦敦艺匠合作与经济协会提供给“贵族和绅士”的商品目录中有“透明风景百叶窗”，这无意中倒成了乡村神话的表记（E.P.汤普森 1966：789）。

吊诡的是，乡村的神话/乡村人的神话正在为城市中产阶级建构出来，而中产阶级中的大多数人（如果不是全部）不是在乡村长大，就是在离乡村只有一步之遥的小城镇成长。神话制造和遗忘是自我强化性的。神话记忆延伸到何种深度的一个标志是“和蔼的贵族与愉快的农民密切交往”的语言，《帕码街公报》*就用这种语言来报道19世纪60年代的休闲活动。这一现象被解释为

> 是中产阶级趋合有教养的乡绅价值观的一种尝试，而这一尝试本身就是一种深深弃绝城市的工业文明、希望逃回到更为单纯的恩庇社会的症状。
>
> （坎宁安 1980：120）

“欢乐英格兰”的运动和娱乐方式日渐复苏，欣欣向荣，如射箭比赛、丰收晚宴（后被国教教会改造成宗教性的丰收节日）、五月节及灯心草节[12]。这些又被小说和油画进一步再现或误传（mis/represent）出来，广为传播。在这些作品里，具有地方特色的乡村风景和与风景相关的活动烙上了天真、安全和宁静的印记——这些风景和活动被定位于过去，象征着“失落的身份、失落的关系和失落的确定性”（威廉斯 1973：

---

* 帕码街：英格兰伦敦上流社会的一条街，以詹姆斯宫殿的遗址和许多私人俱乐部闻名。——译注

139)。在现实世界,古老的路权、新兴制造业城镇及其周边乡村的开放空间和许多残留的公用地正在失落。

东南地区作为英格兰之象征正被建构出来,用于缓解维多利亚社
125 会的焦虑,与此同时,进入休闲公共空间的需求集中在西北部高地和伦敦周边几处残留的公用地。风景保护者所作所为本质上是反城市的,考虑到工业和制造业城市的现状,他们的立场显得既非缺乏根据,也非荒诞不经(洛厄 1989)。鉴于20世纪号称世界强国的英国失去了帝国和地位,全国陷入近乎致命的怀旧之中,这种反城市化、反现代化的英国幻想更加普遍(霍西金斯 1955;豪金斯 1986;麦特李斯 1993;米勒 1995a;维纳 1981)。

乡村因其明显的生态重要性受到关注,它开始被视为一种市容(urban amenity),其动态发展可见于许多地方和不同时期(钦和克里德 1997)。此外,而且更重要的是,在19世纪末期的英格兰,开发城市周边的庄园公用地的时机已经成熟。因为可以论证说没有人还在公用地放牧或拾柴,这就使人认为开发公用地顺理成章,不会导致困境。于是,根据750年前的《默顿法案》,庄园主们通过颁发新的誊本地产保有权,侵犯了公众进入公用地的世袭权利。这些公用地要么高价卖给开发商,要么通过非法操纵,由庄园不动产法庭直接判给贵族,用于农业或房屋开发。很自然,站在城市居民的角度来看,开发公用地使他们陷入困境,失去了相对来说距离他们较近的休闲空间。

开发公用地引起的冲突,加剧了早已存在的私有财产与国家资产及需求之间的紧张局势。1887年提交给上议院(而不是众议院)的《誊本保有法》,要求不经土地委员会(农业部的前身)同意,不得颁发新的誊本地产保有权。而另一份提交给上议院的议案后来成为《公用地修订法案》(1893)要求农业部"必须拿出令人信服的证据证明圈地有利于公众",这等于取消了《默顿法案》(埃弗斯利 1910:211),确认公众利益优先于公用地私有化所带来的利润。

当涉及到古代文物时，私有产权与国家利益也会发生碰撞。这些文物不再只具有古董的价值，而已成为如画风景中的构成元素，为风景增添些许古意。现在，根据约翰·卢伯克（1834—1913）的提议，这些 126
文物要被正式列入国家财产之内。卢伯克，自由党议员，其家族中不乏知识分子、银行家和土地贵族（库克里克 1991；斯托京 1987；范库伦 1982）。卢伯克在1849年当选为英国科学研究所成员，1855年当选为地质学会会员，1856年当选为英国皇家学会会员。1864年他荣任民族志学会主席，1871—1873年担任人类学研究所的首任主席。

卢伯克因提倡给学童和工人进行科学教育而闻名全国。他还主张缩短工时，让"新兴的有闲的、刚获得选举权的工匠和中下层阶级"（库克里克 1991：108）享有法定休假日。1900年被封为贵族时，"他选择了埃夫伯里爵士的名衔。埃夫伯里是一个史前废墟，卢伯克研究过那里的巨石阵，后来他又买下这片废墟以免它会遭到新建筑的破坏"（斯托京 1987：151）。[13]卢伯克支持的《古代遗迹保护法案》（1882）确立了第一份官方列表，列出受保护的英国考古遗址。不出所料，该法案由于侵犯了所有权而受到猛烈抨击。

1882年，卢伯克把罗斯金带到埃夫伯里。他的日记有这条记载："罗斯金不知道有这样一个地方，他完全被迷住了。"（引自哈钦森 1914 第一卷：188）实际上，18世纪20年代出土的文物如埃夫伯里和索尔伯里山的巨石圈已燃起了人们对考古的浪漫热情。第一部《古代遗迹法案》启动了一个进程：创造出颇有争议的风景区考古场所——因为一旦这些地方为了"国家"而被保护起来，公众就会想去参观这些地方！[14]

定位峰区

峰区北部是粗砂岩的高沼地，南部是石灰岩的高地丘峦山谷（牧场）。石炭纪石灰岩和磨石粗砂岩系的砂岩和页岩（大约2亿年前，上

古生代晚期）的褶皱、断层及隆起运动，造就出纵贯南北的背斜（褶皱）
127 地貌。上亿年的侵蚀和风化产生了一片平坦的高原，称为峰区高地。最著名的山峰之一金德斯考特属于残留的前白垩（纪）表层，是峰区最高峰，它的峰顶曾经一度被掩埋，后来又在5千万年前显现出来。粗砂岩褶皱久经侵蚀切割，形成一片高原，有些地方是悬崖绝壁，在此可以纵览全景（斯莫尔 1990；特鲁曼 1971）。这些览胜地点的进入权问题就成为争议的焦点。

位于奔宁高地南端，湖区南面约90英里处，约200平方英里的峰区，它的周边是一些数得上名的制造业城镇。哈利法克斯、哈德斯菲尔德、巴恩斯利、谢菲尔德、切斯特菲尔德、德比、斯托克、里克、麦克尔斯菲尔德、斯托克波特、曼彻斯特、奥海姆以及罗奇代尔，这些城镇紧紧环绕着峰区。离它们稍远的则是另一个城镇圈：考文垂、伯明翰、伍尔弗汉普顿、利物浦、普雷斯顿、布拉德福、唐克斯特、诺丁汉和莱斯特。

在许多这样的城镇中，“教堂和国家的传统权威是弱小的”（汤普森 1984：6）。这些城镇是宪章派群众示威之地，是因《济贫法》和工业改革而起的骚乱之地，是乡镇政府和市政府改革实施之地，也是抵制对工会的镇压的中心。要考察进入峰区的斗争，可以通过文化和政治的联合方式，把斗争置于各种对抗性的社会关系之中进行研究。

市场经济飞速而无序的成长“破坏了许多生命”，对社会制度造成“致命的伤害”（波拉尼 1994：82，157）。但是相对而言，峰区本身尚未被市场经济带来的英格兰空间重构所波及。只有5%—10%的公用地和荒地以及10%—25%（有些地区不到10%）的可耕地受到《议会圈地法案》的影响（特纳 1980）。因此，当周边制造业城镇的环境变得越来越糟糕时，峰区广阔无垠的石南高沼地却是风景这边独好。

毫不奇怪，峰区成为斗争的场所。为了争取进入空旷风景区的权利而展开了激烈的斗争。拥有土地的精英把峰区当作是年年猎杀松鸡的猎区，而附近城镇的工人阶级看中的是它的和平宁静，视它为一个徒步、爬山、观景的地方。高沼地作为公民权的象征引起斗争。介入斗争的劳工虽然是制造业的动力，却没有国家政治生活中的投票权。 128

徒步乡村

《议会圈地法案》使得骑马道和人行道数量减少，而1815年的《停用非必需道路法案》规定，只要两个治安法官一致同意并经过下一次地方法庭季审确认就可以关闭道路。由于乡村的治安法官是从地主阶级中产生或由他们支持，因此关闭道路并非难事。针对关闭道路的法律诉讼却阻力重重，代价昂贵，过程漫长。

早期的人行道保护协会数量众多，许多协会都具有很强的地方色彩。一些协会总是采取行动，通常是直接的行动；另一些协会呼吁适当的法律保护，多年不辍；还有一些协会则是昙花一现，只是针对某一特别的圈地或人行道关闭行为展开行动，随后就销声匿迹了。有些协会超越本地局限对外合作，其创建者及成员通常来自专业阶层和改革家团体，这类协会包括创建于1865年的“伦敦地区公用地、敞地和人行道保护协会”（公用地协会）以及创建于1884年的“全国人行道保护协会”。公用地协会的会长由乔治·肖·勒菲弗（即后来的埃弗斯利勋爵）担任，他是自由党的大牌律师，1868年至1895年间的每届自由党政府的成员。

最早组建的地区协会之一是曼彻斯特保护古人行道协会（通常称为曼彻斯特人行道保护协会，或MFPS）。1826年协会的成立得力于拉尔夫·莱特事件的推动，莱特是一位地区法官和地主，居住在距曼彻斯特七英里外的一个小村庄弗里克斯顿。莱特让两个地区法官同事签署了命令，禁止人行道穿越他那片不大的土地。未等地方法庭确认，他就让人犁耕播种了那条公用通道。人行道两旁的栅栏已经被拆走，以使莱特的私人领地更有林园气象。从他的宅邸就可以看见经过人行道的当地人（泰勒 1997；李 1976）。

附近的一群农民向地方法庭提出诉讼，却败诉了。他们求助于曼彻斯特非国教激进分子协会，由此成立了MFPS。在随后的两年，协会耗资甚巨，四处游说，案子终于从地方法庭移交到英国高等法院，最终
130 胜诉。[15]又花了7年时间，议会才通过《通用公路法案》（1835），实际等于废除了《停用非必需道路法案》。MFPS代表了一种新型的以城镇为本的激进自由主义，挑战了土地为本的寡头政治。它的成员中有1817年伦敦毛毯工人游行的支持者，也有反对1819年彼得卢大屠杀的《抗议宣言》的署名者（泰勒 1997）。

19世纪初期，农业风景和公用地紧邻工业城镇而存在。但是随着城镇的扩张，那些人们便于使用的敞地和人行道消失了。[16]实际上，人们也没有很多休闲散步时间。直到19世纪60年代，人们周六下午还要照常工作。只有到了星期天，工人们才有时间走出城镇，走进附近开阔的农田；如在曼彻斯特，人们很快发现自己置身于

> ……离［城镇］不远的草地、农田和公园。这儿有许多令人愉悦的步道，徒步者可以环绕城镇走一圈。从交易所出发，半径不会超过两英里，沿途鲜有在公共马车道或大街上常常会遭遇到的那种噪音、嘈杂的人群和尘埃。
>
> （李 1976：4；转引自普伦蒂斯 1851）

乡村人口的减少促进了工业资本主义。铁路不断延伸，车站以及车站周围的大棚、岔道和货运编组站侵占了大量土地。乡村的原住民无处容身，只能涌进城市的贫民窟，而贫民窟的住房又不时遭到拆除，这样一来突然加大了人口密度，进一步恶化了贫民窟的状况。在改革者能够推动议会制定相关法规之前，（穷人）是没有“拆迁安置”的权利的（卡特和刘易斯 1990；迪奥斯和李德尔 1986）。不仅是一些城市

房屋被拆除；像伯明翰等城镇周边的许多敞地本来已安排用来分给工人，这些地方现在又盖满火车站、货场和为蒸汽发动机提供燃料的煤堆——就是这些设施保障了火车在城市和郊区运行。通过铁路网，工业资本主义进入风景区。铁路把郊区空间与贫民窟连接起来，把贫民窟与度假目的地连接起来。 131

宗教与休闲

与贫穷工人相关，产生了一种把宗教与休闲连接起来的社会政治。出售杜松子酒和啤酒（另类的“资本主义精神”[*]）的酒店和啤酒屋是工人阶级消遣活动的主要场所。为了使工人摆脱酗酒造成的精神或身体疾患（扰乱工厂纪律是重要后果之一），教会开始介入。于是，宗教活动成为休闲方式。礼拜，很快又加上依托教会的各类俱乐部、协会和户外活动，如曼彻斯特圣神降临周徒步，[17]这些活动开始填占人们的业余时间。1840年，“有4万名学童[乘着火车]离开曼彻斯特，就是为了避开当地举行的各种圣神降临周比赛”（沃尔文 1978：21）。通过圣神降临周的徒步活动

> 北方大城市的自助运动将其成员的文化和精神视野延伸到了湖区。从19世纪30年代起，科尼斯顿每年都举行圣神降临周徒步活动。徒步活动在1894年停办了，这是巧合，不过与瑟米尔事件有些象征性的关联。[18]
>
> （默多克 1984：155）

* spirits of capitalism，这里，作者用了双关语：spirit既有“精神”之意，又指“烈酒、酒精”。——译注

权威的空间化影响了人们对于自然的感知。此时，纺织厂和工厂的厂主、教堂和慈善机构都试图用有益的休闲活动取代罪恶的娱乐。通过引导许多工人阶级的孩子参加旨在禁酒的远足活动，培养了他们对于自然的体验。[19]许多远足远至英国的边陲海边，那里的无人风景不属于任何人，也无法属于任何人，在那里，人们对于风景的凝视去掉了占有的色彩。[20]纯洁的大自然被当成城市罪恶、道德沦丧的解毒剂。这些专为工人举行的远足活动，其中蕴涵的价值后来得到更加明确的肯定——到了19世纪晚期，假日徒步机构公然把道德与体力活动联系起来。

从前“相携出游”（walking out）的求爱行为总是传达出性信息。现在，乡村徒步与发展友情和了解自然历史联在一起。这种徒步可能培养出两种接近自然和上帝的方式：虔敬的罗斯金门徒方式或是理性的达尔文派科学家的方式。休闲徒步在中部各个城镇的工人阶级中流行起来，当地的周报开辟专栏描述附近及更远的徒步路线（泰
132 勒 1997）。然而，周日漫游如同其他休闲活动一样面临教会和非国教礼拜堂的非难。[21]

徒步活动是被用来攻击私有财产的特权，还是被鼓吹成一种重铸“工人间”兄弟情谊的手段，还是被当成开展道德教育、传播中产阶级的价值观和向往的媒介，这要看是谁在组织休闲徒步活动了。上层阶级和中产阶级声称徒步这样的休闲活动具有“调和阶级的功能”（坎宁安 1980：11）。尽管“建立在共同利益之上的社会纽带可能经常超越经济冲突和地位差异”（泰勒 1997：55，着重号为后加），不过，认为这功能并不只是美好幻想似乎未免有些幼稚。

以阶级为基础的景色和观景政治久已围绕着地主精英们的乡村别墅进行。如画风景旅游业已经将观景政治推广到中产阶级。湖区漫游路径是根据水彩画、版画、油画、诗歌、地图和导游手册定位的（见第三章）。这些仍然是观景的方式和了解风景的工具。当中产阶级游客享

受着新旅馆、向导、马车和艺术品商店的服务时，湖区被敷上了薄薄一层的经济发展的表象。但是一切就此打住。

19世纪休闲性享受风景，特别是休闲徒步，意义则是不同的，因为它对景区施与了积极的干预，确立了这样的一种观点：风景中蕴含着互相抵触的价值体系。随着19世纪的推进，事情变得清楚起来，这种抵牾其实源于私有财产的本质与人们期望的权利之间的冲突——人们认为所有公民有权进入本国山区和公用地（希尔 1980；里德 1991；埃弗斯利 1910）。

松鸡、偷猎者和徒步者

休闲活动不是中立的行为，而可能威胁到统治阶级的精英。最终，精英阶级会通过发起、支持或压制休闲活动表达自己的权力和控制。狩猎和偷猎，一枚硬币的两面，代表着合法和不合法，典型地反映出围绕乡村展开的权利之争。狩猎法[*]侵犯了乡绅农场主、中产阶级地主、土地承租人、农业工人这类人的利益。它们生动而鲜明地说明了统治阶级土地为本的权力结构。精英通过庇护制和世袭制把持上议院，并占据了很多下议院席位。 133

正如弗里克斯顿冲突事件显示的那样，关闭人行道能够限制劳动阶层一度拥有的相对自由的通行权。但无法采用同样方式控制的是捕猎，猎区保护与狩猎两种力量互相较劲，各个阶层为此陷入冲突之中，这后来称为“18世纪中期以来农村所经历的最持久、最野蛮、最激烈的冲突”（阿彻 1989：52）。[22]并非所有的休闲徒步都是清白的。徒步也许就是借机偷猎——部分是为了体育锻炼，部分是因生活所迫（偷猎经

---

* 狩猎法，为了管理或保存猎物而制定的法则，比如规定哪个季节中可以使用的捕猎方式及可能猎取的动物数量。——译注

常是能让饭桌摆上肉食的唯一手段)。偷猎总是一桩彻头彻尾的罪行。

宁静与丰裕的乡村神话远远不是现实。在乡村的一次徒步可能被视为可疑的活动。[23]由于引进了赶猎方式(battue)[24],有权人更加卖力地保留野生动物,以便到了狩猎季可以把更多的猎物驱入囊中,使猎手展示他们的射杀技艺(坎宁安 1980)。虽然大众认为野生动物是上帝赐予的公用地的一部分,谁有本事逮住它都可以拿走,但是晚上偷猎一旦被抓,是会被判监禁、强制入伍或流放海外的。根据1803年的《埃伦伯勒法案》,守林人有权处死拒捕的偷猎者(阿彻 1989;海伊 1975)。工人阶级要求保留穿越公用地和私人土地的权利,他们的行为不管是合法的还是超越法律的,都挑战了土地为本的权力体制的根基。

在峰区,手持武器的守林人和偷猎帮的暴力冲突一直延续到19世纪末期。19世纪60年代的棉花灾荒驱使许多纺织工人跑到田野里偷猎,而19世纪60年代到80年代期间的捕鱼权斗争“在……湖区和其他地方也达到白热化的程度”(阿彻 1989:60—61)。农业劳工和农民的日常活动被守林人密切监控,因为偷猎不仅是地区性问题:还有一个广及全国的野味黑市。

无论是去徒步还是偷猎,工人阶级很容易借助铁路网进入乡村。这时,中部地区的铁路已经发展到交错密布的程度,大大压缩了空间。铁路始于19世纪30年代,最初是一种运输货物的手段,但很快就扩展了自己的业务,包括运送游客到游览胜地,有些城镇只是在铁路延伸到那里之后才成为游览胜地的。19世纪40年代铁路向北延伸到湖区和苏格兰。地处国家南端的康沃尔则成为英格兰最后一个开通铁路的
134 郡,1859年铁路才延伸到那里(罗宾斯 1988)。[25]

再来说说峰区。在19世纪,进入峰区沼地是受禁止的,为防止工人阶级徒步者和偷猎者侵扰当地的松鸡。宪章派则呼吁恢复前诺曼时代的权利,如平民狩猎的权利。法律上有争议的圈用公用地做法被认为是对这些权利的根本侵犯。一条古老的公用道路将位于海菲尔德山

谷的海菲尔德村与伍德兰德山谷连在一起。这条路穿越威廉峡谷、金德斯考特高原——直到1836年还未圈用的荒地，最终与谢菲尔德—曼彻斯特公路汇合。道路本身没有什么特别之处，只是有段路要经过德文郡公爵的松鸡沼地。1876年，公爵关闭了公共通道，因为它妨碍了射猎松鸡。自弗里克斯顿人行道关闭事件之后，人们已经积累了50年的经验，曼彻斯特人行道保护协会（MFPS）与刚成立的海菲尔德和金德斯考特古人行道协会联合起来，向公爵关闭公共通道的行为发起挑战。尽管汲取了从前的经验，他们还是花了20年的时间进行法律上的讨价还价，最终在1896年赢回了通行权。

此时，峰区和北部乡村人行道保护协会已经成立。它不仅支持开放金德斯考特风景区的倡议，而且回应了范围更广的一个难题——即公众被排除在公用高沼地之外，而（有权之人）却在那里蓄养私人狩猎用的松鸡（李和豪弗 1994）。峰区与北部乡村协会的主要目标是：

> （1）保护、维持和捍卫公众使用和享用公路、人行道、骑马专用道、支路和岔道、敞地、荒野和路边斜坡的权利，以及在北部和中部乡村，特别是峰区的公用地休闲的权利；
>
> （2）防止滥用这类权利，特别防止侵犯和毁坏庄稼与田产以及擅入猎区干扰狩猎。
>
> （李和豪弗 1994：7）

为了这些富有价值的目标，协会争取着，抗议着，步步为营。在数个号角漫游者俱乐部的声援下，协会的斗争颇有技巧。第一个站出来的是谢菲尔德号角漫游者俱乐部（SCR），1900年由G.B.沃德创建，他因领导周日漫游[26]被卫理公会教会学校开除，失去了职务。沃德在当地 135
的社会主义报纸《号角》上刊登广告招揽“徒步者同道”，得到异常热烈的回应，于是他就创办了非宗教的周日漫游俱乐部。[27]沃德的目的

是重建

> 人们之间置身于自然事物之中那种同道之谊，[这一目标]很快就与强大的利益集团发生冲突，土地利益的既得者紧紧抓住他们享有的狩猎和射杀猎物的特权——这些特权自诺曼征服以来延展甚广。
>
> （希尔 1980：32，着重号为后加）

以前是彻头彻尾的有组织偷猎问题，20世纪20年代到30年代期间，当局则借环境保护之名把工人阶级徒步者赶出沼地。据说徒步者破坏了石南荒原，干扰了松鸡的孵蛋和筑巢，这样一来可供猎射的松鸡数目就减少了。[28]

在金德斯考特的部分松鸡沼地实行了一种许可制，允许人们进入这个最高峰。1922年冬天先后有两个漫游者遇难，于是就连这种有限的进入也被取消了。猎场看守人中途拦截并驱赶那些前来登高纵览峰区全景的人们。到20世纪20年代，漫游者被拍摄下来，他们的照片刊登在地区报纸上，附有说明：谁若能提供照片中人的名字、地址和职业，就可以获得5英镑的奖赏。当局给那些身份得到确认的漫游者发去传票，禁止他们再走进金德斯考特（希尔 1980；泰勒 1997）。因此，金德斯考特成为更大风景区进入权运动的实验场。

整个20世纪20年代，以谢菲尔德—曼彻斯特为大本营的漫游俱乐部联合行动，要求开放金德斯考特。1928年，社会主义者领导的谢菲尔德地区漫游者联盟在沼地组织了一次大规模示威，支持一个关于进入山区的提案，那是一系列遭到否决的同类普通议员提案中最新的一个。约有三千人参加，这一示威活动后来年年举行，一直延续到1939年（泰勒 1997）。游客要想纵览金德斯考特全景，只能非法侵入。事态发展到在将近七十年后仍被称为“公众非法侵入”的程度。1932年4月，英国工人体育联合会（共青团一个分支）中的几百个成员，公然闯进金德斯考特（泰勒 1997；希尔 1980；罗斯曼 1982）。曼彻斯特漫游者俱乐部联盟不想搅进这种“极左”行动，拒绝采取非法侵入的方式。 136

非法侵入者在海菲尔德村聚会，该村位于贯穿海菲尔德和伍德兰德山谷的通道起点——就是那条1876年遭到德文郡公爵关闭，后来经过MFPS苦斗20年才争取到重新开通的通道。有点像19世纪初期向激进性集会宣读《骚乱法案》，教区执事给聚会的人念诵了禁止在海菲尔德休闲场地举行集会的相关规定。人群散去，但又在海菲尔德通往伍德兰德山谷的小道重新聚集起来。在攀登金德斯考特峰时，漫游者迎面遇上猎场看守人和作为后援的乡村警察（泰勒 1997；希尔 1980；罗斯曼 1982）。

非法侵入者的领袖有6名被捕，被指控举行骚乱性集会。对他们的审判很快转成诬告，说这次非法侵入是犹太人领导的共产党的阴谋，因为受审的6人中有3个是犹太人，他们身上携带着英国共产党的报纸。最后，5人被判以监禁。全国的报纸连篇累牍报道这次审判，促使进入风景区问题成为持久的政治性议程。同年，峰区的群众示威继续进行着，更多拿着棍棒的猎场看守人、带着阿尔萨斯犬的骑警和步警，遇到的是更大规模的漫游者队伍（希尔 1980；罗斯曼 1982）。

这类事件背后除了阶级驱动的残忍因素之外，还因为私有财产利益攸关，松鸡不过是转移公众视线、误导舆论的“红鲱鱼”*。1934年在为英格兰乡村保护委员会谢菲尔德分会准备的一份报告中，报告人详尽地描述了拒绝开放的峰区松鸡沼地的业主。17个私人业主中，有7个贵族，2个军官，8个工业资本家（希尔 1980：35）。非法侵入意味着逾越了社会和空间界限。就路权而言，1933年《路权法案》轻易就被土地主的一则告示弄成一纸空文，

* 指像用熏制成红色的鲱鱼吸引猎犬离开道路。——编注

告示大致内容是说他无意提供路权，允许公众进入只是赐予公众的恩惠；[因而]只要在20年的使用期得到确立之前贴出告示……任何业主都有可能阻止某条人行道成为公用道路*。

（泰勒 1997：255—256）

结　语

将进入风景问题置于多重背景考量，由此导向风景建构里的更
137 大议题：文化霸权和意识形态。很显然，分析风景其实是从根本上研究社会、政治和经济历史的一种方法。国家之大业乃是制造和展现一个统一的不列颠，而在统一表象背后隐藏着众多对抗的身份认同。与“铸造不列颠”相对立的是宪章派群众户外集会，后者“铸造了”从爱丁堡到伦敦的劳动阶级长链。那些也被排斥在充分的国家政治生活外的非国教徒则是这种社会运动的后援。

宗教、休闲以及军事性质的禁酒运动既分别又联合地传播了中产阶级价值观。旨在禁酒的远足活动以及由非国教会发起的工人阶级徒步或漫游俱乐部，把许多工人重新引到他们或其父辈被迫离开的那片土地。工厂纪律约束了工人的活动范围和时间，使得开阔的风景区和散步的人行道格外珍贵。在这种情形下，各种地方化的人行道保护协会和全国性的保护公用地组织纷纷成立。早期的社会主义运动是另一股促进漫游俱乐部运动的力量。

早期没有特别针对峰区风景保护的法律条款。峰区成为工人阶级采取直接行动争取漫游自由的场所。与之形成对照的是，湖区是议会行动的目标，议会要求保护湖区风景——那里没有松鸡麇聚的石南高

* 《路权法》规定，一条道路只要能确定被公众基于正当权利不间断地使用了20年（不包括由私人许可使用的情况），就视为公用道路。——编注

沼地。湖区由于路程和它所引起的艺术和文学联想而远离工业化的中部。与湖区相关的"最高级"的休闲活动或是一人孤身漫步山间，或是知道如何欣赏风景的游客的览胜之行，与"低级的"和"不得体的"休闲活动有霄壤之别——被剥夺了美学资本，牛饮啤酒的工人从中部那些制造业城镇搭乘火车，跑到湖区做一次当天返回的远足。

一个主要属于中产阶级的神话，一片乡村低地和沃野的"小英格兰"的神话，在20世纪20年代和30年代深入人心（塞缪尔 1989；米勒 1995a）；此时，一个工人阶级的神话也渐成气候：工人在未开垦的高地结下不解之缘。工人阶级前往旷野风景区 138

> 不是为了用诗人之眼梦幻般地凝视自然，而是为了远离工厂的敌对关系，在山区和溪谷中重获友情。
>
> （希尔 1980：15）

工厂所奉行的时间—空间纪律是漫游自由的对立面。漫游活动家视漫游的自由为某种程度上的基本公民权，盎格鲁—撒克逊习惯权利的再确认："通行无阻地"进入敞地。这里的分析无意贬低制造业严峻的现实，也无意贬低离开吵闹、肮脏的时空管制而逃向沼泽和山地的快乐，只有风声的寂静世界和一起漫游的友谊。这里只是意在捕捉到一种同样回顾过去、蕴涵着怀旧情调的框架性神话，说明在什么背景下诺曼征服历史深处的东西有时仍然会复活。

休闲或远足徒步逐渐发展成两种截然不同、具有阶级取向的休闲实践，引发了具有阶级取向的保护运动。不准工人进入松鸡沼地——这一现实特别推动了保护古老的通行权及公用地使用权运动，而改革家和学术精英们则把关注点放在湖区，他们把湖区当作陶冶精神之地。因而促成了全国范围内的风景保护运动，这正是下一章将要探讨的内容。 139

注 释

1 冯·毛雷尔(Von Maurer, 1790—1872)是德国法学家和历史学家，其研究重点是作为早期德国社会单位的马克(Mark); 弗雷德里克·西博姆(Frederic Seebohm, 1833—1912)是英国乡村农业和经济历史学家。亨利·梅因爵士(Sir Henry Maine, 1822—1888)撰写的比较历史法学著作如《古代法律》(1861)，对现代英国社会人类学颇具影响。通过对习俗和法律的发展过程的研究，他发现在这一过程中，"欧洲个人所有制的现代模式是由扩大领导者的权力、牺牲乡村共同体的公用地发展而来的"(斯托京 1987: 126)。尽管视角不同，正是习俗与法律的讨论与进入风景的问题息息相关。

2 到了14世纪，人们穿越乡村旅行时需要出示官方的"通行函"，而学生(被认为是乞丐之流)如果被发现在乡村漫游，可能会有牢狱之灾。普通旅行者，特别是步行者被看成形迹可疑，是可能的犯罪分子，而独自在乡村行走的女子还要加上性"游荡"的嫌疑。即使朝圣者也需要当局的信件，而仆人或劳工离开教区时需要携带证件，表明他们可以"自由地"到别处找工作(华莱士 1993; 威廉斯 1973)。

3 掘地派(Diggers)一词指一宗教支派，他们要求开垦公用地上的荒地，"使得本属于公众的土地归还给个人"(希尔 1992: 144)。平等派(Levellers)一词源于反圈地的暴动分子，他们要拆除或"铲平"圈地的围篱(汤普森 1966)。

4 制造业城镇的爆炸般发展部分依赖于早期奴隶贸易的资本积累。"在1701年至1810年间，英格兰从西非输入了200万个奴隶，其中三分之二是由奴隶贸易三巨头装船运输的。"(沃尔夫 1982: 198)取决于谁在进行该贸易，奴隶与用来"购买"奴隶的货物的价值比从4∶1到6∶1。1620年和1807年间，据估计奴隶贸易的盈利大约是1200万英镑，"也许其中半数都是在1750年至1790年间积累起来的"(克拉顿 1974; 转引自沃尔夫 1982: 198)。一个英国重商主义者在为奴隶贸易辩护时写道："它是一切原则的原则，一切基础的基础，是驱动每个轮子运转的机器的主发条。"(波斯尔思韦特，原引文见于克拉顿 1974: 120; 转引自沃尔夫 1982: 198)通过商人和银行家(如霍尔家族，见第一章，第27页)几代人的资本积累，奴隶贸易帮助英格兰走上了工业化道路。在商业资本主义制度内积累的财富给工业资本主义发展提供了必需的启动资金。

到18世纪中期，利物浦由于邻近工业化的中部地区，取代了布里斯托尔，成为英国主要的奴隶贸易港口(沃尔夫 1982)。的确，伯明翰"因其棉纺工业，不仅成为三角贸易的有机组成部分，而且成为运往非洲的枪械的制造中心"(鲍姆 1994: 43)。难怪，柯勒律治在那儿宣扬反奴隶制时会受到冷遇。"白港"(Whitehaven，这个地名完全是个讽刺)成为专对牙买加的贸易港，而从牙买加每年输出四船奴隶。同时，经由这个坎伯兰郡港口之一，从国外运来的黑孩子被悄悄地运到湖区(鲍姆 1994)。这个港口也是英格兰最繁华的煤运港口之一。一些家族如劳瑟家族同时经营这两种贸易。

5　英国社会历史学界近期的争论涉及到“语言学转向”（乔伊斯 1994；帕姆 1990；斯特德曼·琼斯 1997；弗农 1994）。这一转向远离“‘主导性的社会关系’之类前话语范围的‘经验’而形成的正统思想史”（弗农 1994: 84），转向关注人们如何通过所知的文化叙事而生成意义，如“进步”或“自由”。在语言学转向的范畴里，社会（包括阶级的概念）是一个话语性的建构，而非生产模式的物质性结果。

6　虽然普雷斯顿这类城镇具有远见——普雷斯顿在1834年封闭了沼泽地却仍保留了公众的进入权（坎宁安 1980），但是旨在为工人阶级家庭提供可以进行“理性”娱乐的公共空间的公园运动，却赶不上城市敞地的消失速度。奥克塔维娅·希尔，风景保护运动的主要人物，也是城市住房改革的领导人物，她把休闲空间的需求列入住房改革计划之中。到了19世纪70年代，开放给伦敦贫穷工人的空间极度匮乏，这一问题导致城市的一些墓地的墓碑被清除，空出来的地面上布置上了花坛、草坪和人行道。为了争取更多清理墓地的资助，获得更多的敞地，她描述了居瑞巷周边地区的生存环境，她的描述其实就是华兹华斯的《怪物议会》和布莱克笔下那些痛苦面容的散文表达（希尔 1877：108）。对伦敦的一些贫穷工人而言，死后入土为安是一种不可得到的奢侈。

7　在1857年，共有五百多份要求实行政治改革的请愿书，组织者说有100万人签名，在伦敦由“毛毯抗议者”提交给摄政王。请愿活动由曼彻斯特织布工开始，毛毯抗议者（blanketeers，之所以这么称呼是因为他们背上披着毛毯）计划穿越中部地区，沿途不断接纳那些不满现状的激进工人。12000名壮士组成的“公民军队”离开曼彻斯特不久就被武装部队解散（爱浦斯坦 1994；汤普森 1966）。

在1906年，207名失业者由贾罗出发步行300英里到伦敦，向议会递交一份11572人签名的请愿书。像毛毯抗议者一样，他们把垫毯卷起来缠在身上，因为途中也要在野外露宿。他们希望已在贾罗持续了15年之久的近75%的失业率能有所下降。最后在海德公园举行了一次集会，沿途收集到9万人签名的请愿书一起呈递给议会（皮卡德 1982）。伦敦20世纪后期的游行包括80年代末期的人头税游行及1998年10万人抗议禁止狩猎提案的游行。这两次游行都以海德公园集会和向议会提交请愿书结尾。

8　本世纪末，“对更具公开挑衅性的工人阶级斗争形式的恐惧在中产阶级中被放大”，这一现实促使自愿性质的军事化休闲机构的成立。在严格的中产阶级的领导下，工人阶级的男孩和青少年接受额外的军事训练。基督少年军在那时甚至被称为“少年公民军队”（斯普林霍尔 1977：14—17）。

9　聚会的一个目的是请愿废除1815年的《谷物法》及其修正案（1846年最终取缔）。谷物法禁止进口国外小麦，直到英国小麦价格涨到80先令1夸特（8蒲式耳）。按着那个时代人的看法（柯贝特 1830、《1836年农业萧条委员会报告》、《1846年济贫法专员特别助理的农业领域妇女和儿童雇佣问题报告》；转引自伯内特 1979），谷物价格居高不下，底层阶级吃不起面包，只能退回到吃土豆的膳食水平，以尽可能低的工资苟活着。土豆成为退化的象征，令人想到爱尔兰人悲惨的生活状况（汤普森 1966）。

10 亨斯莱特沼泽是1877年举行的一个相同规模的抗议活动所在地，抗议在沼泽地修建铁路的计划。该抗议活动由约翰·德·摩根领导，他是一位致力于保护公用地的活动家。他所领导的"激进的民粹主义运动，植根于一种把宪章派时代与新兴的社会主义解决方案连接起来的传统"（泰勒 1997：134）。

11 1788年，英国驻澳大利亚舰队舰长将悉尼海湾附近发现的高岭土（白黏土）送了一些给约瑟夫·班克斯爵士，后者是英国皇家学会会长（惠瑟莱尔和卡尔—格莱戈 1990）。班克斯又把白黏土送给他的朋友约西安·韦奇伍德。韦奇伍德用黏土塑捏了一个圆章，上面饰有希腊人物，刻着铭文"在和平的影响下希望之光促进艺术和劳动"。这个物质象征代表艺术、科学和商业在机构上联合起来，更好地促进了英国工业资本主义的发展，它与彼得卢圆章完全对立。当这两个圆章与反奴隶制的圆章并置在一起时，就能很清楚地看出商业和工业资本主义对国外奴隶制和国内工资奴隶制所起到的支撑性作用。的确，透过这两种资本主义分化社会的方式，人们可以看出澳大利亚囚犯殖民地的究竟，殖民地接受被判流放的工人阶级激进分子，不管他们是雅各宾派自由党人，还是捣毁机器的织布工，还是组织工会的农业工人，或是偷猎者（阿彻 1989；爱浦斯坦 1994；海伊 1975；汤普森 1966）。正是在巡查澳大利亚第一个英国人定居点时，发现了用于塑捏"希望"圆章的白黏土。

12 灯心草仪式是格拉斯米尔教堂吸引游客的一个看点，华兹华斯就安葬于此。在行进的乐队带领下，孩子们手持灯心草和鲜花装饰的篮子和十字架，参加仪式的人们穿街走巷游行，到处是扶老携幼的家庭、朋友和游客，他们目睹盛况，拍照留念。感谢自然的美丽和富裕的礼拜在装饰着鲜花、撒满灯心草的教堂举行。

13 卢伯克实际上只购买了废墟的一部分（马隆 1989）。在数易其主后，埃夫伯里最终聚拢为一份地产，1943年捐赠给国民托管组织，当时公众呼吁募集资金由托管组织保护这块地产。

14 巨石阵有争议的政治性风景详见本德尔 1993。

15 150年之后，峰区和北方人行道协会（吸纳了成立于19世纪90年代的曼彻斯特古人行道保护协会）仍然在反对关闭弗里克斯顿人行道。

16 奥海姆外的公用沼泽地"消失于8个棉纺厂和236栋房子之下"（里德 1991：17）。在城镇里，甚至"环绕着花园的高高栅栏都用木板封住，为了防止卑贱的工人享受到园内的绿意或芳香”（坎宁安 1980：82—83；转引自泰勒 1841）。

17 圣神降临周徒步活动在降临周期间举行，通常是复活节后的第7个星期日开始。

18 瑟米尔是一个大型土木工程项目的所在地，该工程将湖泊改造成一个巨大的水库，通过跨越乡村的输水管道把水输送到曼彻斯特。有关这一工程的争议在下一章探讨。

19 仿佛是与大批量生产初期相称的规模经济效益，参加远足的儿童和成年人的数量相当可观。配置了多个引擎的火车能够拉动57节车厢，火车的运载量说明了“在1842年9月，2364名主日学校的学员和老师离开本城去远足”，“3000名儿童在1846年从伯明翰旅行到切尔滕纳姆；那一年还有接近这个数目的孩子从麦克尔斯菲尔德抵达斯托克波特……1846年不少于6125人的父母、孩子和老师乘坐火车从诺里奇来到雅茅斯……还有5000名工人阶级的子弟和3000名观景人前往海边……”（沃尔文 1978：19，50—52）。

20 感谢格里·博斯韦尔给我这一启示。

21 直到20世纪30年代，在一些假日徒步中心周日还不允许打牌。成员们开始质疑纸牌游戏与中心许可的网球类运动到底有什么不同（《同志之谊》第24期，1933年5月，“书信”，4：15）。

22 狩猎法被指责为违宪性的压迫。猎物资产一定程度上是根据100镑的年进项（获之于具有永久产权的地产）推算的——许多富裕的农场主都达不到这一条。有些种类的猎物只属于其“拥有者”，即使猎物误入他人土地；一些狩猎权完全与土地所有权没有关系，即使猎物在他人土地上生活和繁衍，依然可以行使狩猎权。的确，常常是狩猎权比选举权更排他，狩猎权凌驾在公众的公用地使用权之上（海伊 1975）。

23 1797年夏季，当多萝茜·华兹华斯和威廉·华兹华斯与柯勒律治一起沿着萨默塞特海边徒步时，他们被怀疑是法国革命同情者，为入侵英国进行间谍活动（鲍姆 1994）。

24 19世纪初期引进，赶猎是由猎人助手赶出猎物，驱使它跑向成排猎枪那边。

25 铁路网在英国增长迅速：1835年铁轨长达417英里，1845年增到3277英里，到1850年增至13411英里，1885年则达到30843英里（沃尔夫 1978）。远距离旅行当时比较复杂，因为时间是一个相当本地化的事情。各地乡村时间的不同造成铁路公司时间表的混乱。1880年议会最后通过法案使英国时间标准化（罗宾斯 1988）。在这些久已废弃的铁路线还存在的地方，路基和被弃用的铁轨成为野花缤纷的生态乐园，到处是蝴蝶和昆虫。正如在美国，伴随“从铁道到小道”运动的推进，一些被遗弃的铁路路基已经改为人行道和自行车道。例如，峰区的蒂辛顿路正是以前的阿什本—巴克斯顿铁路线。从蒂辛顿路上看到的景色非常壮观，因为铁路并未破坏风景的整体感，而是架设在高高的路基上，可以慢慢欣赏城际铁路沿途那种英国乡村“一等美景”。

26 沃德的相关兴趣是城市“幼童的死亡，对纯牛奶的需求和儿童牛奶仓储的需求”（普里恩 1976：69），就这个话题他发表了许多文章。不久铁路系统就会满足这类需求，但也正是铁路为造成城市悲惨现状的制度提供了支持。

27 一些机构如CHA把活动与礼拜结合起来，以此解决周日漫游问题。青年基督教协会—曼彻斯特漫游俱乐部组织进行70英里的徒步，周六下午开始，周日黄昏结束，而隶属于苏格兰YMCA的长老会俱乐部只在周六下午漫游（希尔 1980）。

28 徒步者仍然被看成是松鸡的威胁。一份为漫游者协会准备的报告（沃森 1991）直接批评了一份峰区联合规划委员会的报告，后者认为休闲活动侵扰了野生动物。有些科学文章也谈到徒步者在乡村的休闲活动影响了鸟类，在一篇评论这类作品的文章中，作者驳斥徒步者侵扰了红松鸡的繁育这一观点，认为这是转移公众视线的伎俩（菲利普斯 1987；转引自西达威 1990：16）。

五

进入湖区

……不列颠身份的景色本质……具有深刻的英国特征。没有哪个地方像英国这样，风景就是遗产；也没有哪个地方这个词不仅指涉景色和景观类型，而且具有本质性的民族美德的意义。

（罗温萨 1994：20）

引 言

在湖畔诗人，特别是华兹华斯的影响下，一种新型的、前所未有的价值理念与湖区联系在一起，并伴随着18世纪画境游的盛行不断增值。知识分子精英之所以看重湖区的美学价值，是因为湖区不同于而且远离新兴的城市密集化。基于这些原因，湖区受到大力保护，不让它受到工业的入侵和工人阶级的干扰。华兹华斯宣称湖区是“一种国家财产”，这一说法说明当时风雷激荡的现状，一边是风景、国家和公民，另一边是私有财产——针对双边关系的理解造成了争议的涡流。休闲和阶级的争论归并到这样一个议题：风景是否具有国家的维度？这一维度在议会政治中得到表达，引起辩论，最终促使第一次立法：在二次世界大战爆发前不久颁布了山区进入权法案。

定　位

湖区位于英格兰西北高地，是一片大致呈环形的穹隆地区，直径30
147 多英里，其中有180座山峰。880平方英里的湖区国家公园实际上与地理意义的湖区一样大小。这个中央穹隆的结构演变是一个褶皱、隆起和侵蚀的过程。火山活动（在5亿年前的奥陶纪时期），冰川作用（2.5亿年前的更新世时期），地面隆起（大约3500万年前的第三纪中期）及风化产生了一种别致的景貌：荒芜裸露的悬崖峭壁、圆形山谷（山壁陡峭的碗状岩石盆地，由冰川运动冲刷而成）、险峻的刀岭（陡峭的岩石山脊，往往环绕一个山谷或在两个山谷之间形成绝顶）、冰斗湖（经常但不全是见于谷底，湖水即使在夏天也是冰冷刺骨）、深不见底的马蹄形山谷（斯蒂芬森 1990；特鲁曼 1971）。湖区裸露在外的最古老的岩石是奥陶纪时期的斯基多板岩。在急流飞瀑的冲刷下，山脊和山谷呈辐射状散开，犹如车轮的轮辐。

不同于峰区，湖区是酸性的高地沼泽和石南荒原，没有被用来大规模繁育松鸡。湖区国家公园跨了几个古老的郡县：坎伯兰郡、威斯特摩兰郡和北兰开夏郡。1974年当地政府改组，又增加了一个新郡——坎布里亚郡，湖区国家公园现在就在新郡里面。

土豆和煤

在湖区，随着中产阶级旅游业的发展而兴建了旅馆、公寓、周末休养所和乡村住宅。对当地的文学艺术圈人士而言，这些入侵使人心烦，还不至于烦不堪言。但随着铁路的延伸，人们从中部城镇可以轻易抵达湖区，于是平衡被打破。华兹华斯对此表达了道德上的愤怒，但作用甚微，因为铁路在经济扩张中起着重要作用（马歇尔和沃尔顿 1981；沃尔文 1978)。赫伯特 · 斯宾塞在《爱丁堡评论》上发表的文章结集重印，以“铁路道德与铁路政治”为题，用“所有权契约的误释”来陈述他对契约法的看法(斯宾塞 1855)，铁路公司正是按照这种契约运作的。在此，有必要充分引用斯宾塞关于铁路股东、议会议员和土地主之间的联动关系的描述，因为湖区抗议铁路扩张的行动正是在这种背景下发生的： 148

> 庄园主一度是铁路公司的最大障碍，近些年却成为主要推动者。起初，利物浦—曼彻斯特铁路因地产主的抗议而搁浅，后来第二次提案却获得通过，也是因为它明令铁路远离所有豪宅并避开猎物保留地。一个贵族委员会压根儿不看任何论据，就否决了伦敦—伯明翰公司的项目。见势不妙，公司不得不安抚对手，将地产的估值从25万英镑提高到75万英镑……然而自那以后，政策发生显著变化……当知道铁路公司通常会支付“土地和赔偿”费用，每英里4千英镑到8千英镑……当……优先股及类似股份被准许用来收买反对方时，当铁路拉动地产迅速升值成为不争的事实时，毫不奇怪，乡绅会成为铁路的积极支持者，尽管他们曾经是这些项目计划不共戴天的仇敌……[而且]在1845年，有157个议员的名字出现在新[铁路]公司的登记簿上，各人所持的财产份额，最高的有29.1万英镑之多。
>
> (斯宾塞 1855：12—14)

不同于华兹华斯，政治经济学家哈丽特 · 马蒂诺(1802—1876)对于铁路把工人带到山区乡村的运输潜力热情有加。正像华兹华斯一家一样，她也居住在湖区，而且“宣讲”湖区清新的空气和开阔天地能使所有禁锢在嘈杂肮脏的工厂和城镇的人们都受益。她也将铁路当作把新观念带进她认为是落后的湖区社会的一种方式。在湖区，一些有名望的自耕农对农业科学几无认识，也无多少技术。贫穷悲惨之处不亚于遥远的城镇中看到的情况。

马蒂诺是一位颇受欢迎的作家，[1]她用浅易的文字写了一本湖区指南（1855）。指南提供了平价酒馆和住所的信息，还附有全景图插页，标出山峰和山脊名称。正文前后的衬页刊有湖区周边豪华旅馆的广告，列举了最近入住的那些名声显赫的欧洲贵族，还刊登了吸引中产阶级的旅馆广告。[2]

在山地和环湖徒步成为方兴未艾的中产阶级时尚时，关于公用
150 道路和人行道权利的争论应运而生。这场争论导致凯西克地区保护协会于1856年创立。抗议引起了很大的关注：多达500人参加了某次抗议活动，而另一次抗议活动则有2000人参加（《曼彻斯特卫报》1887；转引自希尔 1981：41）。即使记忆有些出入（《曼彻斯特卫报》刊登的信是在回忆1857年发生的抗议事件），但显而易见，的确有许多徒步者（无论是来自湖区内还是湖区外）参加了抗议关闭人行道的集会。[3]

19世纪70年代，当进一步把铁路延伸进湖区的议案提出后，人们害怕铁路除了可能增加一些工业家的消夏住宅外，还会使中部城镇的工人潮水般涌向湖区——毕竟火车旅行既便宜又快捷。法国农民曾被比喻成麻袋里的土豆（马克思［1852］1972：123—124）。来湖区一日游的英国工业无产者被告诫省下钱来就在自个儿家附近度假，不要外出旅行去受那个罪："犹如煤块一样从麻袋里"被倾倒在凯西克和温德米尔，被铁路"卸煤一般从一站卸到另一站"（罗斯金 1876：5—8）。

他们被想象成无生命的物体，当然与那些受过教育独自登山漫游的人有云泥之别。预料中的愚蠢游客反衬出"英格兰……边界地区的农民……在他们身上力量和美德依然存在，代表了遭受机械和商业败坏之前的英格兰的身体和灵魂"（罗斯金 1876：5）。公正地说，这种责难针对的是势头迅猛的大众旅游业。25年前，一次只能运送几千人到

湖区某个小镇做便宜的远足，现在一放假，数以万计的游客蜂拥而至（沃尔文 1978）。

更使湖区保护者怒不可遏的是开矿和采石这类大煞风景的破坏活动和威胁。在早期的导游指南里，原始工业的煤矿和采石场要么被视而不见，要么被当作如画风景的构成元素。对于四处铺开的铁路工程来说，开矿和采石是补偿工程造价的必要手段，这规模就大不相同了。对铁路和煤矿利益的抵制在道德美学层面和经济层面进行。随着对这类工程的抗议开始采取有组织的形式，华兹华斯的早期论点被用于环境之战。铁路反对者一度被指控鼓吹"一种自己的'美学圈地议案'，该议案为了……那些有品味的人的利益，将给崎岖壮观的斯基多板岩圈上栅栏"（《威斯特摩兰公报》1876；转引自马歇尔和沃尔 151
顿 1981：208）。

建造水库可以缓解工业城市供水短缺问题，但对湖区则构成另一个可怕的威胁。瑟米尔湖（常在湖畔派诗歌中出现）被曼彻斯特公司选做水库坝址。该项目在议会提出，反对者在1877年联合起来组建了瑟米尔保护协会（TDA）。由当地名人发起，如罗伯特·萨默维尔（湖区的一个出版家）、约翰·哈沃德（格拉斯米尔的一个地主）和卡里斯勒主教，协会得到了学术界、土地贵族的支持，还赢得了闻名全国的公众人物如罗斯金和卡莱尔以及公用地协会的拥护。

在第二次宣读提案时，科克茅斯（华兹华斯湖区出生地）的议员艾萨克·弗莱彻发言表示支持，反讽的是，他提出该项目能保护瑟米尔风景区。[4]他说该公司获取瑟米尔蓄水区域这

> 1万或1.2万英亩坎伯兰最美丽的部分，[将会保护该地区]免受那些审美绅士们的入侵，他们跑到那里浏览风景，在美丽的湖畔建造哥特式别墅。
>
> （弗莱彻 1878；转引自马歇尔和沃尔顿 1981：211）

迫于水库反对者的压力，特别是自由党议员威廉·爱德华·福斯特的压力（他在1870年提交的《基本教育法案》对于义务教育制度至关重要），保护这片风景区成为公众或全国范围的呼声。结果，议会专门成立了一个专责委员会而非通常意义的特别委员会，对瑟米尔工程进行调查。所有的利益方都需提出证据，而不仅仅是那些直接受影响的有产者（马歇尔和沃尔顿 1981）。水库反对者失败，瑟米尔湖被排干、扩大，改建成水库。

漫游瑟米尔的人备受阻挠，公司禁止库区的雇员和租户“给游客提供隔夜住宿，提供点心和饮料”（希尔 1980：39）。审美绅士不得进入瑟米尔，直到1989年（没错，是1989年，而不是1889），公众与瑟米尔景区缘悭一面。直到1989年，现代的水处理设施才允许开辟湖边人行道
152 以供公众使用（威尔什1989）。但是，曼彻斯特水务公司的针叶树人工造林计划（当然对湖区风景又是一种威胁）已经营造出了大片阴郁的树林，缺乏林下植被，毫无吸引力。

1879年瑟米尔法案的争论中专责委员会的地位，也为后来其他议题的辩论开了先例。围绕瑟米尔一案进行的斗争也说明了这样一个事实，即专为保护瑟米尔成立的委员会不足以阻止私人利益集团在议会获胜。保卫具有民族重要价值的财产需要全民族的声音。1883年年初，修建穿越德文特湖南面霍尼斯特隘口的铁路干线的动议就召唤出了全民族的声音。按计划，这条铁路将成为当地采石业的专用线，但也会带来另一种可能：游客藉此可以走进本来与世隔绝的山地深处。

反对者在全国性和地方性报纸上发表看法，认为这一计划是对“民族神殿一次不必要的毁灭”。为此组织了全国性的请愿活动，呼吁保护这一地区的风景，请愿者把它描述成“在大城市时代自然本身的英国大学”（马歇尔和沃尔顿 1981：214—215）。提案人撤回了他们的动议。1883年夏季又有一条提案被提了出来：建造一条通到伊纳达尔湖源头的铁路。在第二次宣读时勉强得到通过，递交给委员会，由于瑟

米尔的先例，这一提案也循例递交给一个特别委员会，就在这个时候，铁路提案人将它撤回了。文化精英们通过他们的修辞手段——即把伊纳达尔湖的文学和绘画关联提升到民族性价值的高度，而大获成功，保住了湖区这片风景；此时，当地的企业家却在力陈湖区的商业前景。[5]

当地名人的核心团体开会商议了好一阵，最后在1883年组建了湖区保护协会（LDDS）。这一组织堪称政治诗学或诗歌政治的范例，成员主要由全国性的华兹华斯学会会员组成。这将近六百人大都居住在湖区之外的地区，来自法律、政治和学术圈，由此可见这片原本蛮荒之地的风景区的民族性和典雅化特性（马歇尔和沃尔顿 1981）。[6]

社会改革家、学会人物和风景保护者所属的团体互动呼应，形成保护湖区的合力。有一些人非常激进，挑战私有财产和土地主神圣不可侵犯的观念（洛厄 1989，塞缪尔 1994）。激进派的思想领袖是哈德维克·罗恩斯利、约翰·罗斯金、奥克塔维娅·希尔和罗伯特·亨特尔。卡农·罗恩斯利，克罗斯维特的牧师，是LDDS 在当地的组织者之一。迁居湖区之前，他在布里斯托尔和伦敦的贫民窟任教区牧师，在那儿经 153
由奥克塔维娅·希尔的导师约翰·罗斯金引见而认识了希尔。此时的希尔正热衷于住房改革和英国军校学员运动，她也是公用地、敞地和人行道保护协会（公用地协会）的重要成员，她曾引导协会为保留瑟米尔风景而辩护，但未能成功。

罗伯特·亨特尔与约翰·斯图亚特·穆勒一起为保卫公用地而工作，与政治经济学家亨利·福赛特一道为政府改革而努力，福赛特也是公用地协会成员。亨特尔曾经策划过各种措施（前一章已经讨论）防止新的誊本地产的产生——根据誊本地产保有权，土地主可以将庄园的公用地划为己有，用于发展房地产。当时，LDDS 正在抵抗铁路的入侵，而罗恩斯利正领导着协会的一个分部，努力使进入权问题成为协会常规议程的一部分；亨特尔领导的公用地协会则试图争取（公众）进入伦敦伊平森林的权利。1895年，亨特尔、罗恩斯利和希尔创建全国历史古迹和自然美景托管协会(国民托管组织)。

(风景)保护哲学的内在冲突很快凸显出来。随着越来越多的游客涌入俨然已成文化价值之象征的湖区,通向湖区和环湖的道路已经不堪重负。那些曾经支持LDDS的土地主把便道给封闭了。过去是保护湖区免受诸如开矿、铁路或水库的外来威胁,现在则要保护湖区免受那些对湖区"爱得要死"的游客、别墅建造者和随之而来的服务业的侵扰。这种状况持续到现在,湖区依然无法摆脱它早就陷于其中的现代困境。重要的是

> 就是在湖区出现了最早的论战,挑战有产者随心所欲开发自己的土地的权利……湖区不仅成为重要的旅游中心,也成为新观念的温床——孕育人、地产、道德和环境之间的合度关系。
>
> (马歇尔和沃尔顿 1981: 219)

国家的维度

正是在这种背景之下,国家公园的概念得以形成。然而,谁构成
154 "国家"? 1867年第二次改革法案扩大了选举权,选民几乎翻番。城镇和大城市的许多工人获得了选举权,然而农业劳动者和矿工仍然被排除在外,直到1884年第三次改革法案增加了200万乡村选民。到那时为止,甚至在那个时候,具有国家意义的风景观还在矛盾中蹒跚:进入风景区还是阶级区分的方式。

在前几章我们已经探讨了英国乡村别墅里丰富的艺术收藏品如何帮助改造大庄园的风景,庄园本身成为艺术品,一个(自然)风景的国家画廊。到19世纪30年代,公众开始讨论起艺术品。艺术品是否最好收藏在英国乡村别墅里,成为统治这个国家的精英们的镇宅之宝?这些艺术品是否应该列入国家收藏,以使人人有权接近和欣赏?博物

馆是否应该只为“安静、严肃而孤独的观众”服务(赫尔辛格 1994：128)？——听起来使人想到那些精英,他们漫游湖区,独享美景。

1860年,罗斯金向议会的国家博物馆委员会陈述了自己的观点。他建议另建一种博物馆系统,专门为工人阶级服务,博物馆只配备起码的管理人员,以使工人能自由自在地带着妻儿前往“他们的”博物馆。[7]博物馆给工人阶级展出有价值的作品,至于最珍贵的艺术品(国家珍宝)则不要拿出来。这样,“阶级差别将制度化,成为一种满足全体国民有差别的观赏需要的恰当方式”(赫尔辛格 1994：129—130)。全民性的观看不会产生全民性的观赏者。观赏者因阶级、性别和宗教的不同而类聚或群分,美学民族主义赖以汲取的资源就是英国乡村别墅的居住者。介入审美生活并非与工人阶级无缘(远不是这样),但是要在恰当的空间进行。

罗斯金强烈谴责品味受质疑的大众来到湖区,他的根据也是分寸的问题：知道自己属于什么地方,不要到处跑来跑去的。当谈到湖区问题,罗斯金气势咄咄地质问支持扩延铁路的改革者：

> 你们为工人酗酒的费用大惊失色,除了震惊,你们就不能教教他们从一年的工资中存下足够的钱,去租辆马车游玩一天,带上太太和小宝宝,驾车20英里,就到了令人愉快的野外,随心停车,在青苔如茵的堤岸上打开野餐篮子？如果他们觉得此处无景可赏,那么到了别的地方他们也找不到可赏之景；你们铁路公司能为他 155
> 们做的就是在格拉斯米尔周边开设酒馆和九柱游戏场,而他们很快就会给这些地方留下一堆垃圾,岸边到处是破碎的姜汁啤酒瓶。他们的心灵并没有因面对湖区美景冥思而有所改善,这跟到黑泽*

* Blackpool,英格兰西北部的一个海滨城市,是当时工人阶级的著名度假去处。——编注

没有什么两样。

（罗斯金 1876：5—6）

最好让工人去欣赏他们熟悉的家门口的风景，而不是旅行到远方——那里的风景他们既不认识又不能融入（风景犹如博物馆，是有阶级定位的）。在此，罗斯金只是重申了华兹华斯早期反对铁路入侵湖区的论点。引起争议的不是参与观赏国家珍藏的行为——不管观赏的是物品还是风景，而是阶级的资格。为工人阶级进入博物馆或湖区的精华部分提供方便就是纵容“非分之事”（道格拉斯 1966）。

初看起来绝对矛盾的是，风景是“在罗斯金想象中，让所有国民可以融为一体的唯一一种观赏空间”，因为它而且只有它“为所有英国国民提供了共同的美学基础”（赫尔辛格 1994：139）。然而（一个巨大的“然而”），共同基础的前提是已经教育工人阶级不去触摸而是凝视风景。教育眼睛去正确观看的过程是通过绘画实践获得的，这样工人阶级就会成为透视性凝视的积极实践者。赤裸裸的阶级区分既非在英国外省博物馆和国家博物馆发起，也非在观赏自然风景的方式中付诸实施。因为在英国这样著名的由阶级结构组成的社会，几乎没有这样做的必要。

湖区风景的保护遵循华兹华斯的理念，即风景是“一种国家财产”。但是，随着土地市场的日趋扩大，当土地被拿来出售时，人们意识到土地是和拥有捐赠艺术品而使之成为无价之宝的国家美术馆不一样的，尚无法定机构能保证土地永久撤出流通领域。尽管国民托管组织在1895年成立，直到1907年议会才立案承认它是一个法定机构，有权永远持有土地。在今天看来，国民托管组织可以说是推进了罗斯金的目标：形成正确的赏景方式并帮助形成民族美学，这种美学“把英国风
156 景定位为民族性赏景的定义性空间”（赫尔辛格 1994：126）。

在英国乡间进行的大规模的风景再造运动，迫使农业工人流离失

所，这一切加剧了业已存在的阶级对抗。具有讽刺意味的是，因为保护大庄园和居住在庄园之内的那些终生租户，国民托管组织现在可以被描述成一个给潦倒的乡绅们提供救济的庞大体系。自成立以来，托管组织表现的主流文化被贪婪消费，这是一种抹去了其产生条件的文化。意义和实际体验脱钩，而“在此过程中，一系列源自‘我们的’传统的共同设想和选择……出现，尽管存在差别”（罗斯伯里 1989：45）。仅仅在不久前，青年国民托管剧院在托管组织拥有的地产里上演戏剧，演示了另一半人的生活方式。其中一出名为《鲜花与奴隶》，描写了宪章运动人士和他们住在别墅里的工厂老板们（特纳 1996）。

1870年，在他的剑桥任职演讲里，罗斯金将英国风景视为对美好往昔那种本地的、神圣的、慢节奏的沉积的纪念。面对那些将成为帝国总督的受过教育的精英，他如是描述风景：

> 只能被高雅之士欣赏；而且只有通过音乐、文学和绘画才能欣赏……一个孩子，出生于有教养的种族，对美具有内在的直觉，而这种直觉源于他出生前几百年间反复实践的艺术。
>
> （罗斯金 1870；转引自赫尔辛格 1994：139）

实际上，是前一个多世纪的如画风景美学实践创造出了罗斯金挚爱的湖区。

同时，罗斯金还将英国的民族风景扩展到未来和异国海岸。他敦促国家“开拓殖民地，能有多快就多快，能有多远就多远……抓住每一片她能踏足其上的硕果累累的荒野”（罗斯金 1870；转引自赫尔辛格 1994：139）。“硕果累累的荒野”这一表达立即使我们想到土地改良和科学耕种的说辞——其前提就是将原住民驱逐出去和消灭一种生活方式。至于“抓住……荒野”则是以透视性凝视的政治模式说话。

英国风景和异国风景之间这种话语关联表达了大英帝国意义层

面的英国民族主义，也为英国的风景作为民族性赏景的定义性空间这
157 种理念增加了另一维度。下一章我们将讨论湖区与康堤风景的意义关联，以及如何在塔斯马尼亚岛、澳大利亚和新西兰看到湖区和英国其他地方。这些表面和象征的观景方式体现出政治性和再现性的透视视角的整合，以及英格兰如何依偎在大英帝国的怀抱。

阶级与休闲

非国教派、早期社会主义和工人的教育运动为工人阶级徒步运动提供了“刺激和指南”（泰勒 1997：85）。漫游俱乐部因其领导者的宗教背景、政治思想、阶级成分以及服务对象而各有差别。[8]不是所有的俱乐部都对路权或敞地进入权看法相同。苏格兰凯恩戈姆山俱乐部，1889年成立，旨在鼓励stavaiging（随意漫游）；而苏格兰登山俱乐部，1890年创建，特别撇清自己不介入路权问题。与之对照的是，19世纪90年代组建的利物浦乡下人（The Liverpool Hobnailers），成员是一帮“固执的漫游者，专门到不准进入的地区散步”（希尔 1980：25）。在一个自我完善的思想占据主导地位的时期，休闲漫游与博物学的热情合二为一。因此漫游具有了教育色彩，而经营漫游则纳入了宗教因素。[9]

合作假日协会（CHA）由非国教派牧师托马斯·亚瑟·伦纳德（1864—1948）创建。国教会中没有与之等同的组织，尽管博物学俱乐部的运作始于英国国教会，也经常组织下午或全天漫游。从协会以前未被细察的档案里我们可以发现一个“主要是工人阶级的运动”（CHA 1898年10月8日纪要）如何帮助漫游者观赏风景。

兰开夏郡的科恩公理会教长T.A.伦纳德，为他的教区组织了一个大众化的周六下午漫游俱乐部。[10]在伦纳德的布道里，假日期间“魔鬼的影响不容小觑”（伦纳德 1891，斯匹克 1993：3），他发觉谈论“路边的花朵和华兹华斯”以及自然的“神圣的纯洁”是一剂解毒良药（伦纳

德，n.d.c. 1910）。在1891年6月，他带领30个男性教区居民在湖区进行了为期四天的山地徒步，每个人花费21先令。1893年，268个男女工人 158
前往湖区与伦纳德共享一个徒步假日。后来人数猛增：1894年有673人，1895年有1064人。1894年，伦纳德离开教堂，专职管理CHA。该协会在1897年成为一个法定机构。

1897年，它便宜的徒步假日活动一个星期的费用是30先令，而周末只要13先令。根据它1897年2月27日纪要的记载，此时CHA的“女管理人的周工资是25先令，外加三等车厢的火车票钱（也许是从她们家到CHA的票钱）和洗衣津贴”。同一天的内勤委员会纪要则显示出“女管理人可以让她的任何一个仆人参加漫游……但要考虑该仆人的品行”。仆人们都是女性。两年后，内勤委员会纪要称呼女仆是“助手”。需要指出的是，男性游客被要求帮忙做些厨房体力活和杂务。

CHA假日活动晚上会安排讲座和幻灯片放映。1895年成立的演讲者委员会对于演讲做了规定：

> 具有随意的特点……演讲的绅士就自然科学、历史和文学进行即席演讲，使用当地的实例；……在户外谈话中，每个演讲者需要介绍值得读的书，最好是“国民家庭阅读联合会”（NHRU）通识导读课指定的好书，而且要求NHRU执行委员会在《通识课程杂志》上专辟两页用以刊登（1）假日协会通知；（2）假日演讲谈话涉及到的科学和文学问题的答案；（3）演讲笔记；（4）文学作品推荐……作为回报，[协会]保证追加500个成员加入阅读联合会，或向其支付同等数目的费用。
>
> （CHA 1899年3月24日纪要，116—117）

CHA还与伦敦技术学院达成协议，广告宣传彼此的假日项目。[11] CHA假日活动包括由约翰 · 布朗 · 佩顿（1830—1911）指导下的早祷，佩顿是国民家庭阅读联合会的非国教派教育家[12]。某位马蒂诺博士与他一起工作，确保活动的适当性（CHA 1897年10月23日纪要）。这
159 人很可能是哈丽特·马蒂诺的兄弟，唯一神教派教长詹姆斯·马蒂诺（1805—1900）。哈丽特是工人阶级到湖区度假[13]的坚定支持者。晨祷由假日团队的当地秘书朗读，但这种职责“并非强制性的，如果秘书不愿意自己履行这个职责，他得尽量找个人代替”。团队秘书通常是男性。

根据1899年3月24日CHA纪要的记载，湖区保护协会的科伦·罗恩斯利（后来成为CHA的理事）就他们在惠特比的会所写了一首十四行诗。这首诗没有在纪要中全文保存下来，但结尾诗行在其他地方发表过。第三章讨论过的游吟民族主义涉及一种假想的、前都市时代的人与地方和谐，而这首维多利亚时代的游吟民族主义诗歌充满了工人与他们生活中的地方和谐相处的神奇幻象：

> 劳动的世界——胜过凯德蒙*之华章
> 高贵的音乐在我们英格兰流淌。
> 在这儿，山坡上的希尔达教堂，
> 上帝的竖琴又开始奏响
> 爱情之乐，同情之音。
> 但见工人们来到，接二连三
> 离去时精神满满，带走音乐的甜蜜希望
> 人类兄弟情谊的时光，一曲悠扬。
>
> （罗恩斯利 1897；转引自斯匹克 1993：39）

通过与罗恩斯利这样人士的联系，CHA加大了风景保护的努力。

---

* Caedmon，英国最早的诗人。——编注

例如，1898年执行委员会决定协会要签署一份抗议，阻止建造通往威尔士的贝德格勒特的轻轨铁路，并决定就此事“倡议协会成员与各自选区的议员联系”（CHA 1898年2月19日纪要）。所谓成员即指每一个参加CHA假日活动的人。

假日吸引的人数太多，因此协会决定“成员们组成分队参加活动，每队由自己的负责人维持秩序”。每星期的活动人数限于50人的建议并未得到执行（CHA 1897年10月23日纪要）。许多妇女要求参加CHA假日，协会决定“女性的比例不得超过总人数的2/3，而且为了减少男性 160
成员的登记障碍，……对迟预订者收取的费用从2先令6便士减少到1先令（1897年1月4日和5日纪要）。没有证据显示为什么认为男性会在最后一刻才预订假日活动，而女性总是提前预订——难道因为妇女外出度假要看月经周期，较少随意预订？或许因为妇女更难立刻抽身离开工作？

CHA“新鲜空气基金”对前往格拉斯哥、布拉德福、谢菲尔德、利物浦、利兹和曼彻斯特徒步者每人支付7英镑，前往诺丁汉和奥海姆每人支付4英镑（CHA 1895年12月30日纪要）。CHA自己的穷人假日项目（享受“休息和自由”而非远足的假日）有时只让女性参加。这类资助性质的假日项目一直持续到二战时期，有关报告表明女性构成了游客中的大多数。[14]

CHA假日徒步项目非常成功，漫游俱乐部的数量增加很快，特别是在中部地区。为了与俱乐部保持联系，协会出版了一份小开本的月刊《同志之谊》。月刊包含短篇文章、书评、回忆、协会“乡亲”的出生、死亡和婚姻声明、各中心的照片和免费假日项目一览表、协会官员的主要文章及俱乐部新闻。[15]

尽管参加CHA的假日项目和加入当地CHA俱乐部的女性数目庞大，描述徒步活动的方式和语气却明显是男性的。而且那是一个自我意识不那么强烈的世界，下面关于徒步的段落可以看上去完全没有任何性别含义：

> ……真正热爱大自然的人是从来无法“抵达”的人。随着越来越亲近，他的惊叹变成欢乐，欢乐又转成爱恋。他……感觉越来越有在家的感觉，然而他的追求受到许多无以名状的非智性因素的制约……在吹拂他脸颊上的柔风之后……深深隐藏在……他所攀登的山肩之下的，是许许多多深不可测的问题……然而人……继续沿着“那迷宫一样的真理之幽径”追寻下去，认为［这样做］就会有一天能了解自己。
>
> （《同志之谊》17卷，1914年3月，“芝麻开门”，4：52）

性别问题在《同志之谊》的刊头以不同方式再现。起初，刊头是一条狭窄水平带，由重叠的人字形标志分成三块。最大的中间那块画了一个年轻男士，背着帆布背包，一只手拿着手杖，面对着手拿一小枝橡
161 树叶的年轻女子。男士的视线越过女子，女子则直视着我们。他们的右臂伸向对方，两手紧握成兄弟般“同志”的姿势。他们身后矗立着一棵树，几乎填满画面，两边各有远山、悬崖和大海。左右的两块中各有一棵小橡树苗，其中一棵的根部由书本支撑着，另一棵则环绕着鲜花，花丛中是一个帆布背包，带扣上印有首字母CHA。设计没有署名。

到了1924年，刊头放大，画面也变了。两个年轻男士和一个年轻女子坐在青草茂盛的小山上俯瞰大海，一本书放在女子身旁。另一个女子披着一件斗篷，站在这群人后面，也在眺望着大海。唯一可见的鞋子是步行鞋而不是靴子。在小山丘上有一棵孤零零的松树。背景的一边是群山，另一边是海崖和海滩。在下方，像是给他们休息的地方衬底，是刊物标题《同志之谊》，两侧画着帆布背包和敞开的书本。[16]

到了1932年，全幅的封面替代了窄幅的刊头。前景是一棵巨大的橡树，枝干延伸到海岛之外，中景的一侧是一座衰败的城堡，另一侧是

有着尖塔教堂的村庄。群山构成背景。群鸟从城堡的要塞和村庄飞起，围绕着橡树飞翔。树的上方是弧形的《同志之谊》字样，而树中飘出一个束带，上面写着“合作假日协会杂志”，这些在橡树中部形成了一个心形图案，其中穿插着CHA几个字母。CHA组织的要旨就是融合同志之谊和国家之爱。

在英国历史上橡树一直具有象征意义（托马斯 1983）。前前后后，国王和叛乱者都挪用过橡树的象征，表达不同的政治观点。至于海洋，它在刊头所占空间不断扩大。在1911年版式中它处于次要位置，而在1932年版式中则占据了主要位置，意义显然非常重要，这表达了与CHA政治观念不相符的岛国褊狭状态。CHA是国际联盟的一个成员机构，它从自己下辖的各个分支机构收集签名，提交给1932年2月的日内瓦裁军会议（《同志之谊》第23卷，1931年12月，“世界裁军”，2：5）。它长期通过内刊宣传自己的理念：“CHA的部分工作就是帮助推进国际运动”，为了这个目的，协会呼吁人们学习法语或德语以便在出国旅行时能够与“同伴”交流（《同志之谊》第5卷，1911年9月，“CHA”，1： 162
3）。到1913年，CHA已经有42个假日中心，其中5个在爱尔兰，5个在欧洲大陆（泰勒 1997）。

一战期间，《同志之谊》似乎幸运地摆脱了过激好战的爱国主义的影响，即使它呼吁自己的成员机构接纳比利时难民。[17]杂志刊登了在部队服役的CHA成员的信件，可想而知，也包括对他们在国外行军时所见风景的描述。驻扎在印度的阿尔伯特王子团的一个列兵H.H.格兰杰在写于1914节礼日*的一封信中证实了华兹华斯的观点，即湖区能以某种方式被眼睛领悟，那是雄伟的阿尔卑斯山所不能的。列兵格兰杰的信（部分）这样写道：

---

* Boxing Day，圣诞节的次日，传统上要送礼物给雇员。——编注

> 我们三个……攀上了印度南部最高峰，尼尔格里的多达贝塔山。山峰海拔高达九千英尺……尽管多达贝塔非常高，视野开阔，景色壮丽，我仍然认为它远远不及我们那些低矮得多的山峦气势夺人。这座山呈大约海拔两千英尺高的阶地逐级抬升，阶地之间彼此掩映，使你无法尽情欣赏到山的主峰和它的气势。
>
> （《同志之谊》第14卷，1915年10月，“书信”，1：14）

上层阶级和中产阶级对湖区神话般的想象，部分来自早期山地徒步和攀岩的同好们。他们在写到这些野外活动时，都把自己当成中心人物——尽管世世代代的牧羊人和当地人早已徒步过山地，攀登过岩石。的确，休闲活动历史是基于“新生事物由上层社会发起而逐渐传播到下层社会这一假设”来书写的（坎宁安 1980：10）。早些时候，人们把湖区如画风景与阿尔卑斯山联系起来，后来又通过地貌特征的比照来确认二者的联系——比如莱斯利·史蒂芬斯就求证于冬天或早春的湖区景色，因为这时湖区冰雪覆盖，几近阿尔卑斯的情状。[18] 自19世纪中期以来，颇有难度的攀岩运动已经流行开来，但到了19世纪80年代初，

> 湖区的岩崖和主峰前的拱壁被大多数专业攀岩者系统性地突击。阿尔卑斯山区几乎所有的高峰全被征服，这就意味着登山同好者越来越转向攀岩运动，与单纯而简单的登山活动截然不同。
>
> 163 （里福布尔 1977：249）

这样，登山家开发出湖区一些著名的岩峰。攀岩者拍摄的照片被制成明信片和幻灯，当作攀岩书籍的插图，从而使湖区更加出名（克雷格 1992；里福布尔 1977；米尔纳 1986）。

在帝国和开发时期，湖区的攀登活动满足了“竭尽体力极限的欲

望……这[给人以]征服的快乐，而不会给被征服的对象带来不幸”（科卢克 1900；转引自米尔纳 1986：109）。由于越来越多的人想登山，一个新的登山俱乐部在1898年成立，和阿尔卑斯俱乐部一样，这个登山俱乐部也只接受有专业和大学背景的会员。1907年，英国湖区山地和攀岩俱乐部成立，会员资格放宽，接受工人阶级入会，他们可以骑自行车从附近城镇赶到湖区参加活动。与阿尔卑斯俱乐部不同的是，这个俱乐部接纳“女士”，她们不仅具备入会资格而且还有优惠折扣。

在一次关于湖区山地徒步和攀岩的讲解中，阶级问题跳了出来——讲解是1984年维多利亚和艾伯特博物馆举办的专题讨论会的一部分。这个讨论会与题为“发现湖区”（默多克 1984）的展览合办，期间正在酝酿湖区国家公园入选世界遗产的事宜（提名后来遭到否决）。[19]正如讲解中的例子所显示那样，阶级、自上而下传播、命名和言论压制交织在一起。

> 沃特·帕里·哈思科特·史密斯开始他的一系列精彩的登山活动。他当时21岁，偶然地选择了沃斯代尔黑德（Wasdale Head）作为剑桥的两个阅读小组的登山基地。他本人原是伊顿公学的学生，就读于剑桥，后来当了律师，他的背景与阿尔卑斯俱乐部其他人一样……

> 1888年，塞西尔·斯林思比，一个约克郡商人和阿尔卑斯俱乐部会员……告诫其他的会员“不要在我们自己的山地被外来者打败……当我们征服海外时，不要忽略湖区”。

> 另一个先驱是诺曼·科里教授，一名出色的科学家……1892年他领队第一次攀登斯可斐峰（Scafell）的莫斯峡谷。 164

> 伯肯黑德的律师戈弗雷·索里是第一个从更险峻更裸露的路线登山的人,1892年他登上了大盖布尔鹰巢山脊。
>
> 1890年,一颗新星升起,也许是最伟大的一颗,欧文·格里恩·琼斯,威尔士人,但出生在伦敦。一名年仅23岁的教师……(着重号为后加)
>
> 1914年,湖区在英国登山地区中首屈一指,此时一个曼彻斯特的年轻人首次登上了斯可斐峰的中心拱壁石柱。此后20年中这都是本国难度最大的攀登。
>
> (米尔纳 1986: 106—112)

在一一列举出来的登山精英的名字、教育背景和职业之后,出现了一个曼彻斯特的年轻人,他的成就人所共知,但本人的名字却隐而不彰。实际上,他就是西格弗里德·W.黑尔福德,1915年12月在战壕中阵亡。

第一次世界大战中为国家战斗过的工人阶级要求进入乡村。[20]便宜的火车票价和自行车俱乐部的增加,使得成群的年轻工人和中产阶级人士出发来到开阔的乡村。人们对无年长妇女陪伴的少女的活动和衣着态度不再那么严厉,这也促进了外出漫游。然而,一些妇女仍然感觉裙子下面还要穿上长及膝盖的短裤太碍事:行走路上,当最后一所村庄抛在身后时,她们脱下裙子塞进帆布背包里。来自北部工业地区的工人曾接受过峰区登山训练,他们可以在周末骑着分期付款购买的摩托车,花费不多而又快捷地抵达湖区。[21]在那儿他们开辟了新的登山路线,使这项运动显示出激进的工人阶级色彩,特别是在他们穿着袜子或赤脚登山时(库克 1974; 希尔 1980; 泰勒 1997)。

登山者的鞋子千奇百怪,从昂贵的登山靴到"国产的"仿版,钉有平头钉的靴子。登山靴的鞋缘钉着软铁钉，要在阿尔卑斯山区加穆尼克斯谷等地方买，而便宜的胶底鞋（橡胶鞋底的帆布鞋）每个人都能买得起：

> 在斯可斐峰……我们发现橡胶底鞋子真不错——没有一次滑跤。我们常常看到岩石上有平头钉靴子的划痕，有半码长，而穿橡胶鞋却从来不滑脚。
>
> （史密斯 c. 1922 n.p.）[22]

但是对山地的体验也取决于食物和住宿。在斯可斐峰进行了一天艰苦的攀登后， 165

> 我们饿得要死，渴得要命，洗漱过后，坐在吸烟室里喝着特别为我们准备好的茶。喝完茶，晚饭已经备好，我们，没有什么好扭捏的，像狼一样走进餐室扑过去！我们大吃大喝，风卷残云。
>
> （史密斯 c.1922 n.p.）

人们可以用最少的钱到湖区这样旅行一次：

> 在度过了两三天最美妙的日子后，周五我们不得不离开格拉斯米尔。我们花钱不多，却得到了古迪桥旅舍的波维克太太的悉心照顾，每晚仅需6先令，包括晚餐、床铺和早餐。还有人说湖区价格太贵！实际上，这是各地的通常价格。
>
> （史密斯 c.1922 n.p.）

按照这样的开销，15英镑可以在湖区过上一个月。而在阿尔卑斯山，光一个月的向导费就是这个数的10倍。

湖区正成为休闲的好去处，不同阶级的人会在此相逢或者至少在这儿打个照面。1910年和1914年的弗内斯铁路海报广告声称：

> 游览优待票和周末票全年有售，包括夏季从伦敦和其他主要外省车站发车的便宜的旅行车票。若需要带插图的导游手册、旅游项目指南等，可向铁路管理者申请。
>
> （湖滨铁路学会）

湖区的介绍向远足者呈现了文学家和油画大师所赞颂的如画风景。有些海报描述了“英国湖岸”和“英国湖泊”沐浴在月光下的美景。另一些则展示了别墅以及周围如画风景的小插图，这些是罗姆尼、罗斯金、骚塞和华兹华斯居住过的地方（每个人的名字都出现在对应的插图上）。

空间进入权的斗争与政治进入权的斗争交织在一起。1918年初（战争结束前几个月）通过的第四次改革议案，某种程度上接近了认可妇女选举权的要求，妇女在战争中证明了自己的努力是有效的。[23]政治进入权的斗争多少算是取得了胜利，工人阶级选民要求空间进入权
166 的斗争可以更加坚定地插入政治舞台。

条条路径交集：道路进入权、敞地进入权和风景维护

如果一条人行道要被视为法定公用道路，它就得从一处居民点通向另一处居民点，1900年公用地协会以萨里郡的里士满山为例质疑了这种观点。协会已经在那儿介入哈姆和彼得沙姆公用地的保护，这项计划

> 与保护运动密切联系，要保护里士满山下一带泰晤士河和山

> 谷的秀美全景免遭建筑的毁损——这儿是伦敦附近所能发现的最美风景之一，是艺术家经常光顾的地方，是诗人垂青的主题。
>
> （埃弗斯利 1910：232）

这一个案说明通向山峰或观景点的道路也可以被视为公众有权通过的道路。

为了进一步保护“里士满山的中远景”，敞地协会、郡议会和地方当局一起集资买下了依据普通法而被圈起来的公用地。1902年的《里士满山、彼得沙姆和哈姆法案》是第一个“体现出地方当局为保护风景而购买地产的原则”的法案（埃弗斯利 1910：236）。身带汗味的俗人，连同那些淡定而有审美情趣的精英，都获得了选择某个观景点欣赏风景的权利。

早期大多数人行道保护协会的目的是维护或重新开放当地古老道路的通行权。敞地进入权的推动则是19世纪末期的一个发展。为了更成功地争取公众进入沼泽地和公用地的权利，各类漫游俱乐部在20世纪初期开始结成联盟。因此，以伦敦为大本营的漫游俱乐部联盟（FRC），公用地协会的一个分支，与布里斯托尔、加迪夫、达令敦和纽卡斯尔的俱乐部合并。第一次世界大战中断了这些联盟活动，1926年，谢菲尔德地区二十个左右的工人阶级漫游俱乐部完成了结盟的进程。在那时，还有38个漫游俱乐部结为曼彻斯特联盟（霍特 1995）。1931年，11个地区联合会组成了全国漫游者联盟委员会。

敞地进入权和政治进入权的要求相互交织，彼此呼应。徒步俱乐部形成了更成熟的政治策略，利用议会政治达到目标。因此，1922年成立的曼彻斯特地区漫游俱乐部联盟通过这样的问题来考察那年的大选 167
候选人：“如果你当选，你愿意与我们合作提交公众自由进入沼泽和山区的议案吗？”（希尔 1980：57）

在工业界动荡不宁的时期，英国农业也遭遇到世界竞争的影响。

当经济和社会危机持续不减时，土地使用规划者意识到休闲性进入权必须纳入正发生在乡村里的经济和策略变化中（罗杰斯 1989；泰勒 1997）。饥饿、无家可归和失业现象在北部地区比南部地区更严重，而政府位于南部地区，看起来对这一切漠不关心。穷困潦倒的流浪、饥饿游行、无家可归和大量的失业与上层阶级理想化的“徒步旅行”同时并存（莱特 1985）。与那种“徒步旅行”联系在一起的是孤独的长途漫步者（他通常受过大学教育），要么是牛津剑桥的阅读小组成员，要么是莱斯利·史蒂芬斯那样的周日徒步者。换言之，“徒步旅行”显然大都是有南部郡县的倾向。

1926年大罢工与1930年代大萧条的社会影响分布并不均匀，这意味着英国东南部在经济上相对而言不仅没有受到影响，反而繁荣起来。郊区住宅区，或人们所说的“带状开发”（建筑沿着主干道延伸）得到国家电力网、铁路网和汽车的支撑。当中产阶级移居郊区时，更富裕的阶层则进入乡村。

混凝土路面又没有树篱的主干道、沿线密布的大型广告牌、加油站、高耸的电线铁塔、头顶上交织的电话线和电线，支持了一片片蚕食着郊区的“平房皮垢”，而道路、小车和公共汽车为城市下层阶级的短途旅行提供便利，使他们能够更快地到达更远的地方野餐，丢下垃圾（班斯 1994；琼斯 1990；杰弗里 1983；罗温萨 1980；纽比 1987）。[24]英格兰的“丑陋化”再次促使拥有土地的上层阶级出来保护风景。郊区居民可未必喜欢一些农业活动——就是这些农业活动造就了他们如此乐于侵扰的风景（米勒 1955a）。

进入权开始裹上了美学修辞外衣。风景保护的推动获得了组织
168 形式，1926年成立了英格兰乡村保存委员会（CPRE），下辖40个分支机构，代表了各类与土地相关的利益集团。[25]其支持者是“一群积极撰文保卫乡村的知识分子”（琼斯 1990：251），他们充当事实上的游说团。在风景保护曲折的进程中，有一个预示了后来遗产业兴起的暧昧情况，

图版1　克劳德·洛林，1663（1761年藏于德文郡府邸），“墨丘利和巴图斯的风景”，油画，74×110.5 cm。

图版2　盖斯帕德·普桑，1670—1675（1761年藏于德文郡府邸），“提沃利风景”，油画，47.5 cm。

图版3 保罗·桑德比,1793,“乡村风景”,德莱克露维厅的油画室,德比郡,241.3×63.5 cm。

图版4　菲利普·德·卢泰尔堡，约1785，“模型：无名瀑布”，铅笔、水彩和水粉，32.7 × 42.4 cm。

Head of Ullswater, Patterdale.
Helvellyn mountain in the distance

图版5　查尔斯·哈密尔顿·史密斯中校，约1809—1820，“景色（英格兰和威尔士）第一集：威斯特摩兰，帕特戴尔的乌斯湖口，远处为赫尔维林山”，石墨水彩，图像20.3×28.9 cm。

Kandy, Ceylon.

图版6　查尔斯·哈密尔顿·史密斯中校，1809—1820，“印度和锡兰景色，第二集：锡兰康堤”，石墨水彩，图像21×18 cm。

那就是旅游业支持保护，因为永恒的英国风景是新近汽车化的旅游业的卖点，特别是吸引国外游客。

那些保护目标中隐含着具有反讽意味的双重困境，即一旦什么地方被认为是特别的、值得保护的，它就会成为越来越多人兴趣的焦点。对乡村而言，普通人对它的兴趣在当时被视为一个问题。乔治·麦考利·特里维廉（1876—1962），英国历史学家，其可读性极强的著作是20世纪三四十年代的畅销书，他也处于这种双重困境之中。他的历史改良观——人类有力量使历史成为一种不可避免的前进、进步和改善的过程——忽略了社会黑暗面。人们会将他关于心灵普遍进化的理念归因于他与达尔文和赫胥黎两人的关系。然而，去掉他的历史观阳光一面，则是他针对城市英国以及它入侵乡村之进程的文化悲观主义。在贬低城市、颂扬乡村时，他帮助孕育了他所谴责的行动（卡纳戴恩 1992；科里尼 1992）。

最新出版的特里维廉传记（卡纳戴恩 1992）展示了知识圈、政治圈和社团圈之间的交互关系。从这种联系里可以瞥见他们与风景美学、土地使用规划、风景维护和进入权之间的关联。特里维廉的父亲乔治·奥特·特里维廉有位密友詹姆斯·布莱斯，是许多苏格兰山区进入权议案的支持者（见第四章一览表5）。老特里维廉和布莱斯两个人都发现了长途徒步对精神的慰藉作用，这正是小特里维廉身体力行的。

早在剑桥求学期间，特里维廉就参加了复活节假期阅读小组到湖区波罗戴尔山谷的斯特勒的旅行。从1898年开始，特里维廉和一群朋友在湖区集合举行他们自己的圣神降临周徒步，这项活动持续了近二十年，只偶有几次中断。特里维廉是华兹华斯的崇拜者，1912年积极参与国民托管组织事务，特别支持它在湖区的所作所为。他直言批评那些在湖区修路和竖电线塔的提议，认为那儿的“德国”针叶树人造林 169
会成为“违反自然的地方法则的罪行”（转引自卡纳戴恩 1992：156）。

许多年里，特里维廉自己购买湖区土地，然后捐赠给托管组织。

第一次世界大战后“许多大贵族的庄园被分割，四分之一的英格兰被推向市场”（卡纳戴恩 1992：151）。国民托管组织的工作当然变得特别紧迫起来，特里维廉成为筹资买地活动的领军人物，促使那些政治上有影响力的朋友如斯坦利·鲍德温和拉姆奇·麦克唐纳以及其他贵族和知识分子精英一起行动。部分由于他的努力，托管组织在湖区拥有的土地在20世纪20年代增加了近1万英亩。

特里维廉1926年被选进国民托管组织理事会，任职于地产委员会（1928—1949年任主席）和执行委员会（1929—1946年任副主席）。作为1941年地产委员会主席，特里维廉在接收兄弟查尔斯·特里维廉爵士捐赠时处于一个奇特的地位，后者捐赠了沃林顿宅邸，家族的17世纪诺森伯兰别墅及其占地1.3万英亩的庄园（威廉斯·艾里斯 1947）。查尔斯·特里维廉在1945年后担任过最初两届工党政府的教育部长，长期积极从事议会的风景保护项目和进入权活动（见第四章一览表5）。大萧条时期，他把沃林顿的附属建筑改建成宿舍提供给诺森伯兰徒步旅行者联盟，后来又把这些宿舍捐赠给青年旅社协会（泰勒 1997），他的兄弟乔治是该协会第一任会长。

由于特里维廉在国民托管组织担任过各种官职，他的意见得以进入CPRE（英格兰乡村保存委员会）。迫于CPRE的压力，政府在1929年成立了国家公园委员会，考虑是否建立一个或多个国家公园和在什么地方建的问题。相关考虑在《艾迪生委员会报告》中有所体现（见一览表6），委员会建议实现两级体制：地区性保护区允许休闲性进入，而国家保护区成为科学目的的自然保护和观察活动的专门区域（迪特 1996；霍特 1995；泰勒 1997）。[26]

在当时席卷英国的关于混乱和变化的一般性讨论中，规划者和风景维护者之间的辩论被解读成“特别的、风景化的英国公民权版本”（麦特李斯 1995：93）。华兹华斯曾将湖区描述为“一种国家财产……

每个有感受的眼光和欣赏的心灵的人有权亦有兴趣拥有”。罗斯金的 170
目标就是培养这种眼光和心灵。针对英国丑陋化，城市和乡村规划发展了浪漫主义的思想（迪特 1996），强调大自然非物质性价值的重要性，强化品味和法定的美学。当然，

> 到20世纪30年代，一个势力不可小觑的“环境游说团”已经出现，致力于保护乡村免受城市无序扩张和城市方式的威胁……提倡乡村的精神愉悦，保护乡村免受大量游客的“疯狂涌入”，非常明显，这是一种两难局面……为了“国家”，乡村需要保护，但是要**远离**“公众”。
>
> （纽比 1987：176，着重号为原文）

《艾迪生委员会报告》提名把湖区规划成国家保护区，结果1932年形成了一个坎伯兰区域规划机制。官方承认湖区是一个跨越了坎伯兰、威斯特摩兰、兰开夏各郡行政界限的整体，要求“湖泊地区”成立单独的规划机构。湖区之友（FLD）很快成立，以便取得这片风景保护和维护的发言权。华兹华斯学会里的牛津剑桥成员曾经是19世纪80年代创立湖区保护协会的后援（见155页）。现在，在乔治·特里维廉帮助下，剑桥成立了湖区之友分部。

1934年6月17日湖区之友成立大会上拍摄的一幅主要组织者和支持者照片中，前排有T.A.伦纳德（CHA及1913年成立的分支——假日联盟的创立者）和查尔斯·特里维廉爵士，后排有帕特里克·阿伯克隆比，土建设计和城市规划教授，后来封为爵士。这群人站在凯西克的菲茨公园入口处的最高台阶上。怀特黑文的罗兰·泰勒（当地漫游者协会活动的领导者）站在略靠一边的地方，比那些风景保护界的国家级和地区级名人低一个台阶。泰勒不同于其他男士（除了那些穿牧师服的人外），既没有穿三件套西装也没有打领带，他的衬衣领口敞开，翻在

一件看起来像是休闲西服的上衣领子外面。他与这些名人群体拉开距离，由此可见他们的阶级关系。[27]

1935年，在地理学家沃恩·科尼什（他曾从华兹华斯那里和自己
171 的美国及南非国家公园之行中大受启发）的影响下（迪特 1996），CPRE成立了国家公园常务委员会。该委员会代表来自漫游联盟、野营、自行车和摩托车俱乐部及其他各类科学团体。常务委员会赞成艾迪生委员会关于两级体制的设想，但由于大萧条的阻碍，中央政府没有落实任何一项建议。

漫游联盟就此议题产生分歧：是全力投入国家公园和人行道保护，还是呼吁向公众开放山区、沼泽地、公用地和私人未开发的土地。1935年，全国漫游者俱乐部联盟变身为漫游者协会（RA），全力支持推进国家公园计划。其他支持国家公园的机构有CHA、假日同盟和自行车旅游俱乐部。曼彻斯特联盟致力于进入敞地，拒绝使自己成为新协会的分支。公用地协会和CPRE主张通过协商讨论进入权问题，而国民托管组织的主要使命是保护风景，而不是推进公众的进入权（洛
172 厄 1989）。然而，那个公众却不容忽略。

工人阶级的徒步旅行和漫游已经从普及达到狂热的程度。20世纪30年代初期，据估计"定期徒步乡村的人有50万。仅在德比郡峰区，一个夏季周末徒步人数就达到1万"（洛厄 1989：122）。有些实际集合到一起徒步的团队规模惊人：200人、300人、700人、800人甚至1600人！（泰勒 1997）下面这个普通的例子取自湖区（按今天的标准人数也够庞大的了）：

> 我们……在卡特贝尔斯开始登山，径直顺着山脊攀爬，越过梅顿沼地、内洛沼地和伊尔峭壁，抵达戴尔海德山峰并在那里吃午饭。休息时看到我们的第一批"团队"，他们正在攀登罗宾森山，在天际线的映衬下，看起来就像许多根火柴。这个团队大约，

我估计，有60到70人。

（史密斯c.1922 n.p.）

自行车、汽车和协商而来的便宜火车票，是漫游俱乐部逃离城市的工具；缩短了的工作周和到教堂做礼拜的次数减少，这一切使人们能够在周末外出放松。一首漫游者之歌反映了这种感觉：

我是一个漫游者，一个来自曼彻斯特的漫游者
艰难跋涉在沼泽，我获得我全部的快乐
我也许是工资奴隶，在周一；
但我是一个自由人，在周七……[28]

当然，出去漫游的还有失业者。对于他们而言，这一点与19世纪极为相似，走出城镇的唯一成本就是靴子磨损或是骑车到沼泽地所耗费的体力。[29]

E.V.卢卡斯的《开阔路：给旅行者的一本小书》在1899年初版，到1932年已经再版40个版次。[30]这本袖珍诗歌选集将文学与风景匹配起来，用的是一个年轻的徒步旅行者的视角，与画室的风景视角截然相反。这些诗歌是散发出怀旧气息的“乡村”文学奇葩的一部分。1932年，乡村作家S.P.B.梅斯应英国广播公司的要求进行了穿越英国一万五千英里的旅行。他的徒步经历构成了一系列BBC谈话节目，旨在激发“听众的欲望：探索并重新发现自己的岛屿”（转引自泰勒 1997：231）。梅斯显然叩动了人们的心弦。1932年，当他组织一次 173
半夜火车远足，前往苏塞克斯的占克顿伯里圈*观看日出时，有16000人

* Chanctonbury Ring，英格兰南部高地的一处古迹，以铁器时代土堡及周遭古树而著名。——编注

前往！不幸的是，太阳被云层遮盖了（洛厄森 1980）。

想象一下大批游客围着某个风景点散步的情景，发现漫游者（ramblers）、徒步者（hikers）和远足者（trippers）之间有些矛盾摩擦或许也就不足为奇。从漫游者、登山者和高尚的风景维护者角度来看，远足者都是些随地乱扔东西、听收音机、吵吵闹闹的城市人，而漫游者（根据一份RA的文章）将徒步者视为“小镇人”，对于他们应该很了解的乡村知之甚少（霍特 1995）。

工人阶级徒步者在乡村很容易受到生理和语言的骚扰（霍特 1995），并在文学作品中受到嘲弄。玛丽·巴茨的《给徒步者的警告》（1932）严厉斥责来自中部地区的工人徒步者土腔土调、语言“粗俗”、鞋子不得体，认为他们没有能力欣赏真正的英格兰，因为他们的欣赏不具备“[巴茨]自己的绿色世界那种深度的真实性”（莱特 1985：121—122）。巴茨认为徒步的狂热（她没有使用“漫游”一词）并不意味着回归自然，而是表达了一种自然崇拜，为之陶醉的人即那些“我们的新野蛮人——成长于一个人类前所未知的、其内部丑陋不堪的世界”，他们急于逃离这个世界（巴茨 1932：15）。[31]

巴茨的《警告》想象出植根于这片土地的一种新的游吟民族主义，在这里，逃逸的城市人没有“地方”。徒步者一旦

> ……迈出一步，越出了保护线，每个人就被身上的城市需求和价值之带紧紧地捆住了，他们会发觉自己来到了一个充满诡谲和不确定性的世界，犹如雅典附近的树林一样，到处是陌生的。没有诗人界定的友善的树林；没有神灵出没的智慧之山；没有宽厚的大海。恐龙绿、明亮、黑暗、蛇魔出没。他们能面对吗？当海妖们重操旧业，鹰身女妖的姐妹们，攫掠者出现？当远足汽船——船首对着太阳——变成一艘称为亿万年的小船？
>
> 森林寂静。它们可以非常寂静，当风不知从哪儿的树梢刮起，

穿过松针，竖琴音响掠过树干，散入大地。没有鸟歌唱。

（巴茨 1923：36，着重号为原文）

约克公爵，未来的国王乔治六世对徒步者的看法就没有这样悲观，更少宿命色彩。1933年5月， 174

他的一个演讲中包括“为徒步者辩护的一句话”。与“很少能欣赏英格兰之可爱的开车人相比……那些徒步穿越森林，翻过群山，那些在草地上星空下露宿，那些听到夜莺在巢里唱歌的人……真正了解英格兰”。

（转引自霍特 1995：5）[32]

那些逃逸的野蛮人本人怎么想呢？伦敦坎伯威尔的一位G.M.布卢克小姐为CHA写了一篇题为“本能的假日”的获奖散文。她显然与某种东西在同声应和，她写到那种“强迫性的本能”使她转身离开

富裕、富得流油的许多南方郡县……空中的一种气味、一次日落、一次随意的交谈……会使［强烈的本能］复苏，新鲜而令人骚动。接着就是……北方，山区和荒野，向我扑来……伦敦变成……砖砌起的丑陋的光秃秃的沙漠……随后是一种极度的不安，一种对所有城市和整洁的郊区的厌恶，对命运的无奈，此时心灵的平静已经不复存在。

（《同志之谊》第23卷，1931年12月，“假日本能”，2：11—12）

在国家渐渐卷入战争的时候，有些人不禁有些欢迎一种想法：那些砖砌起来的丑陋的新城镇会被炸弹夷为平地。

来吧，友善的炸弹，落在斯劳市
它已经不再适合于人类栖居，
那里已无青青牧草
蜂拥而来吧，死亡！
……搅烂那被称为城镇的烂地方……

（贝杰曼*1937）

具有讽刺意味的是，正是第二次世界大战把人们有关城乡规划、进入景区和休闲的想法以及对国家公园体系的需要付诸实现。因为在战
175 争时期的联合政府中，对于乡村状况的焦虑与进入乡村的要求迎头相撞。

注释

1 马蒂诺为异见者论坛《每月文库》写文章讨论宗教和教育问题（霍克尔—德里斯戴尔 1992）。她还撰写有关“当前议题”的通俗小说，如《暴徒们》（1829）、《济贫法和穷人》（1833—1834）和《森林和狩猎故事》（1845）。在华兹华斯的十四行诗《致杜桑·卢维杜尔》的启发下，马蒂诺在《此时此人》（1841）中颂扬了这位带领海地人民抗议法国统治的领袖。

2 例如，位于波尼斯的皇家饭店列举的赞助者中有“已故的太后、萨克森国王、普鲁士君主及俄国君士坦丁大公”。其他广告还包括艺术用品商店、有关观花植物和泥灰沼泽的博物学指南、旅游地图、湖区景色画集及当地的艺术展览。

3 下面这个故事也许是虚构的，但它能被编造出来也很有趣。在《曼彻斯特卫报》同一版上，记载说华兹华斯在去劳瑟城堡吃晚饭的路上，移开了一个阻拦通向田野的人行道的路障。地主约翰·华莱士爵士也参加了同一个晚宴，威胁要鞭打那个拆除路障的

* Betjeman（1906—1984），英国诗人，其赞美英国乡村的作品常有怀旧情绪，如诗集《几朵晚菊》。——译注

人。据传，华兹华斯当时站起来说："是我拆毁了你的墙，约翰爵士，这堵墙违背了古老的路权，而且我还会这么做的。我是托利党，但是如果我背上的鞭痕很深的话，你还会发现我是辉格党。"（《曼彻斯特卫报》1887；转引自希尔 1980：40）

4　这是一种风景保护戏法，100年后壳牌石油公司也用这种伎俩达到目的。

5　英国湖区协会（ELDA）赞同霍尼斯特隘口议案，因为它会为游客开辟一片隔离出来的区域。ELDA创立于1877年，创建者是"旅馆经营者和店主，他们做广告并开发该地区，在这期间，该协会与湖区广告协会一道宣传这片地区"（汤普森 1946：34；贝利和比尔德 1980）。ELDA也致力于人行道保护和公众的进入权。

6　不到10%的成员是坎伯兰人，超过25%的人居住在伦敦及其周边诸郡，另外25%来自兰开夏郡，大多数来自曼彻斯特周边。有一些工业家，35位剑桥和牛津的学者，十来位美国人（主要是东海岸的学者），18位卡尔特修道院导师，加上其他来自伊顿、哈罗、温彻斯特的老师，还有拉格比和阿平厄姆的校长，都是学会成员（马歇尔和沃尔顿 1981：214）。

7　19世纪稍后时期人类学家创建的专为工人阶级服务的博物馆，充满了"慢慢地，慢慢地"气息：

> 人类学家认为这些阶级使用具体感性的语言推理，颇能反映人类物种中那些更原始的成员的特点……博物馆的设计体现出社会等级秩序的空间性关联，记录了进化过程……他们会观察到，每一种人工制品的样本，按其发展顺序排列，都是缓慢发展变化的。因此，观看博物馆展品的行为传授了一个清晰的政治教训：有责任的公民不会要求突飞猛进的变化，而会意识到社会进化是渐进的。
>
> （库克里克 1991：108；借用范库伦 1984）

8　有的漫游俱乐部直接产生于成人教育，包括中部地区漫游者协会，1894年由伯明翰和中部成人教育学院的实习教师发起。许多博物学协会则依据自己特定的兴趣进行每周漫游，而另一些组织将漫游活动与自己的核心关注内容联系在一起，如男人聚会和爱丁堡卫斯理西区文学协会进行的夏日周六漫游（希尔 1980；泰勒 1997）。

9　罗斯金的写作，无论是讨论漫游俱乐部及成人教育计划的演讲，还是把漫游纳入进步教育的大纲，成为一种媒介，把自然与宗教联系起来（泰勒 1997）。

10　19世纪中期，科恩完全被描述成是一个极端贫困的地区，居民中近25%的人靠教区救济生活。难怪它会成为宪章运动的大本营（加德恩 1986）。

11　伦敦技术学院由青年基督教学院（YCI）发展而成，后者由昆廷·霍格在1864—1865年冬天创立（他还开设了一个"贫困男童免费学校"，后被教育部的义务教育学校取代）。YCI提供技术教育及有组织的体育活动。学校发展较快，1882年，伦敦技术学院成立，校址就在霍格买下来的原皇家技术学院。1886年，技术学院成为一所日间学校，开设职业、商业和工业课程。此时，该校还组织学员的国内外旅游，并提供住宿。

12 作为诺丁汉公理会学院的负责人，佩顿教过T.A.伦纳德，是CHA的第一任主席（斯匹克 1993：35）。

13 詹姆斯·马蒂诺是玄学派学会的成员，该学会是一个引起众多争议的俱乐部，19世纪60年代末期成立，历时约十年。其中包括罗马天主教红衣主教曼宁、不可知论者托马斯·赫胥黎。约翰·卢伯克爵士也是其成员，而赫伯特·斯宾塞则谢绝入会。观点的交流一点也没有解放詹姆斯的理念。1872年，他就进化论问题发文批驳赫胥黎和斯宾塞的立场。他还严厉斥责他姐姐的著作，因为她的著作显露了不可知论（霍克—德里斯戴尔 1992；斯宾塞 1904）。

14 1897年5月举行了14次贫民假日活动，同年9月举行了23次，每一次假日活动持续10天或11天。在免费参加者的提名过程中出现了滥权行为。一个令人侧目的事例发生在20世纪40年代，某位皮格特先生向每个被提名者索取7先令，他把5先令"捐"给CHA，剩下的据为己有。几年后，皮格特先生的伎俩才被发现，于是宣布以后不再接纳他的提名。

15 英国历史上的关键时刻时不时出现在俱乐部报告中，无意或有意地使徒步活动具有教育意义。一份论约克郡CHA团队重组的报告中写道：

> 该团队游历过著名的具有历史意义的乡村，戈尔忒森林。在斯坦福德桥为他们提供了茶水，在古意盎然的约克郡东区这个地方，800年前哈罗德国王曾力挫蛮勇的古挪威人，他就是从这儿出发，前往黑斯廷斯，战死于征服者威廉之手。漫游持续两周，直到5月底。
>
> （《同志之谊》第15卷，1924年10月，"约克团队报告"，5：16）

16 插图作者的签名看不清，可能是H.M.洛克。

17 第一次世界大战期间，CHA把在英国的房产提供给英国红十字会，用作疗养院或陆军医院或海军医院。CHA在迪南的房产则被法国政府用作陆军附属医院。

18 莱斯利·史蒂芬斯1879年建立了以伦敦为大本营的周日徒步俱乐部，他也是早期公用地学协会的秘书。伦敦《时报》刊登了一篇文章，庆祝徒步旅行俱乐部成立50周年。文章回忆了徒步者被猎场看守人视为非法入侵时，会一起背诵："在此提请您注意我们不会，我们任何人都不会，声称拥有任何进入这片土地的路权或其他通行权，因此我们给您这枚先令以作修缮之用。"文章继续写道，"这一做法效果奇佳，猎场看守人只能让步"（《时报》，1930年1月18日；转引自希尔 1980：18）。

19 展览和专题讨论会（1984）举行的同年，英国政府批准了联合国教科文组织（UNESCO）保护世界文化和自然遗产的公约。在1985/1986 年，将湖区国家公园（LDNP）纳入世界遗产项目的议案被提交,但被否决。

20 在1914—1918年大战后,人们建议开辟公共空间用作战争纪念。国民托管组织收到了三块湖区风景地:威廉·海穆尔爵士夫人捐赠的波罗戴尔城堡峭壁、勒克菲尔德爵士捐赠的斯可斐峰、山地和攀岩俱乐部提供的大盖布尔和大恩德山。1925年,抹大拉学院院长和华兹华斯最后一个在世的孙子一起购买了斯可斐另外的地区,将所有三千英尺以上的土地捐作斯可斐峰战争纪念馆的附加部分(汤普森 1946)。这些敞地的寂静以及远景和景色,与令人精神崩溃的战地噪音和狭长的战壕视野形成截然不同的对照,许多人如西格弗里德·W.黑尔福德就丧生于战壕之中。

21 分期付款(hire purchase)开始广泛流行。所谓的HP,意味着首付很少的款项购买一个大件消费物品,以后每星期继续支付,几年后才支付完毕。尽管19世纪90年代和20世纪初期,“分期付款已经进入工人阶级生活的中心体系”,“其应用在1918年到1938年间翻了两番,也许三分之二的大批量生产的物品就是这样售出的。任何一个时期,分期付款式的销售都能吸纳大约5千万英镑的资金”(沃尔夫 1978:109,139)。

22 做这种徒步旅行的时期,沃特·雷蒙德·史密斯住在德文郡的彼得弗德,他在那儿充当钢琴调音师。尽管这群人认为史密斯大概14岁就离开了学校,他的描写记叙有一种诗意,表明他作为卫理公会传教者的儿子成长的家庭背景,也说明了他上过德文兹文法学校。

23 妇女过去只享有有限的选举权:她们得超过30岁。随着战争的爆发,要求妇女参政权的激进派人士停止了斗争行动,与非激进派争取参政权的人士团结起来投入战争之中。米莉森特·加勒特·福赛特(1847—1929)和亨利·福赛特提出将政治的和空间的进入权合成一个议题,前者是主张扩大参政权的领袖,后者是公用地、敞地和人行道保护学会的成员。

24 《建筑杂志》的言论颇能令人回忆起罗斯金的愤怒,它鼓吹“要花些时间教育这些周末跑到乡村大肆骚扰的暴发户们,野餐之后带走垃圾”;而《乡村生活》报道说“这些城里人思维犹如农奴。正像突然被解放的农奴一样,行事没有教养,对乡村亦无责任感”(转引自琼斯 1990:259)。

25 CPRE由各种利益集团构成:乡绅协会、中部土地主协会、土地经纪人协会和测量员协会,代表着主要的土地主及其服务行业。英国皇家建筑学院和全国城镇住房协会也在关注着已经建构的美学(以及他们自身的)利益;而国民托管组织和古建筑保护协会给既有的美学抱角石添加上自己的纹饰。使用者利益集团包括公用地和人行道保护协会、皇家汽车俱乐部以及汽车协会。“地方的”投入是通过妇女协会全国联盟体现出来的,而地方政府则由郡县议会协会和乡村地区议会协会代表。

26 被指定允许公众进入的土地称为“地区的”，而被指定用于科学观察的土地称为“国家的”。仿佛需要进入景区的公众（即没有自己土地的社会成员）不构成“国家”。这类似于罗斯金按照阶级区划的博物馆两级体制，这个划分与他的风景观相联系。在每种情形下，湖区都被划为专属于“国家”的产业。

27 与1907年夏天曼彻斯特漫游者俱乐部的男士“整夜徒步”之后拍摄的一张照片相比，湖区之友成立大会的照片显示出惊人的差异。在前面的照片中，人们西装革履，背心、衣领、领带齐全（希尔 1980：29）。这是一种文化模仿，1907年的工人阶级仍然在模仿“衣着讲究的上流人”。他们整夜徒步难道真的穿着三件套西装吗？戴上领带就是为了照相吗？到1934年，一个RA代表可以穿着休闲样式的服装，与“上流人”区别开来，而这又反映出那些上流人刻意为之的照相与他拉开的社会距离。这是文化模仿的激进化。

28 与一群妇女徒步一个星期，到了终点，当我们坐下吃晚饭时，简・斯薇特（Jane Sweet，曾经是森林生活知识团的一个成员）说要给我、我的项目一样东西。她接着唱了一首歌，嗓音与她的名字一样甜美。她后来告诉我那首歌就是尤恩・麦科尔的“曼彻斯特漫游者”。当时我真希望带着录音机，但是如果要求她等一会儿之类，就会毁掉当时的美妙瞬间。第二天上午，我们分手之前，她把歌词讲给我听，这里我抄录了部分歌词。

29 例如，贾罗的失业者“去进行了真正的长途徒步。对他们多数人而言，徒步走到纽卡斯尔是小菜一碟……他们在路上走了很长时间”（皮卡德的采访 1982：48）。这样的经历为他们1936年徒步300英里走到伦敦打下了底子。

30 《开阔路》中的诗歌按主题分类，顺应季节和生命周期以及平凡的“旅行”节奏。冬天、春天、夏天和秋天的诗歌与出行、遇见“恋人”、旅伴友谊交相呼应，最后一部分命名为“少许哲学”。

31 是青年旅社协会（YHA）照顾了出逃的城市“野蛮人”，因为一晚1先令的收费使得“一个星期只挣30 或40 先令低报酬的职员和体力劳动者”负担得起一周的度假（洛厄 1989：123）。YHA于1931年成立；到1939年已经拥有30个旅馆和8.3万个成员。

32 霍特没有说明约克公爵讲话的出处，他的讲话在哪儿举行？对象是谁？在何种情形下？从更大的语境来看（这里没有复述），似乎他的讲话在1936年有关体育锻炼的议会辩论中被引用。这可能与公爵的“男孩夏令营”有关。在其他地方还写到夏令营每年的照片显示了“[公爵的]……公立学校的助手 [与]……同龄男孩们之间在社会地位和体格上强烈的对比，[后者] 与公立学校的同龄人相比，身高要矮四五英寸，门牙稀疏，[而且] 一般看起来要大十岁”（洛厄森 1980：270）。霍特可能把公爵关于上层阶级的“徒步者”的话挪用到工人阶级徒步者身上，而且前提条件是下议院议员本人如实引用了公爵的早期演讲。

六

进入/可进入性：私有财产与国家公园

《斯科特报告，1942年》

乡村是所有人的遗产——这句断言意味着一个推论：必须让所有人享有进入乡村的便利。

（转引自希尔 1980：86）

《关于人行道和乡村进入权的报告，1947年》

工业革命把人们连根拔起，越来越远离古老的土壤，原初的环境荡然无存，乡村变得遥不可及，人们与乡村的亲密联系被剥夺了……从这种都市现状里产生不出有能耐的男男女女。

（转引自马希 1982：13）

正是那些专业人士或半专业人士领导了国家公园运动，而进入权运动则肇始于北部工业城镇普通的漫游者。有些人认为是由于社会等级的差别，国家公园运动比进入权运动成果更可观。这

> 一观点是对现实情形的误读。一个是可以在任何荒地上徒步的权利，另一个是控制私人土地用途的权利，比较而言，前者更多地侵占了私人土地排他性的权利。后者作用消极，而随便在任何荒地上徒步的行为则非常主动。
>
> （希尔 1980：114）

> 既然25%的财政和大量的［国家公园］控制权属于地方，国家
> 183 公园其实只是部分属于国家；既然它们对休闲业的贡献有限，又有冲突，它们也只能算是部分意义上的公园。
>
> （西蒙斯 1975：111）

引　言

菲利普·科里根和德里克·赛耶断言，“在许多文献中，无论是国家机构和活动所具有的深刻的文化内涵，还是文化形式所具有的国家调控的特性与范围，都未能得到恰当的体现”（科里根和赛耶 1985：2）。国家对于休闲文化的调控和国家关于民族性及文化身份的具体化和表达，构成了英国的进入权立法史和国家公园体制的皮壳。国家与保护组织的目标对象相互交扣，融入立法史之中，它们的文化形式特征并不少于它们所要保护的风景。

早期的保护法规，诸如针对风景中建筑物的1882年和1913年《古代遗迹法案》，反映出一种崇古兴趣。当美学—生态的兴趣得到法律的保护时，建筑物和风景被认为“是一种集体遗产，表达了民族精神的本质……定义出民族的身份认同”（洛厄 1989：119）。对于早期保护措施的反对乃是出于一种担心，即担心一旦强调公众利益就会牺牲私有权。当公众利益通过保护湖区的行动获得了全国的关注之后，解决这一冲突的办法就是在私有权的关系构架里，通过国民托管组织这种机构进

行协商：

> ……托管组织产业的不可剥夺性可被视为(也被筹划为)对财产关系的维护：对“自然美景”和“历史遗迹”这些由历史限定的范畴的辉煌运用，证明私有财产是符合全国公众利益的。
>
> (莱特 1985：52)

专为国家公园而出台的赋权法例再次引起恐惧：私有财产权也许会在某种程度上受到削减。事实并非如此。

本章是对导致了国家公园赋权法例产生的议会委员会工作的概 184
述，也是对实际的立法情况的综览。本章突出地论述了存在于国家公园之内的各种纠纷与冲突，诸如农业开垦、住宅建设、休闲和自然保护的要求，以及中央政府与当地政府之间的矛盾冲突与竞争(克劳特 1984；迪特 1996；希利等 1988；霍特 1995；LDNPP 1986；洛厄 1988；莫蒙特 1983；纽比 1987；鲁迪格 1995；西蒙斯 1975；惠特比和奥里恩修 1988)。结论部分讨论了20世纪90年代期间再次兴起进入敞地的要求而起的争议，以及围绕私有财产基本特性、土地私有权与公众权孰重孰轻展开的辩论。

文化建构，又称定义

公用地：在英国，“公用地”(commons)，或公用的土地，并非共同财产。历史上，公用地就是没有圈用的荒地(山林、沼地、荒野或有草的山地)，远离住宅附近的可耕地、草甸和牧场。《默顿法案》(1235年)承认了庄园主对公用地的权利。1925年的《财产法》将城区范畴内的公用地纳入公共领域，[1]但未赋予公众进入城市之外公用地的合法权利，尽管事实上公众一直在使用这类公用地(即“被容忍使用”)。与土地主达成的进入私人土地的协议,或者与庄园主达成的进入公用地的协议,是一种有时附有季节限制条件的“法律上的进入权”。英国公用地庄园制以及敞田的公共使用,虽然被用来建构了“公用地悲剧”的主题,但这主题扭曲得已经面目全非(哈尔丁 1977)。由于有严格的规定,英国公用地和公管公用的敞地牧场,决不是听任追求私利的经济合理化或利益最大化的个体行为摆布的。[2]

路权:规则繁多。公众享有所有公共道路的路权,亦享有指定的便道(供人们步行之用)、马车道(供人们步行、骑马和骑自行车之用)和支路(供各种形式的交通之用)的路权(《公路法》1980)。约定路权的地图由当地教区议会办公室持有,不过地图上未标示出来的便道,公众也可能享有路权。即使没有法律文字的明示,便道和马车道的最小宽度还是有一定之规的。比如,就有这样的规定:穿过田地的便道至
185 少1米宽,马车道至少2米宽。环绕田地边缘的便道至少1.5米宽,马车道3米宽。禁止奶牛进入有便道穿越的田地,菜牛则可进入,但必须有牧人陪伴。《路权法》(1990)制定了具体的时间表,农场主必须按时间表恢复他们犁翻的便道。未作法律规定而只按田主暂时意愿开放的便道,被称为许可通过的便道。对于这类便道,公众的路权并非一成不变,可以随时被取缔。

栅门:栅门更加突出了路权的重要性。栅门是界墙和树篱中公众可以通过的空当。栅门样式繁多,包括如下样式:高雅的富有装饰性的维多利亚式铁艺小门,安在村庄林荫小道的尽头;几块石头垒就的窄门,仅容瘦小和敏捷的行人侧身而过;陡峭的带扶手的木制活梯;嵌进干垒石墙里的阔大石门洞;电栅栏的断电绝缘部分(有时窄到只有8英寸,显然就是威吓行人不敢由此通过——如果有这种情况,当然可以向教区议会负责人行道事务的官员报告);还有其他形状各异的木头台阶,维修或失修的程度不等。

国家公园：英国的国家公园不像美国的国家公园是一些保留起来的荒野，而是有人居住的风景区，人们依旧在里面进行农耕、林业、采掘业和多种层次的旅游活动。大多数国家公园的大部分土地属于私人拥有（普尔和普尔 1987）。因此，经济活动和休闲活动之间的冲突不可避免，更不用说这些活动与自然保护的目标会有冲突。人们从来没有认真探讨过国家是否需要获得国家公园土地的所有权，尽管国家公园里大面积的土地已经为各类机构如国民托管组织所持有。

从委员会到法案

第二次世界大战前二十年盛极一时的地形学写作已在悲悼英国风景（贝内特 1993；斯莱特 1987）。1940年，联合政府的劳工部发起了

> 记录英国项目……“图绘英国土地志”（pictorial Domesday），为此肯尼斯·克拉克爵士动员大量才艺之士用水彩和水粉保留可能毁于敌人入侵的文明的标志。
>
> （塞缪尔 1994）[3] 186

这一项目看似起因于战时炸弹的毁灭力和外敌入侵的可能性，但实质上更多地是针对内部的敌人：

> 摄影可以做很多事情，但它无法向我们传达一处景色的色彩和氛围，无形的genius loci［场所精神］。正是这种无形的元素易受我们称之为文明的不可抵挡的蚕食而毁灭：发展规划、工业增长、水库和机场建设；［还有］公路……［该项目］则明确地展示我们正在为何而战，一片苍翠而令人愉悦的土地、一处风景，它的特性在自由之中成形，它的每一条曲折的小径和每一栋不规则的建

筑都是我们民族性格的一种表达。我们拥有这些弥足纪念的东西，我们正在为此而战。当我们使它们免遭外敌的兵燹之后，这些画作的存在可以用来提醒我们，真正的战斗，也即抵抗所有商业野蛮破坏和麻木漠视的战斗，却在时时刻刻进行着。如果我们战后接着把英国托付给偷工减料的营造商和建筑公司，那么将英国从纳粹手中解救出来就没有多少意义。

（里德；转引自桑德斯 1990：7）

这就是联合政府城乡规划部的战时任命的文化背景。该部门（MTCP）成立了乡村土地利用委员会，由英格兰乡村保护委员会（CPRE）前副会长斯科特大法官任主席。斯科特领导的委员会力求解开城乡分离状况的社会、政治和经济乱麻，试图协调一些利益冲突，包括乡村共同体的经济发展能力与农业、风景区美学意义的保存和保护、进入乡村与城市蔓延之间的冲突（1955a）。

斯科特报告《乡村地区的土地使用》于1942年发表。报告声称“长期以来英国国家公园的建立备受忽视”，建议在和平时期的“第一年”成立国家公园管理局，决定哪些地区可以成为国家公园，哪些应该成为自然保护区。1944年，一份题为《土地使用的控制》的政府白
187 皮书称“国家公园的建立”是“战后重建计划的一部分”（艾布拉姆斯 1959：21）。[4]

进入权成为争议的焦点，议案中的国家公园的管理和基金问题也一样。另一个委员会成立，约翰·道尔任主席。委员会提出就“[国家公园]区域的选择，控制措施，需要提供的设施、机械、电力和技术，与其他规划目的以及其他部门的方针和行动的必要协调问题进行听证”（道尔 1945：6）。

1945年，诺曼·伯基特爵士，CPRE的国家公园常务委员会会长兼湖区之友主席，在剑桥大学的“瑞德讲坛”（Rede Lecture）上发表演讲。

伯基特借助华兹华斯的论点，以此演讲推动成立国家公园调查委员会。国家公园应该成为

> 我们风景最美的地区，经过国家的精挑细选而成为国家财产……由国家保护它们的自然美，允许人们，特别是跨地区的徒步者进入，与这些目的相一致而最大程度地服务公众。
>
> （伯基特 1945：19）[5]

道尔报告《英格兰和威尔士国家公园》于1945年4月，政治大选前三个月发表。这次大选的结果出人意料，最终工党胜出。[6]在报告中，道尔充分探讨了国家公园的思想和概念，支持（公众）进入所有未开垦的土地。国家公园被定义为：

> 一片位于乡村，美丽而相对荒野的广阔地区，在此，为了国家的利益而采取适当的国家决策和行动：a）严格保护富有特质的美丽风景；b）充分为公众提供进入的便利和设施；c）适当保护野生动物、具有建筑价值和历史意义的建筑物和场所；d）有效维护既有农业用地。
>
> （道尔 1945：6）

刘易斯·希尔肯，刚当选的工党政府城乡规划部部长对道尔报告做出回应，成立了以亚瑟·霍布豪斯为主席的英格兰和威尔士国家公园委员会。[7]其审议事项之一就是规划落实国家公园法的机制。霍布豪斯委员会下辖的进入权分委员会（约翰·道尔是这两个委员会的成 188
员）“建议进入权应该包括所有尚未开垦的土地，无论是山脉、沼地、荒野、山地草场、悬崖、海滩还是海岸”（希尔 1980：87）。霍布豪斯委员会报告于1947年发表。这些报告和道尔报告成为1949年的《国家公园和

乡村进入权法》的基础。

华兹华斯的观点（某些风景区是"一种国家财产"）得到了响应。乔治·特里维廉与希尔肯以及工党政府的财政大臣休·多尔顿会面，商讨相关的保护策略。第二年，多尔顿的财政预算就包括了5千万英镑的国家土地基金。这笔基金专门用来补偿国内税收（税务部门），也就是支付捐赠给国家的土地和住宅的遗产税（继承税）。这类土地和住宅随后转交给国民托管组织。后来由于一桩政治蠢事，多尔顿辞职，特里维廉在给《时报》的一封信中对此表示遗憾，信中还特地以多尔顿政府部门为例，称赞其对于国家如何免遭"汹涌"的城市化浪潮的关注（卡纳戴恩 1992）。

这一切背后是姻亲与庇护关系的传统。作为国民托管组织的支持者和漫游者协会主席的多尔顿，其政治后台是乔治·特里维廉的哥哥——查尔斯·特里维廉爵士；而约翰·道尔，道尔报告的作者，娶了查尔斯爵士的长女波琳·特里维廉。曾任霍布豪斯委员会野生动物分会主席的朱利安·赫胥黎爵士则是特里维廉的远房堂兄弟。在这个家族里，乔治的女儿玛丽·特里维廉是华兹华斯的传记作家。

国家公园和1949年乡村进入权法

该赋权法例为英格兰和威尔士国家公园的未来选定以及霍布豪斯委员会提议的各种土地进入权协议和法令作了铺垫，也废除了1939年的《山区进入权法》。对于1949年法案出力最多的两个部门是规划部和农业部。当刘易斯·希尔肯出任城乡规划部部长时，他发现他的新闻发布人是汤姆·斯蒂芬森，RA的积极分子及"二十年前的独立工党同仁"（霍特 1995：23）。[8]然而，土地主的农业游说团远远胜过这
189 种"特殊关系"，而漫游运动在约翰·道尔1947年去世后也失去了游说力。

1949年法案实施之后，申请进入权的重担交给当地政府。这意味着取得进入权需要分片进行和当地政府的配合。[9]在RA发动的公众压力之下，希尔肯坚决要求中止实施1939年进入权法中将某些非法侵入定罪的条款，该条款没再实施。1949年的进入权法案仍旧强调进入必须和地方协商。地方的权限很大，对于进入多有限制，因而进入特定地区的政策未能全部执行。开放式进入敞地似乎有悖于以前那套有严格限定的路权体系，但评估一下1949年进入权法所赐予的权利，就会发现其实不然。

首先，有必要解析“权利”一词所包含的多层含义。权利明显包含四个与法律权益相关的意义：主张权（根据权利提出要求）、自由权（特权）、权力、豁免权（霍斐尔德 1923；转引自巴克尔和帕里 1996；拉德克利夫—布朗 1950）。[10]1949年进入权法的第五部分赋予公众山区的敞地进入权，即在山地自由漫游的权利。实际上这部分保障的权利是：进入“进入权协议或法令认可的地方，进入的个人未破坏或损坏任何界墙或栅栏，并能遵守相关的地方法以及本法案［其他部分］的诸多限制条款，则不得被视为非法侵入”（巴克尔和帕里 1996：3，着重号为后加）。换言之，进入权法赋予个人的权利是不被视为非法侵入者的豁免权，而非主张权。这种权利所含有的消极性质再次说明公众的进入权利“被认为是干扰了既有的私有财产权，其范围和实施必须给予限定和控制”（巴克尔和帕里 1996：4，着重号为原文）。

根据1949年进入权法成立的国家公园委员会得到授权，给每个公园任命了一个半自治性质的联合管理局。管理局的一半成员代表当地利益，另一半代表国家利益。一般认为当地代表通常会抵制实施符合国家利益的计划，因为当地得拿出部分资金支持这些计划。郡议会的确不愿将“他们的”公园地区的行政控制权交给联合管理局。战争对后方的影响就是很好地磨练了人们“无论好歹都能对付过去”的能力。这种能力也被用到休·多尔顿领导下的国家公园事务之中。1950年多

190 尔顿复职，担任城乡规划部部长。

1951年至1957年间，10所国家公园（其中大部分土地是公用地）在英格兰和威尔士山地地区成立。1951年选定的前4个国家公园（达特穆尔、湖区、峰区、斯诺登尼亚）成立时间正好赶上英国节（欢庆英国的过去、现在和将来）。英国节促使《关于英国》系列丛书出版，这个系列包括13本导游册，正如引言声称的那样，每本都是“探险者手册”。每个地区的导游册都以一系列游览路线图结尾，据称这些游览图兼容历史路线与现代路线，借鉴了17世纪的道路图。导游册设定的读者不仅有那些居住在英国的人，而且包括“海外来客”，加拿大人、澳大利亚人和新西兰人，他们曾经离开英国去输出自己的技能，现在则回来看看他们刚刚为之战斗的帝国中心。

达特穆尔、诺森伯兰郡和彭布罗克郡海岸属于郡议会委员会管理的单一郡属国家公园（麦克伊文和麦克伊文 1987）。选定的第一个国家公园是峰区，横跨六个郡，一开始就由一个联合规划局管辖。选定的第二个国家公园是湖区，当时的湖区包括三个郡的土地，由三个郡议会抽调的人员组成一个特别委员会经手成立事宜，每个郡议会监控它自己用于公园的费用。[11]其余的国家公园则各由一个联合顾问委员会经管，后者不具有与郡议会对等的规章制定权，只是保持对其“自己”的公园份额的行政管理权。

1949年进入权法包含自然保护和公众敞地进入权管理这两个方面。辽阔的自然美景之地被认为适合选作国家公园，它与人口密集地区毗邻，能为众多的人口提供露天休闲场地。维护和提升公园的自然美，在某种程度上要与推进公众对它们的欣赏彼此关联。国家公园选定几年后，伯基特就这样描述湖区国家公园，语调强硬，与罗斯金的观点大相径庭：

> 这不是国家博物馆的一个物品，上面写着“请勿触摸”；也不

是时髦人物和怪杰创造的作品，他们对自然美的神殿崇拜之极，以至于想把它置于普通人无法触及的地方。

（伯基特 1959：34） 191

呼应了艾迪生委员会报告所推荐的两级方式，1949年法案为国家自然保护区（NNR）和具特殊科学价值的地点（SSSI）做出安排——“以保护有特别的植物、动物或地质的地点”（洛厄 1989：125—126）。自然保护委员会，一个于1949年经由皇家特许成立的研究和顾问机构负责监管这些地区。NNR并不鼓励公众的进入；SSSI过去和现在一般都属于不可进入地区。法案还为自然风光绝美之地（AONB）——即“完全根据风景优美程度选定”的地区提供了保障措施（洛厄 1989：125—126）。

对户外休闲活动空间的需求不断增加，给国家公园带来更大的压力。根据1968年乡村法，乡村公园、野餐营地和水上休闲设施纷纷建立起来以便应对公众的需求。尽管1949年法案已把林地、水路定义为敞地，1968年法案又特别强调了林地和水路的“敞地”性质，因而增加了潜在的可能性——把更多的土地纳入进入权协议之中。1968年法案还在国家公园委员会的基础上创建了乡村委员会。认识到隐含在1949年法案“保护优先于农业”方针中的内在冲突，1968年法案要求规划当局“充分考虑农业和林业的需求以及乡村地区的经济和社会利益”（LDNPP 1986：3）。

进一步发展的压力和国家公园的游客压力迫使政府在1971年委任了一个检察委员会，桑福德勋爵担任主席。[12]《桑福德委员会报告》（1974）详尽描述了着眼于短期效益的功利主义考虑（优先于自然保护）已经造成了什么样的后果。道路和住宅不断发展、消耗资源的产业、水库和汽车旅游不断增加，这一切得到允许，甚至受到鼓励，从而给国家公园造成损害。报告声称：

> 反对有悖于公园目的的发展计划——这种反对必须得到加强，贯彻到底；在美丽尚未遭损害的多数地区，要把这种反对当作一个禁令贯彻下去，除非国家有迫不得已的需要才能破例。
>
> （LDNPP 1986：4）

政府通过了桑福德报告提出的建议，同时承认有必要解决国家公园所
192 在地缺乏住宅和工作机会的问题。

国家公园取得的成功可以由公园使用率的惊人增长来衡量。中央政府和当地政府都害怕休闲爆炸（布兰登和柯里 1988）。随着到乡村休闲的人越来越多，人们的环境意识逐渐加强。20世纪60年代中期到70年代中期，英国各种国家环境机构纷纷建立，数量得到了最大的增长（洛厄和古伊德 1983）。在这些自愿性质的环境机构里，成员由1970年的不足70万增至1990年的375万以上（罗宾逊 1992）。20世纪70年代开始，开始对农业在乡村经济中的作用进行全面的重新评估，这种评估一开始只是作为辩论进行，到后来成为国家政策（布兰登和科里 1988；哈维和惠特比 1988；霍奇 1986；罗宾逊 1992）。

针对强化农业发展与保护野生动物和风景之间的冲突，1981年的《野生动物和乡村法》提出将"管理协议"的概念引入农业—环境世界。[13]该法案综合了桑福德报告中的建议——厘清国家公园关涉到农业活动的法定权力、公共路权修改以及国家公园的义务：为游客提供标明需要特别保护的沼泽、荒野和林地的地图。

1983年，班伯里的保守党议员托尼·鲍德里向下议院提交了一个特别不合时宜的进入权议案，这个《扩大乡村进入权议案》只宣读了一次就遭到否决。该议案提议放权给郡议会，使其有权就农庄主之便而改变设定的人行道，以此而有助于进入更多乡村地区！反过来，"农庄主应有法定的责任，采取合理的步骤标明穿越他们土地的人行道线路"，他们本来也必须这么做（英国议会记录 1983（61）c.924）。

公民身份的建构

华兹华斯关于湖区是“一种国家财产”的定义引发出这样的问题：谁值得纳入“国家”（第三章）。一系列的改革议案拓宽了（公众）对“国家”的政治进入权，同时议会则谋求扩大对于“乡村”的空间进入权（第五章），并且在战后取得了有限度的胜利（我们当前就在讨论这个问题）。

人们认为，后工业时代的英国，政治党派、宗教派别或阶级成分这类强势的身份认同已被个人主义和通过生活方式进行的“自我发明”所取代： 193

> 人们现在打发时间的行为越来越多地成为他们自我感觉的反映。我们所说的休闲时间，实际上是他们生活中可以自由支配的关键资源之一，所以休闲时间通常很重要，它关涉到人们在自己生活中赋予或发现的意义。
>
> （格罗夫—怀特 1996：2）

休闲已经变成物品，而国家将积极的休闲再定义为不再是公民权利的一个元素，而是一个手段的问题。这样一来：

> ……进入积极生活不再是所有人的社会目标，而是一种可选消费品，其消费意味着“积极的”公民身份。它进一步意味着与人数不断增加的“异常”大众的差别，那些人不愿意或不能够拥抱这种新的公民身份建构，因此，愈发得不到进入积极生活的权利，进而得不到积极的公民身份。
>
> （拉文斯克洛夫特 1994：I）

“积极生活”领域内，乡村休闲在国家的预算图腾柱上无关紧要。[14]然而，从涌进国家公园的游客人数来看，进入权的问题必须列入议程。如果有更多的乡村地区允许进入，那么人们就不会一窝蜂涌进国家公园里了。实际情况表明：前往国家公园的游客人数多得令人生畏，引起的交通拥堵超乎想象，想想看英国农村出现了洛杉矶高速公路的场景。在湖区随处可买的一种幽默明信片上，可以看见一条单行道上严严实实挤满了小轿车，车流涌向山间。第一辆车后拉着一个拖车，司机对他的同伴说：“还没有看见别的车！”湖区国家公园占地880平方英里，每年开放期间要接待2000万游客（斯坦纳和布迪厄 1995）。峰区国家公园占地将近600平方英里，每年开放期间要接待2200万游客。60%的英国人很容易抵达峰区公园。1996年，湖区国家公园规划局就夏季旅游高峰期公园禁车问题率先发起了与“相关利益团体”的讨论。这一想法激起了湖区各城镇的店主强烈的反对——通过和店主交谈，我了解到这一倾向。

虽然许多游客从未远离“蜜罐”（最具吸引力的观光点），但也有数
194 十万的人在登山和徒步丘原沼泽。毫不奇怪，对公园里人行道和其他通行地带的损坏触目惊心。在湖区，磨损的人行道看起来就像丘原上的大裂缝。在峰区，泥炭地区的排水沟毁损了像金德斯考特这样景点的外貌。修缮这些损毁耗资巨大。在湖区的一些地方，得用直升飞机把石板运到维修地点。然而，受损严重的人行道刚刚稳固一些（也许靠着一系列巨大石阶的支撑），又引来更多的游客继续向上攀登，从而使道路的毁损现象蔓延到更难进入的景区。在峰区，当局尝试了各种办法防止交通繁忙的泥炭地区变成泥塘。[15]

缓解10个国家公园的客流量压力的一种方式就是允许公众进入其他地区。1984年遗产税法案被认为有助于达到这一目的，凡被财政部认定是“风景遗产”的风景区——也即具有突出的自然风光、历史意义或科学价值的产业可以减免遗产税。作为减免的回报，风景遗产的

新主人必须允许公众“合理”进入。该法案没有具体规定什么是“合理的”公众进入。对这一法案导致的税收损失统计不一，有一份资料说1984/1985年到1995/1996年一共损失6500万英镑（惠特比 1997），而另一份资料则表明1983/1984到1991/1992年一共损失了9000万英镑（珀尔曼 1992）。

风景遗产的遗产税减免计划典型而清楚地说明了土地主与国家之间那种阶级为本与阶级偏向的关系。土地主没有义务给予公众经过风景遗产的路权，而风景遗产也未公开登录在册，这样一来，公众对于什么地区许可进入不甚了了。显然，对国家而言，损失的税收打了水漂儿。

乡村休闲作为一种替代性的（尽管是还未计成本的）经济活动而得到提倡。乡村旅游被视为一种具有“收入弹性”的产品，也就是说，当收入增加时，一个人花在上面的钱会更多（惠特比 1997）。然而，乡村休闲的成本正在发挥作用（沃特金斯 1996）。1991年，通过中央财政资助的“乡村管护计划”，英国的农业—环境政策引进了准市场方式。根据这一计划，农民寻求出售被乡村委员会（CC）认为可以增加风景宜人度的环境产品，来获得该计划支付的报酬（利奥德 1992；弗雷泽 1996）。进入权就成为宜人度或公共产品之一，这些公共产品“经常是作为其他（可能是私人的）商品的联带产品（常常不是有意为之的）”（惠特比 1997：3）。换言之，任何通过“开放穿越他们产业 195
的路权”而获得的收益抵不上农场主种植或畜牧所获得的收益（惠特比 1997：3）。[16]到1997年末期，已签署了超过1200项管护协议，含有可以随时撤销的路权许可（库克和高夫 1997）。

从乡村旅游的实际情况来看，并未收购数据中那么多的进入权。此外，一些新的道路进入权协议草率之极，以至于公众难以知悉或利用，有些道路甚至被封闭起来。为此，漫游者协会（RA）质疑这个新的私人土地市场中所吹捧的收购是否成功。签署协议的农场并未列入路权收购目录，公之于众，因此公众对可进入地区的了解不免有限。总之，一项旨在把进入权商品化的公共政策仅仅使私有财产权重新特权化和合法化。

有些人把中央政府资助“管护计划”农场进入权的政策看作一种默许反对开放性进入权，尽管它声称不是那样。再说，如果靠市场方式，就有“很大理由说，在我们越来越富裕时，进入权问题将会变得更加重要，而不是更不重要”（惠特比 1997：5）。在此，进入权问题与公民权相遇，而科里根和萨伊尔关注的“国家体制及其活动的深刻的文化内涵，以及文化形式所具有的国家法令的特性和范围”（本章开篇就已提出）可以在实践层面上看得出来。

从1985年在艾戴尔进行的一次抗议性徒步开始，其后，RA每年9月都会组织当地的抗议性徒步，以期引起人们关注禁止进入的乡村地区。这些被宣传海报称为“英国禁地日”、“林地散步日”、“英国开放日”以及新近规定的“进入权日”。不管是以什么名目，它们引起了报界和电视台的关注，当然并非所有报道对RA都是友善的。RA的公然好战性是个新发现的特点——有些文章就直接把它与1932年集体侵入活动的“共产主义”渊源联系在一起（法恩戴尔 1995），这为作家、卡通画家和摄影家提供了素材。[17]在政府提议最大程度赋予公众敞地漫游权之后的第二天，卡通画家就作出了反应（例见《快报》、《卫报》，1998年2月27日）*。还有漫画暗示了漫游者提出的进入权议题已变得理所当然——因为风景意象被用来传达其他的政治信息（例见《独立报》，1989年9月19日）**。这一例中实际争论的问题是：在工党政府领

* 画中土地主为对抗漫游权而给地产插上“化学武器试验区”的牌子（Charles Griffin，《快报》），或是组织“乡村游行”（Steve Bell，《卫报》）。——编注

** 画中“劳工漫游者协会”成员试图进入一块标着“私有化，禁止入内”的土地（Nicholas Garland，《独立报》）。——编注

导下，私有化的公用事业的股票持有者是否会获取红利。不管RA的对抗性立场给予卡通漫画家什么性质的启发，它还是疏离了协会中一些更保守的成员。196

1995年12月，RA发表了咨询文件，题为《乡村进入权草案》，寻求（在1947年和1968年法案所定义的）敞地上自由漫游的权利——除了特定条件下暂时禁入，特定条件指的是一年只有12天的狩猎日、异常气候可能导致的火灾等、产羔季和动植物恢复期保护（RA 1995）。

按草案定义，敞地包括林地、悬崖、河岸和海滩，将林业委员会的林区纳入法定的敞地范畴。其中还包括委员会历年来出售的多块林区——公众进入这些林地的路权一度被取消。草案寻求可以自由漫游的敞地，但并未将播种的农田或人们的花园列入漫游者可以穿越的范畴。然而，反对者试图把草案的意图说成另一个样子，卡通画家又对此大做文章。197

反对者毫不掩饰他们的企图：通过立法禁止可能发生的进入。1996年11月，乡村土地主协会（CLA）提出了一个反对议案，名曰“进入权2000”（麦克尼科尔 1996）。该议案要求做过程漫长的财产评估，以便能使业主自愿签约。这样一来其实就是默认“公众进入干涉了土地私有权”这一观念，“进入权2000”把任何进入权的主张权撇在一边，打起了准市场这张牌。CLA后来公然宣布“不支持立法规定漫游权”（埃塞尔 1997n.p.）。

英国登山委员会（BMC）介入了争论，1997年2月发表了自己的“进入权宪章”，与RA的“进入权草案”相比，它要复杂得多。从人类历史学的角度来看有趣的是，这份“宪章”的注解更像是对前一章提及的1833年公共人行道委员会文告的注解：

> （1）攀爬、登山和徒步，如同其他形式的乡村休闲一样，具有很大的益处。

（1.3）对于整个社会，这些活动提升了参加者的心智、体力和灵魂健康，帮助促进民族变得更加健康；通过激发冒险精神和自力更生，给更大的共同体带来更多的福祉，可以减少犯罪，亦能刺激企业发展。

（BMC n.p.，着重号为后加）

“冒险精神”的展现引起国家公园里代际争端——按照法规，国家公园只许可“安静的欣赏”，但是越来越多的游人使用山地自行车[18]，好多人还使用摩托车、越野车和湖上摩托艇进行运动，因此引起争端。还有一个多年未能解决的争端是：在湖区国家公园上空进行低空飞行军事训练。

与RA成员和其他各类组织协商了一年之久，“乡村进入权议案”在1997年由舍伍德郡议员兼RA资深会员帕迪·蒂平向议会提出。第一次宣读就未通过，正如RA预料的，一个保守党政府怎么会通过这种议案呢？ 1997年大选前，三个政党的领袖人物承诺将进入权法案列入下届会议的日程，尽管没有详尽探讨立法该采取什么样的形式。蒂平
199 在1998年又一次提交了RA进入权议案，这一次赶上工党执政，然而议案还是没有得到认真对待，只是一次宣读了事。

1998年2月，政府发表了一份咨询文件《英格兰和威尔士乡村敞地进入权》。这一文件给予土地主三个月时间选择是否自愿允许他人进入私有的未开垦的土地——山地、沼泽、荒野和登记入册的公用地，但不包括RA希望纳入的林地、悬崖、河岸和海滩。作为政府的乡村和风景顾问，乡村委员会（CC）回应认为“这种尺度的进入权反映出一种意义深远的文化变化”，而且

有关敞地进入权的法案应该提供三种自由……公众有徒步漫游探测敞地的自由，其活动范围不受无谓的限制；私产拥有者和

> 占有者有暂时关闭自己土地的自由，以解土地管理之需，只要合情合理，也就无须事先征得同意；立法机构有限制公众进入特别容易受侵扰的野生动物栖息地区和历史遗迹的自由，以便实施保护。
>
> （CC 1998年6月1日：1）

乡村委员会意识到需要“教育和说服游客和土地主积极地、建设性地应对这些新安排”，提议应把这种教育纳入“全民课目”（CC 1998年6月1日：1），以此更加清楚地展现“国家体制及其活动的深刻的文化内涵”（科里根和萨伊尔 1985：2）。

同时，乡村委员会提出对线性路权实行“更灵活的方式”，一种耗资更少、耗时更少、争议更少的方式。它的《人行道21》提议可能是一个更划算的“人行道网络，能满足下个世纪需求，而非作为历史需求的结果”（CC 1998年6月12日：1）。这一方案会不会是托尼·鲍德里遭到否决的1983年《扩大乡村进入权议案》的翻版？ 1983年的议案要求按照经济原则取缔法规化的路权，以更方便农场主的人行道替代历史遗留下来的人行道。

《人行道21》是对乡村规划的重新审视，挑战了某些已被认可的观念。它承认如果按照这种新的乡村规划施行起来，将不会有目前那么多乡村保留下来。[19]这是不是意味着矛盾？——因为与此同时，正有越来越多的人试图进入乡村；人们一打开英国报纸就会读到一条新的 200
公路破坏了人们过去为之战斗并竭力保护的公用地；英国考古委员会迫于现状而要求把农业补贴同环保挂钩，以防止农场主获得“类别许可”（Class Consents）去深耕中石器、古罗马和内战遗址而免受惩罚。

同样，绿色地带受到经济学角度的审视——看看它们是否“帮助或阻碍了可持续性发展，它们对资源（土地、矿藏、水等）的有效利用产生了什么样的影响，它们是否帮助我们理智地思考并做好长期计划”（CC 1998年9月19日：1，着重号为后加）。所谓“有效性”是依据什么人的角度？在同一份网络文件中，还提出了“为城镇创造合适的背景”的建议。所有城镇应该：

> 坐落于管理良好的乡村。发展计划需要限制城市增长，为城镇周边的乡村制定积极的目标。每个城镇和大城市应该发展绿色空间项目，这样，每个人，包括社会之外的群体，都可以进入并且能够享用他们住家附近的开阔空间。
>
> （CC 1998年9月19日：1，着重号为后加）

这一建议也许不是一种要求社会上受排斥的群体待在自家地盘，勿去侵入更广大英国乡村荒野的方式？不管怎么说，这类群体最受公共交通的制约——公交的匮乏自然会影响他们进入英国风景区。也许乡村委员会提供的千禧草坪足以使他们待在家门口怡然自得了。千禧草坪从国家彩票发行署获得了1千万英镑的资助，到2000年，一个慈善信托基金将管理并维护英国大约250个社区的千禧草坪。

支持进入权的人大力呼吁允许公众进入国家公园内外的敞地，反对的人则抗议城市（也许就是那些来自大城市和城镇的“没有教养的游客”）破坏乡村生活方式，双方各不相让。禁止猎狐的提议引起了经济学意义的争论。设想一下禁止猎狐的情形吧，马具商人会失业，猎装裁缝没了生意，马夫和驯狗师无事可做，还要处理掉大批猎犬。[20]1997年7月，估计有10万人结队示威，抗议一个下议院普通议员议案，该议案禁止带猎犬猎杀哺乳动物。1998年3月，超过25万的“乡民”，由穿着红
201 外套的猎人率领，来到海德公园参加了乡村联盟发动的游行。土地主利益集团的出席使得所谓代表乡民的“乡村游行”大打折扣。没有什么能够掩盖这样一个事实，这次游行目的就是抗议立法禁止猎狐。[21]

《刑事司法和公共秩序法案》（1994）中有些部分是针对破坏狩猎者的。法案第68条规定严重的非法侵入就是一种新的犯罪行为，所

谓严重的侵入指威胁在土地上从事合法活动的人、妨碍或阻断其活动。但是针对“非法入侵的集会”，法案的第70条和第71条则布下了更大的法网。它们所界定的集会指20人以上的群体企图聚集在“公众无权进入或只能有限进入的露天场地”。如此一来，行使了1949年法案所赋予的权利的人，则会违反1994年法案第70条和第71条，受到制裁。[22]

从1995年11月发起的“乡村运动”中可以看出乡村与城镇之间的对抗，该组织打出来的标语表明他们要站在“乡村一边”来讨论各类议题，如休闲进入、农场主的民族意义、农场主作为真正能够照管乡村的人所起的作用。[23]

农业和休闲之间的冲突的另一个现象是

> 一个正在发展的趋势：将大量的乡村休闲活动限定在官方指定和管理的休闲区域，限定在范围延伸但受到控制的所谓国家公园里。[尽管这样会]极大地裨益于户外休闲……但讽刺的是，它也会有助于使排斥持久化，使公众无法进入开阔的乡村地带，有助于“制止”公众路权，特别是农耕地区和城市近郊的公众路权。
>
> （泰勒 1997：275）

相反，乡村委员会认识到乡村休闲活动的巨大的经济价值，尤其是休闲散步可以为当地带来“高达20亿英镑的收入”（阿什克罗夫特 1998：2）。一个主要的两难是乡村共同体如果不肯接受日趋加重的进入负担的话，也就得不到旅游业和休闲活动如徒步带来的经济利益。 202

政府径直打断双方（进入权立法议案和反议案）的推拉之举，于1999年3月颁发了《英格兰和威尔士乡村进入权：行动构架》，于1999年7月颁发了咨询公告《改善英格兰和威尔士路权》。这些动作表明政府有意通过立法解决乡村敞地进入权的问题，扩大现有的路权范围。

地方级和国家级的“进入权论坛”建立起来了,所有的利益集团被召集到一起讨论出台《乡村议案》——这一议案旨在确保公众进入一定的未开垦的土地上并自由漫步的权利。至于何时将议案拿到议会里讨论,政府却含糊其辞。然而,1999年11月17日女王演讲中介绍《乡村议案》,推进了为进入和自由漫步所进行的漫长斗争。竞争的利益各方所持的砝码将决定立法的形式及其在全国和地方(也许是分阶段的)的实施。

结　语

私有财产的各种关系植根于对土地的控制和进入之中。一旦有人提出在私有土地上建立国家公园,必然会出现紧张局面。即使大量的公用地纳入国家公园的范围,也不一定向所有来访者开放。事实上,它们从未对所有来访者开放。吊诡的是,植根于风景之中的文化民族主义却孕育了城乡分野,而美学、农业和休闲的因素则促成了利益集团之间那种并不省心的伙伴关系。协调矛盾重重的需求和要求的努力似乎只是让这些矛盾进入法律文件,并未解决矛盾本身。也许解决是不可能的,也许解决的成本太高。在市场这种地方,公共产品的问题向来受到冷遇。

不让进入英国风景区和控制在景区内活动已有漫长的历史,而且仍在发展过程中。在英国这种人口稠密和高度城市化的国家,敞地是罕见的资源。围绕资源展开的论战、国家立法的介入和最终使敞地商品化并不奇怪。英国非政府组织以及政策制定者仍跳不出历史决定的狭隘休闲观,“难以把真正的社会意义匹配给休闲”(格罗夫—怀特 1996: 2)。在接下来的章节中我将从民族志方面探讨山地徒步的社
203 会意义,休闲的这一个方面取决于进入权。

关于休闲性徒步:

……英国户外运动所取得的巨大实效和社会政治意义，是建立在具有地区细微差异的进步主义核心意识形态之上的，赞同这一点并不等于是以辉格党主义或必胜主义的态度宣称一种观念不可逆转的完满实现。许多目标继续使人烦心，得与失通常相互抵消。运动本身中的后退的保守派力量，受强大的妥协倾向支撑，一直在不懈地施加影响，阻碍徒步者、登山者和骑自行车的游客为了自己的利益统一行动起来。在20世纪末期为人行道路权和进入权而抗争的人们与19世纪20年代的先辈一样，依然在进行同样的战斗。

（泰勒 1997：273—274）

如果说同样的战役正在进行，那么1999年末的《乡村议案》则把战役带进了一个新的舞台。 204

注　释

1　市区被定义为某郡的小一点的城镇。大一点的城镇及城市是自治市，即一个郡内的行政“岛屿”（佩普勒 1950）。

2　公用地往往要么被妖魔化（是经济困境之源，对其补救措施就是私有化），要么被浪漫化（在公用地工作的每个人享受社会和谐与生态平衡）。公共产业并不一定等同于完全开放进入的敞地；公用地通常会被高度管理和规范。中心问题——对各类公用地的研究突显出来的问题是：“什么人进入什么地方，什么时间进入。”（艾奇逊和麦凯 1987；布罗姆里 1992；利兹和奥提兹 1992；泰勒 1995）

3　如同全景图提供的虚拟旅行一样，《记录英国》在乡村巡回展出，试图减少组织者称之为的“不必要的”假日火车旅行和汽油使用。“不列颠”一词是一个误称，因为它只涵盖了英格兰和威尔士，甚至对威尔士的描述也很不充分。另一个计划涉及到苏格兰。该计划依靠基金来自美国的朝圣信托社（Pilgrim Trust）资助得以实施（梅勒，桑德斯和莱特 1990）。乔治·特里维廉也说服朝圣信托社向国民托管组织捐款购买产业和土地（卡纳戴恩 1992）。他听从维多利亚和艾伯特博物馆德海伦·罗温萨建议，帮助组织了阿丁汉暑期学校，以示回报。由国民托管组织主办，特里维廉督导教程，1952年一队美国收藏家和学者游览了托管组织辖下和私人拥有的18世纪乡村别墅，得到特许参观业主的收藏、建筑和环境。

4 艾布拉姆斯编辑的有关国家公园的文集非常有趣，揭示了姻亲关系与机构之间的联系。在出版该文集时，艾布拉姆斯是国家公园委员会秘书；该书题献词是“谨纪念约翰·道尔和H.H.西蒙兹”。

约翰·道尔（1899—1947）是参加规划的建筑师，曾经是CPRE的国家公园常务委员会的名誉草案秘书。因病退伍之后，他担任了工程和规划部以及城乡规划部的战时文职人员，从事国家公园规划的核心工作。他还为YHA（青年旅社协会）设计了湖区旅社，是国家露营部的建筑师。

西蒙兹牧师（1885—1958）曾经是CPRE的国家公园常务委员会草案秘书，湖区之友副会长，湖区规划局的成员，漫游者协会副会长，默西塞德郡青年旅社协会副会长。

5 伯基特演讲结尾大量引用华兹华斯的《序曲》，但没有说明出自华兹华斯，由此可以看出他所针对的听众是些什么人。他认为听众应该知道，这种假设保持到演讲出版。

6 “平房皮垢”的报复在印度听到——突然传来的欢呼声传到英国军官建立在山上、远离士兵营房的平房，原来欢呼声是因温斯顿·丘吉尔落选、工党当选的新闻而起（个人交流，琼·文森特）。

7 1923—1924年间当过一阵韦尔斯的议员之后，自1925年起，霍布豪斯（1886—1965）成为萨默塞特郡议会成员，1940年起任议会主席。1946年他担任郡议会协会主席。郡议会不愿意将公园规划权力让给联合规划局，因为这意味着他们也将放弃中央政府拨给公园的基金。由于他有郡议会协会的背景，人们认为霍布豪斯能够就这一问题进行协商。

8 在庆祝这个使进入权唾手可得的法案时，1949年还目睹了斯蒂芬森和S.P.B.梅斯合编的《可爱的不列颠：图文描述英国乡村的美丽和趣味》的出版。

9 当地政府被授权商讨进入权协议，但它们很少动用这种权力：“下议院环境委员会（1995）只报告了48项有关国家公园的协议”（惠特比 1997）。直到1958年，峰区成立国家公园7年之后才签署了《峰区金德斯考特进入权协议》，这一协议使得公众可以纵览峰区全景，此时距公众被允许登上伦敦里士满山纵览全景已过去了58年（见第四章）。为不同阶级的赏景人而设置的景色保护在时间上也有不同。

10 战争时期人们目睹了通过研究法律和混乱来“寻求秩序”。霍斐德是众多学者之一，研究比较法学或历史法学，其中一些工作可以纳入人类学范畴（文森特 1990）。

11 只有在1974年当地政府重组之后，湖区特别规划局—国家公园管理局（LDNP）才取代了郡议会规划局。该公园完全位于新设的坎布里亚郡，包括四个区议会的一部分。

LDNP中的大部分公用地属于前湖区市区，1925年《财产法》确保公众可以进入LDNP范围内的许多山地和山区。不同于其他国家公园，LDNP的41.3%的土地是公众拥有的（普尔和普尔 1987）。然而，这并不意味着公众可以进入所有区域而无任何限制。

12 任职期间，桑福德爵士，约翰·西里尔·埃德蒙森牧师（1920年出生），担任住房和地方政务部的政务官，也是环境部的政务次官。他在20世纪80年代一直从事地区规划和环境教育，还为乡村假日协会充当顾问——那也就是改了名的合作假日协会（CHA，由T.E.伦纳德牧师创建）。1979年至1990年桑福德还担任了青年旅社协会副会长。

13 在英国运作了一段时间的管理协议，付钱给农场主让他们不要做破坏环境之事。其实在许多情况下如果不是农业部补贴诱人去做，他们压根不会做那些事的。

14 奇怪的是，陆地测量局最近颁布的光盘“大不列颠互动地图集”，按1英寸比10英里的比例，及1英寸比4英里（加上放大功能）勾画全国，居然没有显示人行道。

15 包括用泡沫垫支撑的木制通道。不幸的是，泡沫垫的边缘很快开始断裂。1996年建成的约克郡溪谷国家公园海岸到海岸步行道使用了另一种方式。红外线“漫游者计数器”安装在栅栏上来监控人行道使用状况。一旦游客超出人行道的容量和环境容忍度，计数器就指示散步者转向生态环境不那么脆弱的路线（瓦因莱特 1996）。

16 购买新的路权许可是一回事，但付钱给农场主去要他们生产公共产品——也即让人进入传统路权覆盖的地区，却是回避了问题的实质：传统路权恰恰应是法定路权。一些农场主认为由于给予公众路权（传统而确定的路权也好，新的许可的路权也好），他们遭受了经济损失，因此他们要求先要拿到补贴。经济损失的产生可能是因为栅栏门敞开，牲口就四处晃悠，毁坏庄稼，农民就得花时间把牲口赶到一起；行人不按人行道走路，踩坏庄稼；还有解开绳子的狗骚扰家禽。

17 漫画勾画了进入权与阶级、隐私、政党及宗教的关系。杰克的一幅漫画，1991年9月30日在《标准晚报》上发表，展示了三个持枪的土地主站在他们的一处气度不凡的乡村别墅外。一块“严禁非法侵入”的告示牌边是漫游者的尸体，手拿着陆地测量局的地图，身体如同松鸡或野鸡一般摊开在地。画中文字是：“还不算糟，伙计，毕竟这只是我们第一次猎杀漫游者！”公用通道有时被盖上了违法建筑。这种行为促使了如下漫画的问世，漫游者要求穿过餐厅或浴室（通常丰满的女性还在浴缸里），因为他们发现了可以穿过该住宅的路权。另一些漫画借用主祷文：“宽恕我们的侵犯吧，正如我们宽恕他人对我们的侵犯。”还有漫画以漫游者入侵为题，描述他们被农民射杀、处死或关押起来做人质。20世纪30年代的一幅插图最近作为明信片重新发行。插图显示出漫游者在踢打、用拳猛击，并掐住猎场看守人的脖子，其文字说明为“甚至小小的斯蒂平福德漫游者协会也不乏流氓特性”。漫画恶搞了一张摄于1932年，反映金德斯考特公众入侵事件的照片，照片在《谢菲尔德每日电讯》上发表（后来翻印，希尔 1980），画面上漫游者正弯腰帮助一个脚踝扭伤的猎场看守人。

18 很奇怪的一个观点是：不同于“美国荒无人烟的原野”（山地自行车运动就在那里兴起），英国风景区“特别不适合这类运动”（麦克加文 1996：2；着重号为后加）。也是这个作者把在国家公园进行山地自行车运动的争议看成人与人之间的“感知问题”，因为它的证据仅来自一些逸闻。但是，他也承认存在破坏地面和侵害了野生动物的问题。我自己曾与一群人正在湖区徒步，忽然几个山地摩托手闯了进来，我们只好离开那条陡峭的山路。有辆车想加大油门快速跃过一个大石头，结果出了故障，发动机熄火了。当意识到车手将不得不扛着这辆车走路时，我们这帮人不由欢呼起来。

19 据说，可以“从所有开发活动里获得环保的最终收益……尽管（乡村）可能萎缩，但质量的提高会弥补数量方面的损失”（CC 1998年9月19日：1）。

20 20世纪末期反狩猎运动变得更加激烈。当国民托管组织很不情愿地禁止在其管辖的所有产业内猎杀牡鹿时，运动推向高潮。如果在过去，猎狐是一种乡村权力和占有的仪式，那么在当代背景下，它却有一种怀旧和失去占有的意味。在湖区只能徒步跟着猎狗去追逐猎物——也许，这种传统中仍然保留着一种更民主化的当地文化的成分。由于地形原因，没有穿着红色猎服骑马疾驰的猎人。如果你想带着湖区猎犬打猎，你就得准备翻山越岭。偶尔我也会碰上湖区狩猎，但从未见谁逮住过狐狸。

21 一个星期后，该议案没有能够加进法律条款之中，因为反对者提出了好几百个修订案，进行冗长的演讲，占用了规定的辩论时间。现在能在英国城区看见狐狸出没，也许是因为狐狸与乡村联盟玩起了游戏，移居到城镇里去了。

22 这里还关系到两代之间的使用问题。群众性的户外旅游者节日处于官方界定的乡村休闲之外。这类节日确实证明了受到忽视的一代人的休闲偏好，他们的活动现在被视为犯罪。为进入权设定的种种清规戒律只给特权者特权，宣扬了他们的立场。旅游者节日是心怀不满的大众集会的另一个例证。

23 一次推介“乡村运动”的全国广告宣传中，使用的海报是大幅艺术图像与相反广告词的结合。一幅约克郡溪谷图画配上这样的文字：“当你试图解救巴西雨林时，英国乡村正在消失”；一只特大的手捧着一只死去的小小的哺乳动物，题头文字是“杀手是一名男性，白领工人，也许四十大几，在一个工业城镇生活工作”；一个围着皮围裙的男子画像上写的是“乔治 · 罗伯茨，头号刽子手和热爱动物者”。这些图像传达出的信息是，有五百万左右的人们在英国乡村生活和工作，却对乡村事务没有发言权，即便他们“最有资格管理乡村事务”。乡村运动想要“开始重建城镇与乡村之间曾经存在过的那种理解”。

第三部分

民族志的风景

你的生活在某种程度上取决于你的鞋子,适当地关照它们吧。不过每天一刻钟足矣,因为你的生活还取决于其他东西。

（勒内·多马尔 1974：118）

《致____,祝贺她第一次登上赫尔维林山顶》

你,与山同在一片蓝天之下,
登上高峰,从赫尔维林瞭望塔
凝视美景,
敬畏,兴奋,惊讶……
女士！现在飞吧！
阿尔卑斯或安第斯属于你……
你汲取山之精华,山之伟力,
一如当初相见时
古老的赫尔维林使你折腰,
江山如此多娇！

（威廉·华兹华斯 1816）

我一直考证身份认同作为一种文化产品的变迁，考证它如何生成于风景之中，并经由风景——特别是与湖区峰区相联的风景生成。这个导言就是对我分别于1995年、1996年和1997年夏天和秋天在湖区山地徒步几个月的田野工作做个定位。除了最宜徒步的干爽温和的天气外，我还在大风雨、雨夹雪、小阵雪、酷热的高温等各种天气条件下徒步和登山。但对于冰天雪地的山地徒步，我则毫无概念。

某种程度上，其实存在着两个截然不同的湖区。一种我称之为华
211 兹华斯郡，这是一个国民托管组织照看下的水仙花遍地、适宜湖边漫游的地方，彼得兔和刺猬夫人的古老世界，令人感到舒适：深色木头装饰起来的内室，擦光印花布和陶瓷器具闪着微光，傍晚时分的茶点。虽然我知道多萝茜·华兹华斯和她哥哥做过著名的长途山地徒步，华兹华斯郡现在只是一片低洼地带，并不是我关注的焦点。我更关注的是另一个湖区：地平线尽头的山脉，云彩低垂，好像要被山披到身上。除非你进入山区，冒着暴雨艰难跋涉，或者冒着近几年的酷暑徒步过，你很难了解山的崎岖不平——特别是如果你是美国人，更习惯于把山想成一万三千英尺高而非三千英尺高。

正如我在第五章已经详尽解释过的那样，湖区是一个直径大约三十英里的大致呈环形的穹隆地区，密布着180座高峰。这种紧凑的地形意味着一天之内的徒步中，你攀登的高度总和可能轻易超过三千英尺，尽管全湖区只有4座山峰超过三千英尺的高度。湖区的山峰，高的也好，不怎么高的也好，并不容易攀登。

你去徒步登山，每次都会有所不同，这要看季节、天气条件、你自己的身体状况，同样重要的是，看你的同伴而定。我简短地说说自己的经历，也算是付给我所看到的其他人的“表演”的报酬吧。需要澄清的是我不仅仅是在观看其他人如何面对自身的极限，我自己也在切身感受。在我拿出全部意志力向上攀爬那令人心悸的陡峭的山峰时，或者比这还糟糕的是，顶着狂风——面对当天可能遭遇到的无论什么障碍，沿着

结霜的悬崖裂缝一步一步捱下山时，我能感觉得到思绪和恐惧的重量。在这类生理印象的作用之下，自命的民族志学者与其观察对象——徒步者之间的界限逐渐淡化了。我放弃了“旁观者”的安全特权，成为这类冒险表演的一个“演员”。我的观察角度不仅是旁观者的角度，而且，如果你承认，也是介入者的角度。

不列颠的天气取决于西部。湖区位于英格兰西北部高地，在与苏格兰的交界以南。西临爱尔兰海对湖区天气状况作用巨大。20世纪80年代末期我在哈索普山谷第一次进行田野考察时就很快意识到这一点，哈索普山谷位于中部山地高处，年平均降水量为90英寸。前一年的6月份，黄昏也许需要点上受人欢迎的炉火，7月会有使人惊讶的霜 212
降；而在后一年的同期，却会遇上炽热的日照和燥风的吹袭。

徒步时天气瞬息万变，使得人们格外注意天空的动静。通常天空非常活跃，烟雾、雨水或密云交织在一起。风暴会迅速袭来，气温骤然下降，即使在盛夏季节也是如此。顷刻之间，老天变脸。气流裹挟着高耸的云团在山丘周围散开。甚至在天气看起来不会有变的日子，山谷之间也会阴晴难定——这个山谷可能降下冰雹，不远处的另一个山谷则可能阳光灿烂。在海拔高度相差2千到3千英尺的变化区间，气候差别也会很大。如果坏天气的因素凑在一起，那么就会有灭顶之灾了。全年都有徒步者冻死。湖区各路山区救援队每年花在救援任务上多达2万个小时（湖区山间救援队协会 1995）。

然而，即使没有这类极端状况发生，徒步者一旦停下来歇息，寒冷也会很快透进骨髓——在冷风的作用下，汗水湿透的衣服自动变成为个人量身度造的制冷元件。于是取出背包里的“附加装备”：羊毛衫、防风夹克、羊毛帽、围巾和手套。“技术发烧友”蔑视此类装备，他们更青睐合成纤维制作的“甲胄”，这种纺织物的微纤维能够把身体流出的汗水导流到织物外层，热汗挥发掉而无寒冷之虞。在每个歇息处都能听到人们激烈地争论它的利弊，最后我投资50美元买了一顶可以排汗的帽子，我不再理解技术恐惧症者的技术恐惧了。但价格不菲，我可以理解为什么至少有一家制造商的广告宣传要说这种纤维织物经过杀菌处理，“可以穿着多日……而身边还能留下一些朋友”（卡里莫 1994）。

如果有一个绝对的理由解释为什么人们常常选择在恶劣的环境下，甚至非人的条件下对自己进行体力极限的挑战，这个理由似乎是挑战者能够体验壮丽多姿的风景：从与连绵的群山相辉映的变幻莫测云景，到阳光透过高高的雨云层照射到的湖面，再到黑泽明式的薄雾笼罩下的世界，一个无景（non-view）之境。与之相对的另一个极端则是可以领略罕见全景的天气，我自己就曾经碰到，那些有着三十年的湖区
213 徒步经历的人都没有看见过。往北70英里之外的格拉斯哥南部白雪皑皑的群山逶迤，居然历历可见，向西望去则可以看见更远处的爱尔兰山脉。

我“为了研究而做的真正徒步”，第一周是从波罗戴尔开始，一个远在湖区西部人迹罕至的山谷。这是我第一次冒着大雨一个小时接着一个小时地行走。在蒙蒙细雨中爬上一条小径，穿过一个废弃的板岩采石场，左边是一堵碎石断壁，右边是一个开阔的陡坡，一切都使人神经紧张。在大雨中顺着同一条小径爬上爬下，我不禁质疑我的课题选择。人们会主动选择这样做？为了度假？那个星期的后来几天，我们小组越过绿山墙（Green Gable），来到大风沟（Windy Gap）。我们的领队刚刚上任几天，告诉我“在那边”下山，他得照看掉在后面的人。

我看着他指的那个地方：一个陡峭的碎石坡（岩石表面已经松散）。我真的认为他是在开玩笑。他没有。这就是“亚伦的碎石路”，一条长达700至800英尺的斜坡，通向斯蒂海德山中小湖。对我的惊叹“怎么走？”他的回答是：“身体往后靠，脚后跟插进去，走！”就脚跟插进吧，我却发现每走一步，我身体的重量就带着我顺坡滑落，一滑就是三四英尺远。我不能说“我”形成了自己的节奏，根本不是，更准确地说是节奏自己奇迹般地形成。在最初犹豫不决的几步之后，我咧嘴笑

着跑了下来。碎石路之后，又是一段陡峭的石径，我踮着脚尖跑，靴子足够结实，刚好使我能从一块石头跳向另一块石头。这是一个全然的“体内”(in-body)体验，一种毫无恐惧的坦然状态，我非常清楚身体运动与历历在目的地形应和完美，也很清楚自己的心正在观察并能看到平常的自我何时开始抓夺这体验，威胁着把我从当下极端平衡的状态中抛出去。但是，“当下”一直保持着，最后我终于跑到绿草茵茵的斜坡底部，一下子坐到地上，等着其他紧随我身后的人。后来，我们跳进冰冷的小湖里畅游。

我已将那第一个星期的经历视为“开端”，我不得不承认这次经历让我对我的靴子(更不用说对我本人)产生了错误的认识。我不知怎地无比信赖我的靴子——它们知道做什么，它们有自己的眼睛，它们会照顾我。因此，在另一次田野考察时，我要求一个徒步旅行的朋友带我去“挑战”斯特莱丁绝壁(Striding Edge)，一条我听到人们反复谈及而我毫不了解的通向赫尔维林的路线。这个朋友不仅是一位出色的徒步者，也是一位了不起的攀岩者。结果，在经过了长时间的紧张艰难的 214
跋涉后，发现斯特莱丁绝壁是一道陡峭的、锯齿状的、刀锋一样险峻的山脊，是从赫尔维林(4座超过三千英尺高的山峰之一)东北部山坡的一个盆地边缘伸出的一支山臂，盆地边缘的另一支是斯威瑞尔绝壁(Swirrel Edge)。红冰湖位于1800英尺陡峭岩石下的盆地中心。斯特莱丁绝壁西边有一条虽不那么险峻，但深逾2300英尺的斜坡通向谷底。

可以看到我的朋友在强劲的风中摇晃着攀爬那刀锋般的悬崖，他不得不手膝并用，此时我则不得不离开崖顶走到另一条平行的小路上。我努力振作精神又回到崖顶，但我没有办法欣赏风景。我眼角余光能看到的一切都告诫着我算了吧。山脊过去了，顺着赫尔维林山肩可以爬向山顶。绕过一些大的雪堆我们来到一个碎石斜坡。有一次我的脚踩上了一块岩石，石块一下子滑落，我开始顺着冰湖那一侧的斜坡下滑。我听见,好像在远处,有人在尖叫。是我自己,四肢张开,有些碎石滑过我脸前,我试图用靴子和手指挖出一个支撑处,终于让我的靴子找到了。在极度静默中,刚刚发生的事情和自己现在的处境,让我体验到什么叫难以置信。

我的同伴爬下来接我,在我下面30英尺左右的地方,另一个人摆好姿势准备在我再次下滑时拦住我。我被扶着离开了碎石道,惊魂未定,接着继续向山顶攀登。在赫尔维林斜坡顶上走了几步之后,我坐了下来,拒绝移动半步。我不愿意走完通向赫尔维林顶峰的最后几百码去欣赏那久负盛名的景色——我能够想到的就是:“让愚蠢的山景见鬼去吧!”身上从靴口到臀部青一块紫一块,浑身筋疲力尽,我好不容易熬过5个小时,默不作声地翻越了多里瓦根峰,走下更陡峭的通往戈里斯戴尔小湖的碎石坡,穿过了长长的山谷,甚至在一块类似太妃糖纸的岩石上摔倒,全身着地,头部险些撞上一块大石头时,我也没叫出一声。我几乎兜了一个大圈——如果第一次滑落时间长一点或是摔了个仰八叉,或是第二次摔得更惨,那么就得召唤帕特戴尔山区救援队了。该救援队成立于1964年,由哈索普山谷的詹姆斯·奥吉尔维创建,后者的骨灰已经撒在赫尔维林山顶,那是在我“挑战”斯特莱丁绝壁之前的事。

“滑落后”的田野考察实际上成为连连噩梦。即使在环形路径上简单行走,也会使我焦虑不堪,而攀登峭壁更是让我充满恐惧。过了好
215 一阵子,我才部分恢复了以前的自如和平衡感。这种两极体验,即身体的极度兴奋和极度恐惧,我是切实地体验了一番。我能够理解山地徒步者表达的东西:他们所感受到的成就感、极限挑战以及他们愿意这么做的原因。正是由于他们的帮助和鼓励才使我有些东西值得报告,我在哈索普山谷的工作并没有提供给我山地徒步的准备,因为那是靠我自己完成的,没人看见或议论我缺乏经验。

在哈索普山谷时,我发掘出一段25年前的记忆,那是1960年代初期,17岁的我参加了一个攀岩俱乐部。尽管我不是唯一的女孩,我还是

被当作一个另类，因为不是某人的“姑娘”（女朋友）。女性攀岩者几乎绝无仅有。[1]我不太受欢迎，但我坚持到冬天，直到发生了一次灾难性冰上滑倒的那天（我买不起合适的靴子），俱乐部管理者打击了我，他用每个人能听得见的声音，明白无误地隐射我，说他知道汉尼拔想让大象登上阿尔卑斯山时是什么感觉了。

只有在读到西蒙·沙玛的《风景与记忆》时我才回忆起我已经忘记的东西——在书中，他解释了汉尼拔著名的傲慢行为及其对浪漫主义的趣味影响，如“令人愉快的恐惧”和“具有道德意义的登山”（沙玛 1996：422）。也许不是巧合，后来的25年里，我都在希腊登山，远离结冰的环境和英国上层阶级。也许我的课题选择在某种程度上是以更体面的方式跨越阿尔卑斯山。至少这次我的脚上穿着更好的靴子，能够使我鸟瞰胜景。

注　释

1　在1974年主题为“登山者和社会”的全国登山大会上，有人以某种程度的自满的措辞，评价说在“具有健康异性交往的放纵特点的当代登山共同体里”，有比过去“多得多的女孩”参加。接着，演讲者换一种不同的措辞，继续说道：“女性还没有按自己的方式来登山……但是现在有很多女子被定义为登山者，而不仅仅是‘某某的姑娘’。”（库克 1974）这种现象能引起评论，表明女性登山者是多么罕见。

七

再地化/发现/引述景色

在讨论城市和国家的结构化、等级化的世界与建立在平等友爱基础上的“共同体”(communitas)之间的关系时，现代人类学家维克多·特纳提出一系列对立元素，与维吉尔的观点如出一辙。两种社会的组织形式从概念到经验，都是互不兼容的，其结果是两种社会需要神话和宗教仪式居间调节。通过允许跨越彼此的阈限或看不见的疆界的仪式，一种社会到另一种社会的过渡得以实现。朝圣实际上就是一种过渡形式，朝圣者经常从国家的核心——城市地区移动到乡村地区(常被视为是本国特定民族的古老故乡)。通过原始的方式，穿着普通服装一起旅行，朝圣者之间形成了纽带，超越了社会疆界。

(奥维格 1993: 326—327)

徒步漫游是……一种文化和技艺……一种对自己的国家，最深处和最遥不可及的地方的爱，这种爱……不会枯竭，这种爱……激起人们的忠诚之心、爱慕之情，足可以成为某些人的宗教。

(沃德 1934—1935; 转引自希尔 1980: 32)

> 国家公园被人们称为国家皇冠上的最后一颗珠宝。其心脏地区是“遥远却坚如要塞的公用地”，远离红尘，人迹罕至。在这儿，所谓的“撒切尔的英国”似乎显得很渺小；一个更清晰的观念已经凸显——这里不是“他们的”英国而是我们的英国。
>
> （里德 1991：7） 219

> 我们渴望文明的舒适和便利，但是如果这意味着彻底摈弃与我们依旧归属的栖居地的视觉象征的联系，那么我们可能变得像笼中狮子一样……只能沦为在笼子里神经质地踱步，因为有些东西根本错了。……简言之，探险是一种最基本的生存行为，我们之所以进行探险，是因为受我们本性强烈的驱动……考虑到这一语境，我们把侧重于关注湖区的艺术和文学的文化大流派，不是视为登山者或徒步者经验的平行流或替代品，而是视为同一个东西的重要部分。
>
> （阿普尔顿 1986：119—122）

> 人天生就需要离开他的洞穴，漫游到二十多英里之外；所有这些科技、不断被更新潮的东西甩到后面、所有的紧张压力——不！徒步才是本来需要的，使你接近最本质的东西——我是否受伤，我是否饿了，我想撒尿吗？这就是我喜欢的原因——你就是你，你的身体和自然环境。
>
> （马丁·F. 1996）

引　言

前六章论述了湖区文化建构这将近二百五十年的历史进程。这些过程涉及进入风景和如何看风景的问题。与公用地问题并行而且深化了公用地进入权问题的，是属于政治进入权范畴的社会运动。我现在转向一群人（主要是城里人）热衷湖区山地徒步的流行现象，对此进行微观研究。该现象作为一种最近期的表现，映射出早期对这片风景、这片文化地域、这个英格兰版本的想象、接触与进入。

我对山地徒步者所做的多点式、场所机动的民族志研究，与英国社区研究的传统模式并不契合（阿伦斯伯格和金波尔 1940；贝尔 1994；科恩 1985；福克斯 1967；弗兰肯贝格 1957，1966；米维特 1986；斯特拉森 1981；威廉斯 1956）。这种研究既非根据静态的场所，也非根据年周期观察。亲属关系也不是我的主要关注点。这远不是对“非自愿地方化的‘他者’”（阿帕杜莱 1988：16）的研究，而是关于去/地方
220 化（dis/located）的情感共同体的研究。该共同体由年年重返甚至几十年不断重返湖区的人们构成，这样的重返行动显示的不仅是他们对一个非日常栖居之地的依恋，而且是对这一种社会领域的流动形式的依恋。研究涉及到共同体——特别是徒步者那种临时聚合而成的共同体的诸种问题：进入、接纳和排斥。尽管分属不同的概念范畴，但进入风景、进入政治以及进入共同体，都各自和共同指向一种进入权政治。

英国社会人类学非常重视“由实地感知地方性而获知的‘地方特色’”（科恩 1982），但是，我们这里对田野考察地点的重新选择，却对上述“地方特色”感有颠覆作用。在此争论的焦点是：这个高地的地方特色主要是由临时来到这里的城市访客感知和体验出来的，那么此类共同体和地方性就缺乏典型的田野考察点或研究对象所具有的“纯度”，这就触及了有关学科及其实践的假设——其中许多惯常方法正在受到越来越多质疑（古普塔和弗格森 1997）。我的研究不仅是方兴未艾的“多点民族志”（multi-sited ethnography）研究的一部分，而且由于有基础广泛的民族历史架构，我的研究还属于一种从多学科领域进行此类研究的潮流（马库斯 1995）。

研究人群和研究方法

1990年的家庭普查表明英国有两千多万人把散步视为主要的户外活动。如果把含义不同的散步——从周日下午在当地公园遛狗到整天整周的徒步都计算在内，得出的统计数字确实说明了漫游者协会在当地和全国展开的活动（包括维修人行道和推进进入权）影响的人口远远超过该协会会员人数——会员大约有18.5万。

商业性的休闲徒步的广告出现在各种会员杂志、吸引徒步者的商业性杂志、英国旅游部门出版的诸如“徒步英国”之类的地图、各个国家公园发送的月报里，通过各地旅游局和网络四处开花。这些资源为每年花钱参加英国徒步假日三百多万天的人们服务。平均寿命的延长和提前退休制为这种休闲活动提供了一个不断增长的市场。

从各类印刷资料、电子资料中，我收集到假日徒步组织的地址，从
寄给我的小册子里预约登记，当然是从价格最低的度假项目中挑选我 221
所需要的：每周花费在225到308英镑之间（相当于360到493美元）。我收到的一些旅游手册中，湖区度假每周花费在600到800英镑之间（相当于960到1280美元）。这些假日旅行的吃饭标准、住宿标准和团队大小都不尽相同，但旅行路线一样。这些现象反映了徒步商品化的一个方面。因此下面的讨论只是依据假日徒步市场的一个有限的部分的统计。

对此进行的历史研究和我个人在湖区的前期工作（达比 1988），促使我想去了解假日徒步和俱乐部在创造社会网络和共同体感方面所起到的作用。鉴于历史上逐出风景和进入风景所涉及的阶级对抗的强度，我想知道徒步团体是否可以跨越阶级。我注意（研究对象）对于强调环境责任的政治和对于环境衰落的态度、信念和感受——这一兴趣源于我以前对欧盟农业环保政策在区域和在本地实施情况的研究。我

认为也许能从最基础的现象开始切入这些论题。在田野考察过程中，团体的动态、性别和种族问题凸显出来。

我密切观察的核心群体包括120个人，我与他们一起于1995、1996和1997年在湖区进行了历时1周、2周和3周的徒步，行程大约400英里。他们没有一个人生活在湖区。除了6个来自西欧的度假者以外，其余的徒步者全是英国人，实际上他们都是英格兰人。我们参加了全国性机构如乡村假日协会（CHA）、漫游者俱乐部（RA）以及私营性质的徒步旅行团组织的（价位较低的）假日徒步。徒步者的姓名都是虚构的，除非经过同意可用真名。

每个团队一起徒步约一个星期，多数时候，晚上回到固定的住处参加晚间活动。住房风格各异：有伫立于村外的维多利亚式大宅；有位于相对偏远山谷里的瑞士木屋——在20世纪30年代徒步狂热时期由一个徒步俱乐部建造；有一所建于20世纪初期的别墅俯瞰巴特米尔湖，透过巨大的玻璃窗可以饱览湖区美景；还有改建的谷仓。每周的假日徒步一般周六下午出发，在途中休息一天，徒步者可以去购物、参
222 观旅游胜地、自己自由散步或休息。在乡村假日协会辖下的住处，两三个旅行团队同时活动。每队约有20到30人不等，徒步的难度也不等（一日徒步4到6英里，含有一段500到800英尺的登高路程；或一日徒步7到9英里，含有一段2000到2500英尺的登高路程；或一日徒步10到14英里，含有一段2500到3000英尺的登高路程）。人们可以自由选择更换团队，但很少人这样做。

为了把观察和定量的偏见最小化，获取能够比较的数据，我与来自德文戴尔峰区住地的假日联盟（HF）徒步者一起徒步，还与考文垂、牛津、科尔文湾（北威尔士）以及肯德尔（湖区）的地区性徒步俱乐部会员一起徒步。像乡村假日协会一样，假日联盟每天提供三种不同难度的徒步方式，晚上徒步者一起活动。纳入参照观察的人群也约有120人。我对两种人群做了问卷调查（见附录）来补充我的观察。问卷发给110

人。50份问卷由核心人群的徒步者完成，52份由参照人群徒步者完成。问卷较长，含有56个问题，97%的回答率说明徒步者有兴趣充当研究对象。

两组人群中没有年轻家庭，年龄在35岁以下的人很少（核心人群里只有12%，参照人群里只有3.8%）。核心人群的徒步者平均年龄是43岁，男性比女性人数略多（52%：48%）。退休者占20%，其中2%属于鳏寡之人。参照人群的徒步者平均年龄52岁，男性人数远远大于女性（59.6%：40.4%）。参照人群中的男士曾经几次对我说他们的妻子已不能像年轻时那样徒步了，只能参加短途散步或周末的短途旅行。退休者占61.5%，其中13.5%属于鳏寡之人。如果将独身、分居、离异和鳏寡列为A类，同居和已婚者列为B类，那么两组人群中A类虽占少数，但比例可观——核心人群有44%，参照人群有35%。

对两组人群的职业（涵盖专业人士、管理人士、学院人士、白领、蓝领和体力劳动者）进行的交叉分析表明二者之间的职业差别不大。两群人的一个有趣的差别在家庭收入上，不是实际收入（这一点难以确定），而是不回答收入问题的人数：核心人群有8%的人，参照人群则有 223
23.1%的人没有回答。无论问卷的发放和回收是在团队内如何进行的，对这一问题很多人都避而不答，有些团队甚至完全没人回答。

共有七种收入档。45%的核心人群成员回答收入在20000到35000英镑（合32000至56000美元）档，这一群人的平均收入是17100英镑（合27360美元）。参照人群收集到的收入数据平均是12627英镑（合20203美元）。略低的四个收入档里，两组非常接近，只有在5000到9000英镑（合8000到14000美元）这一档里，参照组是核心组人数的三倍。在高端的三个收入档里，参照组突然出现“空白”。当性别差异用于分析收入数据时，核心人群的男性徒步者平均收入为17500英镑（合28000美元）而女性的则为16700英镑（合26720美元）；参照人群中的男性徒步者平均收入为14500英镑（合23200美元），女性的为10750英镑(合17200美元)。

答卷分析表明,收入的差异会影响到“当年”或“平均”的徒步装备费用:60%的人花费在250英镑以下(合400美元),20%的人花费在251到500英镑(合400到800美元)之间,而5%的人花费超过500英镑(800美元),但岁数较大的徒步者花费要少一些。核心人群比参照人群花在装备和假日徒步上的钱要多。白领工人和岁数大一些的徒步者更经常地参加有领队或向导的徒步英格兰活动。随着收入的增加,这个频率降低,退休之后,频率会重新变高。从民意测验里可以发现一种出于礼貌的偏向,这是已经得到承认的。也许还有一种未承认的男子汉偏向:白领工人和女性徒步者多参加难度较低的徒步(如沿着骑马道漫游),男性专业人士多选择难度更大的徒步(如攀登陡峭的山坡)。

问卷以27个陈述性声明结束,按照五分制选择,其中一分为“强烈赞同”,五分为“强烈反对”。对数据进行多变量回归模型分析,用年龄、收入、性别、婚姻状况和职业作为解释性变量。我对散发给他们的三组集合问题尤感兴趣。第一组侧重在对于强调环境责任的政治的态
224 度、观念和感受。女性更同意环境应该优先于其他事务的说法;白领工人则不同意这种观点。既然60%的白领工人是女性,社会经济位置可以视为其答案的绝对重要因素。对于这个问题的回答,核心人群和参照人群并无什么不同。

面对一组针对人所感知的环境衰落的陈述,白领工人不同意问卷上的基本观点。其他变量的反应则无很大的差异。就这一问题所做的统计,核心人群和参照人群之间并没有太大差异。对于一组针对徒步和个人满足感的陈述的反应则说明了年龄与评价有巨大关联:岁数大的人能够在散步中体验到更多的满足感。核心人群中有74%属于被人雇佣或自我雇佣,他们从徒步中所得到的自我满足感要少些,在这一点上管理人士和学院人士也一样。

过去与现在

山地徒步作为反复重演的表演性行为，创造了个人的置于时间和地方的过去。通过向新一拨的人们引述的经验和记忆，多个过去把个人联系起来——把人和地方密切相联，铸造出跨越都市与乡村、北方与南方等社会地位经济标记的联接。对于一些山地徒步者来说，在徒步发挥联接作用的过程中，他们与历史的过去（如在第一章到第三章讨论的历史）联系起来。与湖区特定地方相关的诗歌、文学或艺术构成了再引述和再发现的另一层面。

在一些人眼里，被组织起来和正在组织起来的徒步群体这一事实直接与第四章、第五章已探讨的进入权斗争的历史形成共鸣。对另一些人而言，进入权斗争负载着种族和性别的当代社会问题（我将在本章后面部分和下一章里详尽讨论）。在他们看来，进入风景区和山区的持久行为和经历同时是一种认知探索和一种抵抗策略。

核心人群中很少是第一次参加湖区徒步的。尽管过去在哈索普山谷的研究工作使我对湖区有一定程度的了解，参加这种有组织的山
地徒步我却是新手。核心人群的多数则不是。有些人年复一年被召集 225
到湖区一起徒步旅行。由于居住在国内不同地区，在湖区以外他们彼此难得碰面。多年以来，有些人不仅一起徒步湖区，还一起徒步其他地方，尽管在徒步之外的其他场合他们缘悭一面。有些人早在儿童和少年时期就徒步湖区了，最终选择退休后来到这儿，把自己重新定位在他们逐渐了解和热爱的景色中。这少数人出现在含有地区性湖区徒步俱乐部成员的参照人群里。核心人群中的有些人多年来经常单独参加CHA组织的假日徒步活动，因此也就熟悉了参加同样活动的其他人，在此类历时一周的徒步过程中他们常常不期而遇。在这些变化参数范围之内，大多数人属于“归来者”。

我自己也是“归来者”，虽然性质不同，但也可以作为一个观察对象（哈斯特拉普 1987）。我在英格兰出生长大，却在美国生活了多年，这意味着我在英格兰北部地区进行的田野考察模糊了田野与家的等级差异。我处于一种令人尴尬的局内人—局外人位置：我意识到在某种初始的层面，英国风景一直是“故乡”，而作为一个社会实体的英格兰现在对我而言却是“外国”。这种矛盾对我并非没有影响，我应该站在不介入的角度观察那些进入英国风景之中的人们并试图理解他们，但我不是墙上的苍蝇，可以不动声色地观察。在特定的情形下，我自己对这些人和这个地方的反应或多或少地影响了我对于徒步者动态的观察。

我的研究如果能把所考察的每个问题都分得清清楚楚，那么就结构而论会是令人满意的，而实际却是所有问题纠结在一起。通过展示每周徒步中的纠结现象和过程，收集同一现象在不同徒步周的表现，把它的特征整理出来，我努力使我的材料显现出一种秩序来。但在此之前，我想在世俗性朝圣仪式的架构里分析徒步群体。

世俗性朝圣

无需把世俗性朝圣的观念变成一刀切的分析模式，强使一切（数据）与之吻合。但我的确想要提出，徒步的模式和过程、象征学创造了
226 一种类似宗教朝圣的世俗性朝圣。湖区徒步路线的密度、徒步者的密度、徒步的最远范围、众多的观景点、热门路线的密度，这一切构成了一幅圣地和驿站的世俗版本：纵横交错的朝圣路线通向位于边缘，但具有地形学重要意义的朝圣中心（特纳 1974）。仪式的三重分类——分离、过渡和交融把个人带进群体并支配着人和群体在土地上的运动，而徒步群体则是仪式的空间化和现实化（凡·吉纳普 1960）。地区性徒步俱乐部以贯穿一生的运动带来添加的维度。

由于角色和活动的碎片化、角色冲突的隔离，以及不再信仰“特殊化仪式……会神秘地影响秘技参入者的安宁”（格拉克曼 1962：37），凡·吉纳普所讨论的那种仪式被认为“与现代城市生活结构不能和谐共存”（格拉克曼 1962：36—37）。一个徒步群体实际上打破了一些人谓之的城市生活所引起的隔绝感，同时也成为逃离城市的一种方式。在乡村环境中一队人一起徒步一个星期左右，逃离了城市，因而“僻壤与社会不再是对立的概念”（特纳 1974：203）。

徒步领队提到徒步群体对孤独者和情感需求者的帮助和支持，以及通过重建自我的自然基础而获得的帮助。不少徒步领队都有过地区性徒步俱乐部的经历，他们认为孤独是许多人参加徒步活动和俱乐部的动力。马克是一个大型地区性俱乐部主席，也是一个全国性徒步团队的领队，他指出，“徒步时的身体锻炼以及与自然的联系帮助人们走出个人难题，一个星期的徒步经历无异于精神的复活”。一个三十多岁的年轻人也如是总结，在我们看来，显然他是生活受伤者之一。[1]针对“你是否阅读与你徒步地区有联系的小说和诗歌”这项调查，他在备注一栏中写道：

> 我对……华兹华斯情有独钟，在做其他事情时，我经常想到他的诗歌。我认为他的诗有一种治疗功能：他理解焦虑，并发现了慰藉心灵的方法。我喜欢他是因为，他把我们心灵与之合拍的自然描写为具有一种神秘的创造力。 227

从这层意义上讲，徒步群体成为一个具有一定的宗教魔力的场所，存在于“一个特殊的场合，延续一段时间……在两个世界之间”（凡·吉纳普 1960：18）。只是在这一个案中，特殊的场合并不是在“两个世界”之间，而是进入远在普通的日常结构之外的空间。个人经由此运动而获得治疗，从日益加快城市生活节奏的技术紧迫性所造成的伤害中恢复过来。

像朝圣一样，徒步就是经历一种治疗和康复过程。（在此我没有考虑徒步媒介的形式化体系，这种体系显然更容易看出是仪式化的。）按照凡·吉纳普的分类，在特定仪式中，任何阶段都可能得到或多或少的强调。将徒步周视为一种仪式，那么过渡阶段就是延长化的阈限期，在此期间，人们体验到共同感（communitas）。这是临界状态，此时如果仪式是集体性质的，参加者“就体验到……一种自发生成的人类彼此平等的关系，摆脱了结构属性”（特纳 1974：202）。

特纳的共同感建构的观点源自他的朝圣资料，可被定义为反结构，不过“社会结构并没有消失，而只是大大地简单化了：属种关系而非排他关系得到加强”（特纳 1974：196）。共同感的本质是世界主义的，与建立在地区性的排他主义基础之上的存在相反，是对“无限的环境、永恒的当下”的体验（特纳 1974：238）；在此，一天是另一天的复制，重复传播着社会联系。共同感并不是作为与另一群体对立的某种集体性而建构起来的，这里特纳也并不关注“共同感的自发行为式表达……如英国酒馆（或）……航海游乐的一群乘客”（特纳 1974：242）。

如果宗教性朝圣位于共同感系谱的一端，英国酒吧生活则位于另一端，也许徒步群体可以被认为是占据了中间点，反映了两端的特性。似乎在社会中：

> 当几乎没有阈限体验的结构条件时，逃离或摒弃结构性义务这样一种社会需要会寻求非宗教形式的文化表达，尽管这些方式可能深深地仪式化了。
>
> （特纳 1974：260）

在前几章我们已经说明，进入风景和徒步者俱乐部是文化的表达，
228 是抵制工作纪律的流动性象征行为。共同感的理念强化了徒步群体是

一种世俗化朝圣形式这一看法。当你参加宗教朝圣活动，总会要接受你基于职业或知识的社会地位的丧失。领队的职业和知识使他（或个别情况下，她）显得特殊而具有权威性，而活动和时空组织方面的巨变（围绕着一套不同的日常仪式）则拉平了参加者的地位。

如同朝圣一样，是活动本身（人们熟悉的预期逐渐减少）创造了群体的结构和新的情感结构潜力。与他人一起经历的体力挑战产生了一种同志感。群体抵达"山顶"，这一象征性的赋权弥补了在社会地位和权力方面的丧失，正是旅行的过程共时性地和历时性地巩固了共同体。

特别路线通向可从特定的有利角度来观察的关键景物。观察这些关键景物或景色需要自觉服从强体力活动所要求的纪律。它们可被视为圣物或象征的对应物，

> 作为价值和文化公理的记忆术发挥作用……因此一个社会的深层知识从一代传向另一代［并经常被表演出来］……在"地非地，时非时"背景中（正如威尔士民俗学者和社会学家阿尔文·里兹曾为我描述的凯尔特游吟诗人吟唱的情形）。
>
> （特纳 1974：239）

现在，那些一度诗意地呈现出来的风景之中的神圣特质在一个世俗环境中重新得到引述，找到新的地点，但它仍然回应了神圣性：如简所述，"对我而言徒步具有精神性的一面。站在山顶我感到升华，犹如听到巴赫的音乐。日常的琐事似乎不那么重要了"。另一位女士说她体验山区的空间和相对寂寞就像是"情感和精神复苏期"。

说到神圣性的反映，一个黄昏，我们一小群人取道湖边小径去酒吧，路上日落景色使我们停下脚步。群山及其在巴特米尔静谧水面的完美倒影折射出一种火红的金橙色。我们坐在湖岸的草丛中，静静地，
望着色彩的绚丽变化，不知道身在何地何时（"地非地，时非时"），我有 229

时眨眨眼以确信我是在确切地记录这一切。这短暂的瞬间留存在脑海中，看了沃尔特·史密斯的日记描写在巴特米尔划船时的生动画面，又鲜明地回到眼前：

> ……我们注意到太阳就要落山，使群山染上火红色彩，因此我们匆忙出发，划到湖中央，在那儿我们歇息下来，观赏着我所见过的最美丽的日落。开始是金色，阳光逐渐变成橙色、红色、紫色，然后蜕变成一种发光的灰色。这种黄昏给你一种“被征服”的感觉。
>
> （史密斯 c.1922 n.p.）[2]

埃里克的话中所表达的也就是那种“被征服”的感觉：“我不虔诚，但是……”接着他说站在山顶感觉到自己多么卑微。其他人也表达了同样的感受，感觉自己属于某种比个人宏大得多的东西，还有人在问卷的备注一栏写下了这种印象。

一般来说，当一队人到达山顶，即使已经喘过气来，几乎无人交谈，他们正在汲取眼前奇景。对话经常可能只是口头描述展现在我们下面的山脉、山脊或湖泊。引述地名不只是帮助人们按着指南针的指针定向，而且，似乎也将宏伟的风景置于某种控制之中。接着人们会拍摄照片。有时，某个人会单独坐在一边，但通常一队人会待在一起，沉浸在同道情谊之中，默默无语。

徒步群体提供机会在“划分出一种特殊现实的时空构架”（米尔勒 1955；转引自道格拉斯 1966：78—79）里去体验共同感。然而，共同感是自下层体验的，却又是自上层建构的——体制化已经暗中颠覆它，使其变成市场结构。正是由于这一点，等级的外在标志并没有被完全磨灭。服装差别，过去在花钱更多或更少、更奇异或不那么奇异的地方徒步的经历，以及文化资本的表达，这一切使得在世俗性朝圣中共同感的理想状态难以实现。尽管如此，在徒步群体中还是能够体验到拉平

社会地位的机制和同道情谊的自发流露，因为正像在朝圣路上，“阈限 230
情境的重要构成是……轻文化而重自然”（特纳 1974：252）。在同一地区徒步多年会建构起情节记忆，是一种在心里对蕴含在运动之内的记忆的再体验。由此产生出一种认同感和对地方的依恋感，一种定位在地方的身份认同感，即使不是地方性的身份认同感。

着装形象

经由着装这一媒介，和谐的缺乏被传达出来。高科技衣着的仪式化展示，标志着一些徒步者对由形象引导的市场经济所做的实际和比喻意义的投资。非科技衣着的仪式性展示则标志着对资本主义物化休闲活动的抵制。着装也成为记忆形成的主要场所，引起对过去的徒步经历和所遭遇的天气条件的联想。着装是一个严肃的问题，由此可见山地徒步者和当地人的“道德分界线”（查普曼 1993）；而且在生命救援时，会引起不同结果。

由于湖区（正如所有山区一样）天气会突然出现极端变化，体温突降造成的死亡是一年中随时会碰上的危险。一两个小时内，一会儿大汗淋漓，隔会儿就得穿上200抓绒夹克或外层防水的羊毛衫抗风，戴上帽子、围巾和手套，套上防水裤子保暖防风，这类事情司空见惯。相反，在干冷的五月清晨出发，走过薄薄的白雪，行走几个小时后就得穿上短袖了。体温骤降引起的死亡事件减少，有些徒步者认为这是因为人们越来越多使用高科技、重量轻、防水的外套，以及汗湿之后依然保暖的纤维——诸如抓绒服装。

这些质材的衣服具有象征意义，突出了穿着者的地位，含有炫耀性的成分，因而得罪了一些徒步者。宝娜就对我说过：“徒步服装已成休闲款式——徒步靴子，看起来像徒步靴子，其实没有用。休闲服装是财富的标志。”另外一些人虽然欣赏这种衣服的功能，却悲叹有时服装

颜色太抢眼，造成颜色污染。有幅漫画就生动地反映了这些态度，画面
上凯西克山区救援队的两个队员穿着高科技夹克，在令人难以睁眼的
231 暴风雪中紧皱眉头，非常愤怒。回头指着山上雪中踉跄而模糊的两个
人影，一个队员对另一个说：“他们拒绝救援，因为我们的高泰科（Gore-Tex）夹克与他们的犯冲。”

问卷调查中关于高科技服装的回答表明女性比男性更不赞同这类服装。一些徒步者有时咄咄逼人地表示要抵制进入这种徒步装备市场，继续穿着老式的打补丁的裤子、夹克或旧毛衣。玛丽恩就说：“我去参观一个户外服装展览，听见两个买主说‘我们还没开发利用徒步装备市场呢’。我就想，‘伙计，你们可甭来开发利用我！’我马上就有了防范心理。”靴子似乎是例外：几乎每个人都穿着这样那样“合适的”徒步靴子。很少看见正儿八经的成年登山者穿着威灵顿胶靴的，只有个把人因为徒步靴子太贵只好穿胶靴登山。

靴子是得到不少仪式化关注的对象：在外徒步一天，一回来就马上刮掉靴子上的泥土、挖净鞋底，接着再把靴子放在暖和的靴屋里烘干。皮靴子干后就打上貂皮油、擦光剂或涂上其他防水油或亮光油。早晨出发前再给靴子上油或抛光。有些人特别喜欢把靴子擦得像新栗子那么油亮，并引为自豪。这样做的多为男性，有些人提到是在部队上学会了擦靴技巧。同伴常拿这一点开玩笑。

徒步者杂志登满了评论靴子的文章，据说文章作者穿着靴子走了几百英里进行性能测试。英国脚的特殊性成为卡尔玛登山鞋两页广告的主题。整页版面是一张彩色照片：一只打了水泡的脚后跟吸引眼球。寸把高的印刷体标题是：“多数靴子是欧洲人的尺寸。问题是，英国脚不是。”对页登着的文章中这样写道：

> 在卡尔玛我们发现大多数英国人穿的徒步靴子都有问题。这些靴子不合脚。这是因为我们从小就喜欢穿完全合脚的鞋子，让

脚自然伸展。因此我们英国人比欧洲人的脚要宽。不幸的是，多数徒步靴子制造商没有跟上步伐，制作的是窄脚的欧洲尺寸的靴子。我们摒弃这种窄靴思维，制作我们自己新型的金牌K-SB系列靴子……更宽。专为英国脚制作。

（《乡村徒步》1996：38—39）[3] 232

这种反欧洲的刻薄幽默感强调了英国"自然的"优越性。奥丽薇，一位曾在罗马尼亚孤儿院做志愿者的退休护士，谈到自己在欧洲独自徒步时说，欧洲人把休闲散步视为"特别英国的传统"。

过去之窗

在介入这一传统的过程中，有一个变化表现在住宿舒适度方面。在富裕的20世纪80年代，湖区合作假日协会中心在英国各地提供的简陋客房已经不再像从前那样受人欢迎，预订客房的数目开始下降。一项动议为之而起：试图既维持连续性印象，又不要与合作运动及其连锁店混为一谈。组织更名为乡村假日协会，形象得到改变——从老式的工人阶级"合作"自助组织变为服务范围更广的"乡村"圈，这种语言的转变其实含有商业化的用意，反映出英国的中产阶级化。

到20世纪90年代中期，CHA（乡村假日协会）已经成为一个经历着重大转型阵痛的组织。某中心的活动经理认为，如果该组织还想继续做生意，就得完成这种转型。协会被迫出售一些中心以整合名下资产。在我进行田野考察期间，协会还在继续关闭另外的中心。同时，该组织忙于改进保留下来的中心，因为现在很少徒步者愿意与人共用走道尽头的浴室和卫生间，或者同时和五六十个人争用一个投币公用电话。

1995年在我开始田野考察时，CHA增设了一个新头衔——活动经理。这类经理引导徒步活动，常年或夏季住在中心。他们监督带领徒步的志愿者，并监督组织夜间活动和徒步的主持人。随着徒步活动的难度加大，徒步领队也变得更加职业化，以便吸引徒步市场里要求更高、一般也年纪更轻的人群。结果，CHA现在组织的有些假日徒步每日行程16英里，含有5千英尺高度的登山。

CHA也开始调整它的营销策略。1998年，对开本纸张光滑的彩色手册取代了有点寒酸的两色传单，也登载了CHA的网页广告。与此同
233 时，协会与纯盈利的假日组织合作，开拓了特别假日活动范畴，将徒步与教授多种业余爱好（如风景绘画）结合起来。此外，21岁到35岁年龄段的假日活动、家庭假日活动以及专为单亲家庭定制的假日活动隆重推出。这些不同于过去的活动反映了20世纪末期品味与社会现实的改变。总之，所有这些很难使我们想到该协会本身是植根于19世纪的“禁酒基督教”（Cold Water Christianity）。

我参加有组织的徒步，第一个星期入住的是CHA的拥有33张床位的瑞士木屋，位于波罗戴尔山谷，此地景色非常优美。从第一个星期的经历，我看出组织内部延续与变化之间的冲突导致了一种紧张局面。在乡村假日协会微观世界里发生的事情反射出全国范围内进行的争端。

游客分成两类：一类为预订了一周的导游和晚间活动的游客，一类是使用中心一个星期左右进行自助徒步的游客。第一类的主要成员为60岁以上，一般显得不很强健。他们选择难度较低的徒步。这一群体中只有一对夫妇年轻些、强健些，参加了难度中等的徒步。从问卷答案看，这类人显然属于较低收入档和最低收入档（1万—1.5万英镑，合1.6万—2.4万美元），甚至属于5千英镑以下（合8千美元）。他们不爱说话，似乎彼此很少交谈。当假日开始的周六下午，队员互相见面自我介绍时，我的调查引起这群人的询问诸如：“你是税务所（国税局）的吗？”当时我纳闷不解。

只有两个人年龄在25岁以下：活动经理玛丽和她的一个朋友，朋友来拜访她时就参加了该周的徒步活动。她们两个都没有参加晚间

活动。晚间活动由当周的"男主持"道格拉斯和"女主持"罗丝玛丽主持。在过去的三十五年里他们一直是CHA的活动主持，之前他们已是协会会员。晚间活动包括小测验、竞猜游戏和拼字比赛。没有举行ceilidh（夜舞会），道格拉斯说是因为人员不够。凯尔特语"ceilidh"一词经常用来指英国各种徒步中心晚上举行的舞会。

男主持和女主持提供了一个窗口，透过这个窗口可以看到CHA的过去，同道之谊和宗教内涵的历史。在第一次晚餐上，道格拉斯以欢快 234
的语调宣称我们每顿进餐不要总是与同一个人相邻而坐，因为"这儿的每个人都是好伴儿"。接着他做了一个冗长的感恩祈祷。他祈祷的时候，我看到有些人像我一样显得吃惊。这些人都是那些没有预订徒步导游和晚间活动的人。

通过与道格拉斯的交谈我发现，他觉得同道感和共同体已被撇到一边，而这正是CHA"从前"突出的特色，取而代之的是近年来入侵的个人主义。他告诉我，直到1991年他还在假日徒步周主持周日晚会，他很遗憾这种习俗正在消逝。他指出总部管理发生了变化，因而政策也就发生了变化。[4]

尽管道格拉斯试图维护CHA的连续性，变化还是在发生。他觉得悲哀的是，出去徒步，男士不再携带午餐大篮子；徒步途中的下午茶，女主持不再切割蛋糕传递给每个人。他认为那些事情可以帮助女主持确定自己的角色：关照客人的安康。有些习俗如晚餐后一起洗碟子，他认为可以帮助培养在一个群体中的归属感。（也许正是因为这种已经失去却仍被牢记的过去，厨房入口处才醒目地贴着一张告示声明不允许客人进入这个区域。）道格拉斯认为过去与现在的做法形成了鲜明的对照——现在是每个徒步者早晨取走已打包的午餐和点心，自己带着，想吃什么多少随意。

道格拉斯不允许变化发生的一个领域是：他坚持徒步者不得走在他前面。[5]所以我落在他后面一两步，倾听他的谈话，他遗憾地看到近年来福音派教会的发展夺走了那些本可能成为CHA新会员的年轻人。道格拉斯将福音教会运动的大力纳新与CHA缺乏代谢等同起来，这说明了对协会性质的认识——它代表着什么，或更确切地说，在他年轻时代表着什么。这种缺乏年轻人加入的现象在几个星期里有不同的人提及。其原因被解释为家庭结构的变化：青少年不再需要与父母住在一起，因此他们再也不参加家庭徒步这样的活动。这种看法也许能够说
235 明近年来协会的努力：大力开发年轻人假日、年轻家庭假日，推出富有体力挑战性质的徒步活动以吸引那些不然有可能把CHA当作“老年人”协会的人群。

那些利用中心作为徒步基地的人在晚上没有参加大组的活动。他们要么成双结对，要么独自徒步，非常了解湖区。他们属于偏年轻的人群（36—45岁和46—55岁），处于较高或最高收入档（5万英镑以上，合8万美元以上）。有一对夫妻不只徒步山地而且漫游英国。他们是澳大利亚一对珠宝商夫妇。鲍勃，五十好几，出生于印度，父母是英国人，在英国公立学校接受教育。杰姬五十出头，从小移居澳大利亚。他们这次漫游英国的行程包括湖区，就是为了看看“华兹华斯的风景”。他们在学校都学过他的诗歌，觉得如果没有游览华兹华斯诗歌中提到的山脉和山谷就等于没有真正到过英国。他们驾车游览湖区，只是偶尔参加难度较小的徒步活动。

像杰姬和鲍勃一样，伊恩和波琳觉得他们漫游进入了某种时间弯道。他们来自中部，是刚退休的商人，带着相对昂贵的徒步装备，并且认为这很好，只要“这些装备用以真正徒步而非商业大街的做秀”。伊恩和波琳对男主持那种过时调调颇有不满，随时说出他们的意见。伊恩感到整个英国出了问题，道格拉斯是英国问题的象征。他们还批评CHA的客房陈旧不堪，提到了男主持来自实际上已经消逝的过去，提到了英国制造业摇摇欲坠。英国问题包括一种普遍性的害怕变化的情绪，凡事向后看的方式波及工业、商业和社会政策，领导层缺乏远见卓

识，不愿投入资金及时改善基本设施。

CHA精神的要素之一就是帮助那些本来支付不起度假费用的人。部分赞助和免费假日的基金来自每一个CHA周所获得的捐助。在我这一周里，“富人”和“穷人”之间的差别一目了然，外在差别表现在服装、语言和风度方面；内在差别可以从问卷中反映出来。我参加的其他CHA周徒步项目中，没有哪一个项目像这个集中了如此多的低收入客人。这使我认为我一定是预订了一个大致留给受资助的徒步者和 236
(或)特邀徒步者的项目呢。这解释了为什么他们对现场管理保持沉默，不会公开表示喜好或不满，但会欢迎其他人说出他们的喜好并引起某些改变。这也许能解释我开始进行调查时所遭遇的质疑——我可能发现的某些事情会使某些人丧失免费或资助的资格。

外出徒步一天以后，这种沉默被芭芭拉打破，她是一个五十出头的单身女子，是一名小职员。她对我倾诉，说她觉得男主持人“以恩人自居”，而他“极力推行宗教”的行为极大地冒犯了她。芭芭拉非常准确地回顾了她所知道的CHA早期历史，认为“他们把我们看作应该受教育的工人阶级”。针对此事以及男主持施加给群体的权威发发牢骚，她虽然感到痛快，但还是非常留意是否有人偷听她的谈话。芭芭拉的神秘神态以及害怕被偷听的心态似乎表明，如果被人听到，她就再没有机会回到这儿来了。如果她像我一样自己付费，或像那些不属于这个群体的人一样(他们不去参加道格拉斯和罗丝玛丽主持的晚间活动)，她也许会泰然说出自己的怨言。事实是，她使用阶级概念来描述等级，把自己的身份和自我的阶级/分类定位在与道格拉斯及其组织的对立面。她通过这种阶级范畴来理解CHA的集体记忆。

导游带领下的徒步群体中，多数徒步者年龄在六十大几和七十出头之间。他们几十年来参加CHA的徒步。对他们而言，道格拉斯为之悲叹的业已消逝的习俗是他们从年轻时就了解的CHA的一部分。他们非常欣赏由道格拉斯和罗丝玛丽主持的晚会，围绕历年来收集的游戏而进行。难度不大的徒步、熟悉的游戏为他们回忆个人的过去提供了记忆线索，再次给他们归属感。不像芭芭拉，至少从他们说出的话来判断，大多数客人知道在这个特别领域里运行的社会排序中自己排在何处，也算是过去的CHA的余绪吧。

群体中的群体

根据安排进行一周徒步巡游，犹如组织起来的如画风景观景点，在群体中创造出一种共同的空间和时间，给彼此陌生的人们提供了接
237 触模式。每天重复一样的程序（灌满水瓶、午餐打包、擦靴、房前集合、估测天气、气喘吁吁上山、赞叹景色等等），个人间的互惠关系聚合而成“这一群体”。这种特别的“此时此刻”完全不同于有规律的日常生活，叠加在“个人”的感觉之上。他们交换自传性的细节，逐渐生出一种压倒其他的集体意识。同时，还有一些不断变化的逆流，微妙的和不那么微妙的排斥与包容。共同感和争论并存，有此并不等于无彼。当然，如果我心里曾想到过徒步者共同体是没有问题的，“其乐融融”的——这些想法，安息吧。

在巴特米尔的第一个星期，有项活动是晚上和白天徒步过程中都在进行的。这就是交流拉丁语短语和词形变化，给人一种友好的高手炫技的感觉。每个人遥远或不那么遥远的教育背景突然暴露在明处。这项活动把群体分成了解拉丁语和不了解拉丁语的两拨。在潜意识中，知识起着社会定位或分类的作用（布迪厄 1984）。那些“拉丁分子”（包括徒步领队和年龄在二十多岁和六十多岁的人）似乎没有察觉自己有一个没说出来的假设，即认为每个人都像他们一样在学校学过拉丁语。他们没有发觉这项活动使得群体中一小拨人只好沉默不语。

只有一小拨人沉默，这反倒说明了群体的相对同质性。归属感是对文化的体验（科恩 1982）。那些没有接受过这种特别文化的人，无法

显示自己的文化资本，就不属于这个群体。没有文化的人只是埋头自己徒步，该游戏结束后才能融入群体。

打断这种和其他格局的是马丁——群体通过马丁而凝聚在一起。马丁是一位退休的专业人士，五十多岁，未婚，据他自己说是一个白手起家的百万富翁。他挑起的社会活剧成为徒步周的副主题活动。近距离地生活在一起时，人们的品性和弱点很快暴露。马丁立刻毫不留情地对他们开火，引起一些激烈的交锋。[6]徒步周快结束时我找到机会问马丁为什么这样做，他回答说他的煽动可以使人们凝聚在一起。他是否认为自己为群体的利益做了自我牺牲？这是不是掺杂了利他主义的 238
自我主义呢？

如果这是社会活剧的第一阶段，随着这个星期的过去我们步入第二阶段，"一种危机升级阶段"（特纳 1974：38）。人们可以"注意到碰撞，偶然看见爆竹，但是很可能赶到某个点上——爆竹在你周边开始爆炸"（麦克唐纳 1987：121）。马丁听我自我介绍是人类学家后，他马上把人类学的早期历史与法西斯主义和优生学联系在一起，提出今天"非洲部落"的骚乱证明了黑人智力本来就比白人低下，这种状况是由不同的基因造成的。我努力反驳他的观点，却遇到这样的回答："我不会相信我和丛林中黑兔子的DNA是一样的。"

不久以后，当我们都在安静地吃着三明治，欣赏着景色时，马丁说，我作为一个人类学家，当然应该"与土著人一起吃肉、啃骨头"。他抓挠着腋窝，嘴里发出呼噜呼噜的叫声，接着又说："我们是不是应该为你呜、呜、呜一番啊？"我用一种我自己听起来都非常愤怒的声音反击："哦，但是你本来如此啊！"几秒钟的寂静无声，坐在马丁后面的一个人对我眨眼，顷刻间我成为一个局内人。这样在我周边爆炸的爆竹似乎触动了两个按键：对马丁刺耳的冒犯的厌恶，以及我作为"美国人"的访客身份。群体中的一些人说过，我作为英格兰的客人而且还是一个特别对徒步者感兴趣的人，他们非常希望我不要把马丁当作"英国人"

或徒步者的代表。

这次事件以后，马丁不再对我进行言语攻击，我们还开始了交谈。我认为我是马丁唯一交谈而不是讲话的对象。马丁提到原型人类学的田野考察，使我注意到我的田野考察的地点选择/意识问题，以及某种焦虑："真正"的田野考察应该发生在"别处"而非"这儿"。

> 世界上的地方，越有文化的奇异性和地缘政治的争议性，越能成为恰当的"人类学"田野，而西欧……就不怎么适合做"田野"，许多在人类学系艰难寻找工作的欧洲人就证明了这一点。
>
> 239 （古普塔和弗格森 1997：12）

田野考察是人类学研究的基础方法，被认为是（无论这观点是否错误）用于小规模的社会。据说这是人类学界化和监督自己的学科疆界的主要标志（古普塔和弗格森 1997）。然而近年的研究表明，田野考察/民族志也许并不是人类学家专有的会标（贝尔 1994）。对于传统的田野考察的学科不安全感起因于质疑民族志文本的构建（克利福德和马库斯 1986）、田野考察中的权力行为（克莱潘扎诺 1980）、田野考察点自然化"纯度"背后的主观假设（古普塔和弗格森 1997），以及这样一个事实：

> 世界各地群体身份的风景——族裔景观不再是熟悉的人类学研究对象，因为群体不再具有地理意义的紧密性、空间意义的边界性、历史意义的自我意识感和文化意义的同质性。
>
> （阿帕杜莱 1991：191）

在徒步群体身份认同的风景中，围绕马丁上演的社会活剧进入第三阶段："矫正行动"（特纳 1974：39）。这一周的最后一个夜晚，马丁已激怒了每个人，实际上，对他的敌对情绪公然地表现为对饮酒“仪式”的违反。这一切只有男性介入，女性只是观望者。当全体人员聚集在离住地一英里半远的酒吧时，被马丁招惹的一位男士告诉马丁，他得给每个人买第一轮酒，这是他与他们一起前往酒吧的代价。

在酒吧，男士们虽然脸带着微笑，却开始用精当的大实话教训马丁。气氛越来越紧张，令人尴尬。一会儿以后，灌了一肚子奎宁杜松子酒（“不是你们这伙人正在喝的垃圾啤酒”）的马丁回击了他所受到的羞辱。他对领队说，按惯例队员会凑份子给领队买个礼物的，这次却无人出头，这下轮到男士们尴尬了。

从那时起，没有人理睬马丁了。他显得很受伤，烦躁不安，不理解人们为什么作弄他。他转向我解释，大学时有一个游戏，就是“尽量把别人挑动起来，直到他们按捺不住，‘狼烟’大冒，他们怒火万丈——那
时你就赢了”。在我看来，他未从大学游戏吸取的教训就是这个游戏显 240
然只能和气味相投的人玩。他告诉我他是怎样艰难地（在我看来是孤独地）爬上经济阶梯的。“获胜”成为他游戏的主旨，无论游戏是在何种领域进行。如果说马丁与这个群体对抗，那么过去似乎是马丁与这个经济世界对抗。

接下来的一星期，一种形式更持久的竞争在巴特米尔继续进行，原因是在大的群体中存在着一个明显的小群体。这个小群体被描述为“摇滚狂人”，用通俗的话来说在别人眼里他们非常疯狂。他们这一群有十来个男人，身体非常健壮，年龄多在三十岁左右，每年到了这个时候都会在这个地方重聚。他们的目标是在最短的时间内走完多数景点。人们告诉我，这些摇滚狂人已经成为经理的铁哥们儿。他总是为他们带队，特地为他们安排一周活动，不管其他徒步者如何。我询问经理和当周领队是否能与他们同行，很快就得知我的这种企图不受欢迎，我只能自己单独徒步。就这样，我被排除在外——这一事实使我注意到占支配地位的亚群，更清楚而直接地意识到这个本来是学术上的问题。

早、晚餐时，这群摇滚狂人占据最大的桌子，他们互相替自己人占座，这样无论什么时候来就餐，他们都可以坐在一起。晚餐后聚会客厅，他们几乎只与自己人交谈，他们还一起到酒吧。与主要群体之间有条明显界限。不过我的这种奇怪的隔离感有所缓和——有个朋友搭救了我。既然只有在早餐、晚餐和晚上我才看到这些人，我的同屋伊丽莎白就成了我的信息渠道。她觉得摇滚狂人群的徒步速度快得难受，但她还能勉强跟上。徒步一天归来，在进入晚餐前的沉睡之前，伊丽莎白会提供一些摇滚狂人群与不能适应他们徒步速度的队员之间的争论动态。

摇滚狂人只顾自己赶路，任由跟不上他们的人掉在后面，不顾什么礼仪。当掉在最后面的人终于赶上来时，他们马上起身离开吃茶点的休息站；有一次，他们要一个外人“走开”，叫他别再想跟在这个团队里，然后就把他丢在后面。晚上活动，听见他们尖刻的取笑，就能知道谁在徒步中不受欢迎。我的同屋告诉我一些细节。这个星期中渐渐
241 地，那些被摇滚狂人群接纳的人不再抱怨处境的悬殊之别，而开始拾人牙慧——“他们如果跟不上，就不应该在这儿”。在详细叙述当天的体力挑战时，那些人就这么说。吃饭时，他们还是没能坐上那张占支配地位的亚群的桌子。

摇滚狂人群的组织者叫琼，是这群人里少数女性之一，35岁，也是他们中年龄最大的。为了参加这种强度的徒步，她全年每天早上五点起床，参加一个小时的有氧锻炼，再加一个小时的游泳或打壁球。琼承认自己具有非常强烈的竞争意识，平时与丈夫一起出去散步时，“如果看见有人在我前面，我就开始快速行走，超过他们。我受不了有人走在我前面”。对于核心群体中的许多徒步者而言，徒步一周的活动之所以能使他们精神振奋，就是因为它能把不确定和怀疑转化为成就。摇滚狂人群几乎不怀疑自己的能力，总是自信满满。他们似乎通过对风景的掌握而获得了一种权力感。

一个晚上，我解决了被他们排斥在外的问题。因此我被邀请与他们一起去酒吧。前往酒吧的那一英里半的路程更像是快步奔跑。最后，在原路返回的途中，一个来自曼彻斯特的社工罗伯特（也是摇滚狂人群的一员），以明确的阶级术语描述徒步者：“我总认为徒步是一种工人阶级的活动，但我发现徒步现在已经成为中产阶级的活动。依据马克思主义观点，我以为这肯定与生产方式的异化相关。”我有点震惊，牢牢地记住了他的话。我很高兴那天我没有喝得太多。他引用E.P.汤普森和雷蒙德·威廉斯、圈地运动和工业革命来详尽解释他的看法。最后他以此结束谈话：“徒步是一种象征性地收复土地的方式。”

那一周的徒步者中唯一一个真正的工人阶级是乔治，一个七十出头的伦敦人，职业是印刷工，现在已经退休。乔治不是摇滚狂人群的成员，但每天和这群人一起出去。我得知他总是设法赶上他们。从他完成的问卷中，我获悉他平时进行慢跑，还参加马拉松竞走比赛。乔治非常安静，不善交际。晚上他坐在正高谈阔论的人群中看书。尽管他很友善，却很难让他开口说话。但是有一天他同我交流了几分钟，谈到了他早年的徒步旅行。他说年轻时没钱经常到湖区旅行，但是有机会时 242
他会坐火车来这儿，每天散步，每晚住在不同的青年旅社。当谈到他多么热爱徒步——在野外逗留一天，登上山顶欣赏景色时，他的脸色富有生气，眼睛也变得炯炯有神。接着，就像一扇门关上了，他又埋头读书。

最后一晚的告别仪式——最后证明进展相当顺利，琼在科克茅斯（华兹华斯的出生地）一家相当昂贵的素食餐馆组织了一顿告别晚餐，餐馆距住处有半个多小时的车程。那晚，中心不供应晚餐。这就意味着被摇滚狂人群排除在外者和选择不参加“聚餐”的人不得不自己做出安排。这顿晚餐并不是一顿回到“正常的”生活之前的同乐宴，人人有份，而是显示了集体中存在的差别。摇滚狂人群不仅有自己专用的桌子，而且被单独安排在内间。那些能够跟上他们的人被当作名誉队员受到邀请。“因其排斥行为而形成的高等的、内部的和中心的”（斯塔利布拉斯和怀特 1986：22—23）人们的笑声，传到那些低等的、边缘化的和外部的人群的耳中。

要求得到位置

观察过性别引起的各种竞争之后，我特地参加了一个女性徒步团队。浏览各类湖区网页，我的目光落在一个徒步团队上，我认出它的名字是个挪威女神。这是专为女性设计的假日徒步团队。同一群女性一起徒步一周（其中多数人是同性恋者），给我印象至深的是这个群体平和的理性，没有那种被什么特殊分子或亚群弄出来的隔离线。我们有时在幽美的花园里吃饭，享受精致的烹调，这一切令人难以忘怀。群体内部摩擦较少，包容和排斥因素彼此交织，却不那么尖锐。当然，情况并非总是如此。

我注意到我的同屋莎拉，处于自我强加的既融入又排斥的复杂状态，她在群体其他人面前大谈与她的“伴侣”一起度假等等，而私下在我们的房间里，她却说起自己的“丈夫”来。后来我要求她解释这种用词上的变化。虽然以前已三四次参加这种假日徒步，但要让别人知道自己是一个异性恋，她仍觉得不舒服，她还突然生气地声称：“并非
243 所有异性恋关系中女性都处于被支配的地位！”为了融入其中，按她自己认为的那样，莎拉不得不压抑自己身份中的一个关键要素。这是面对真实或想象出来的同性恋群体压力而产生的一种反向“衣柜化”（closeting）[*]。

从谈话和布告栏上的告示中，从我们自己的徒步中（我们并没有沿着热门路线或给定的人行道徒步），我发现还有另一种走遍湖区的方式

* 衣柜化：意指同性恋者畏惧社会压力而隐匿自己的性取向。反之，出柜（come out of closet）则是公开承认自己的性取向。——译注

（在英国其他地方也是如此）。这种方式不同于CHA、摇滚狂人群和此前 我碰见的所有徒步者的方式。在主要为女同性恋服务的徒步团体背后，一系列看不见的路线把女同性恋经营的旅馆、客店、茶屋、餐馆和酒吧联接起来。这个不同的隐秘的路线帮助女性在本来由男性作为参加者和领导者而支配的领域（徒步活动）里重新落脚，并帮助建构了定位在风景上的记忆的共同体，从而使那些通常被压制的人们获得了特权。

非身份认同的风景

在与来自湖区之友（FLD）、漫游者协会（RA）、假日联盟（HF）和乡村假日协会（CHA）以及当地俱乐部的代表们进行的面谈和非正式谈话中，我们讨论了少数族裔缺席的问题，每个组织的代表都提到了RA在20世纪90年代初期发起的一个全国范围的项目，名为“让我们出发”。这一项目肇始于乡村委员会的“开门行动”实验（布兰登和科里 1988）。开门这一意象背后的隐含意义当然使人联想到早期的看门人。研究包括的人群中没有黑人或亚裔。除了路上碰到的一个黑人攀岩者和一对年轻的亚裔夫妇徒步者外，我能看到的少数族裔还是在学校队伍中碰到的，他们有些在峰区攀过岩，有些参加湖区举行的大型夏令营。

RA的“让我们出发”项目主要是为了吸引那些“没有徒步传统”的人们进入乡村，但是这个项目没有产生预期效果，部分原因是“特别是亚裔女性没有男性亲戚陪伴就不出门，而且——如果她们穿上纱丽，更是难以爬过栅栏的梯蹬”（冈宁汉姆 1996）。RA的另一个“家庭漫游日”的项目效果略佳。它所设计的短短的2—4英里的散步距离旨在吸引有小孩子的家庭，虽然“过去九年来有越来越多的非会员黑人和亚 244
裔家庭参加……但仍只占一个小群体的很小部分。不过，数目在增加”

（冈宁汉姆 1996）。

我问徒步者同伴，在他们家乡的徒步俱乐部中是否有黑人或亚裔；而在“我们的”徒步周中一个都没有，我也问他们对此怎么看。除了能在学校队伍中见到少数族裔，徒步过程中我没有碰见一个。遗憾地承认他们家乡的徒步俱乐部中也没有少数族裔后，我的同伴还提到了RA发起的运动。至于少数族裔特别在湖区是缺席的，有些人解释说湖区不是一个有着“他们的”历史的地方。继续沿着这一答案追寻下去，我发现这意味着这样两件事情之一：他们没有在英国乡村徒步的历史，因为他们在孩提时或年轻时没有被带到这儿来；而且（或）他们也没有把乡村与早期定居、战役、文学、艺术和农业联想起来的历史。黑人和亚裔被认为是城市居民。

风景被有些人当作“英国性”的堡垒体验着。对他们来说，风景的作用不仅是暂时逃离社会和经济变化的避难所，也是摆脱城市化了的英国人口现实的避难所。在回答是否参加过国外的徒步旅行时，人们不由流露出爱国主义。多恩，一个六十多岁的退休男性，活跃在地区RA俱乐部，与当地管理人行道的市政官员交往甚密，从来没有参加过国外的徒步旅行。他说，“我不会拿英格兰的四分之一英寸交换其他地方的一英亩，我才不会”。这句话是我在第三章里已经探讨过的意识形态的回闪。这种意识形态存在于风景与自然、本土和民族相关之时。这显示出民族/民族主义如何通过融入风景的文化方式，产生了一种特殊形式的归属感，归属于更宏大的东西——不论是群体还是乡村（作为民族或风景的乡村）。

华兹华斯将湖区称为“一种国家财产”，在第三、第四、第五章论及的问题是：“谁的国家”？今天，种族掩盖住了阶级，而“谁的国家”的问题已经承载了更宽泛的涉及到人种和种族排斥的含义（吉尔利 1987）。这个议题以昭然的视觉形式和文字形式由黑人艺术家英格丽德·波拉德表现出来。她的假日摄影，手工上色之后使人忆起旧明信片或水彩画，展示了英国风景中的波拉德和其他黑人。照片的文字说明涉及到权力与无权，占用和可能（不可能？）再占用。有张照片的文字使人想到华兹华斯的“我独自漫游，像一片孤云/……/突然我看到一大片/金色的水仙”，这样写道： 245

> 好像黑人的体验只存在于都市环境里。我觉得我喜欢湖区，在此我独自漫游，我一张黑脸，在白色面孔的海洋里漂荡。游览乡村总是伴随着一种不安、恐惧的感觉。
>
> （波拉德 1984；转引自金斯曼 1995：301）

波拉德的其他文字说明还讽刺性地提到威廉·布莱克的诗歌。波拉德的作品“表达了在英国的黑人集体经验”（金斯曼 1995：306）。这种概括是否合乎情理，我不知道。我的研究对象中没有黑人，我本来是可以从他们那里获得不同视角的资料的。不过，正因为我不知道，本身倒可以证明波拉德的体验是有概括性的。然而，风景可以由少数族裔从经验的层面上重新解释、重新认取：

> 穆斯林女孩在布雷肯山乘坐矮马拉的车旅行一天，“每个人都回想起她们曾居住过的克什米尔和米尔布尔。小小的村庄、溪流、绿色的田野……有时使你迷失：你感觉像回到家一样”。
>
> （克斯特尔 1991；转引自丹尼尔斯 1993：7）

沉默与特权

无论世俗的或宗教的，在日趋扩大的徒步活动中，日常的问题很快显而易见。天气炎热时，为求舒适，男人脱掉衣服很方便，但对女性来说，哪怕是和一群女性徒步，也不容易这样做。天气酷热时，途中小憩，或者“蕨草地休息”变得尤其重要，由于需要新陈代谢，徒步者会大量饮水。在长着浓密的欧洲蕨丛的地方，一切都没问题。然而，不是总有欧洲蕨覆盖着地面，有些季节，找个方便的地方很不方便。[7]几乎是一种隔离和划界的象征性行为（道格拉斯 1970），女性找个地方方便——跑到专门指给女性使用的一堵墙边或岩石丛里，即使真的能躲开自己那群人里的男性眼光，也会被其他上上下下的登山者看个一清二楚的。

在一个徒步团队里，有个妇女来了月经，需要经常停下来。她不好意思向领队（男性）解释，队里的许多女性就在她有需要时一起要求小
246 憩。徒步周结束时，男人们说他们从来没有与膀胱如此虚弱的女性一起徒步过。他们从来不知道真实原因。其他女性提到她们在徒步之前会服用避孕药以避免这类问题。

甚至埃里克·朗缪尔那本简明扼要的《登山技巧和领队艺术》对月经问题也是回避的，不着一字。在一个徒步中心，一位正在接受领导能力训练的徒步者向我推荐了这本书。他认为这是登山领队的“圣经”。书中详尽地讨论了男女少年（15—18岁）和成年人（19—50岁）不同的卡路里需求，不同天气条件下这些需求的变化，以及不同年龄段的精神和体力状况，但没有提及月经引起的不同需求。（也没有谈到50岁以上的人的需求。）

依据男性设置的能力、耐力和速度标准是另一种“男人的误测（mismeasurement of man）”（原文如此）。在男女混队中的女性，即使她们占多数，还是某种程度上的少数派。她们不去设定徒步速度，她们退到群体后面，而男性“自然地”被吸引到前面和领队一起走，和他一起核对路线等等。（当我们碰到单独徒步的夫妻时，即使他们不属于任何有组织的团队，也总是丈夫走在前面，查看地图。）男性是地图查看者、抉择者、领队——这种不言而喻的竞争优势使得很多男女混合团队中的女性说她们更愿意只与女性一起徒步。这里，她们指的是按照地

区结成的女性群体。这样的群体气氛“更加放松”，而且“没什么竞争性”，可以使女性“发展自信力”。但她们还是放弃了参加专门为女性组织的假日徒步的想法，因为觉得这类团队“实际上”是同性恋团队，她们在里面不受欢迎。

社会礼仪可能具有性别区分意义，对此局外人看不见，只有在失礼的时候才会注意到。在给一个小群体中的每个人（其中一个是男性）买一轮饮料时，我问各人喝多少。一位女子要半品脱的当地啤酒，其他女子也要同样多。于是我点了那么多杯半品脱的啤酒，对此那个唯一的男性感到有些不自在了，他主动提出支付半品脱和一品脱之间的差价。显然，半品脱和男人的酒量是不匹配的。由这件事情我发现，男性总是一品脱一品脱地喝啤酒，即使他们喝了六七品脱后开始要半品脱时，也会小心翼翼地将那半品脱啤酒倒进前面用过的一品脱玻璃杯 247
里。为女性准备的半品脱啤酒装在不同的玻璃杯子里（女人用弧形玻璃杯喝，而男人用直边玻璃杯喝），这样就绝对不会把男性的半品脱与女性的半品脱混淆。的确从很多细小的动作里看出差别的象征（道格拉斯 1970）。

退休男性

我遇到的一些男性徒步领队和徒步者，由于英国经济结构调整的缘故，他们在55岁到60岁之间就被迫退休了。尽管生活相对舒适，拿着不错的退休金，也有适度的金融安全保障，许多人（当然不是全部）对提前退休还是耿耿于怀。虽然他们表达了对关系到退休金的通货膨胀的忧虑，但是多数人则强调他们需要工作更多是由于个人原因而非经济原因。所有人都去寻找活动打发他们新近空下来的时间。由于退休前就进行徒步休闲，现在他们就把徒步当成一种值得追求的爱好，一种重新安排时间和构建自我形象的方式。

迈克尔，前航空交通管理员，是这样认为的："我过去的工作压力非常大，而我退休后，每天的压力变成了决定我该喝黑莓酸奶还是纯酸奶！于是我想，是该开始干干领队的工作了。"一个退休后从事徒步领队的人，在年轻时就为CHA一类的组织担任过领队。许多退休人员都在孩提时期由父母领着参加各类机构（通常是CHA）的休闲徒步旅行。玛丽恩，我所见到的为数不多的几个女性领队之一，说依据她的经验，这些退休男性很难适应休闲状态：

> 他们仍然想支配，他们有主见——固执己见，有时说服他们做点超出常规的事情，简直比登天还难。他们是井底之蛙："这是我的项目，我只走这些线路，我只参加这种晚间活动，我只这样做，这是我的路。"如果你建议："如果我们这样做怎样？"他们就会很担心，因为他们以前没有做过。男人总是这样。

男性的支配技巧被带进全国性徒步假日机构以及地区性徒步俱乐部。通过这些俱乐部，他们经常插手地区政治，诸如进入权和规划的议
248 题——本质上具有争议性的领域。斯坦，一个提前退休人员，当地徒步俱乐部积极分子，曾经组织活动抵制在过去受到保护的乡村附近开发房地产。尼戈尔，伦敦一个区议会前首席行政官，也领导过抗议——抗议在乡村兴建大型超市的规划，这个大型超市会灭绝当地商业街的所有商店，改变当地风景，大大增加周边地区的汽车和卡车交通流量。他认为像他这样的人是前局内人，了解"游戏规则"，由"猎场看守人变成了偷猎人"。

有些男性在退休前就为担任徒步领队做铺垫，偶尔会替补意外生病的领队带领徒步旅行。有些人则是无意之中当上了领队。罗宾，海上石油钻塔工人，参加了西班牙的一个徒步假日，那儿的"领队糟透了"，结果他们团队的14个人"结下了真正的交情"。第二年，团队的多

数人出现在英国，共同参加了假日徒步。他们玩得非常痛快，因此继续一年见面两三次。由于罗宾是他们中最有经验的，他就成了领队。他很喜欢这种经历，于是开始参加山区徒步领队训练项目，计划退休后成为职业领队，现在他已经如愿以偿。

社会运动和社交活动

在认识到共同感和争端可以并存的同时，我已建议在世俗性朝圣的架构里考量徒步群体——人在徒步过程中经历共同感。我将这个观点放在地区性徒步俱乐部的长时间维度之内细察，俱乐部成员在几年内或更长的时间内一起徒步旅行。我想了解徒步俱乐部是否成为一个调解空间，在这里，结构性的等级世界被暂时而多次地抛弃，随之产生的是给人更平等感觉的经验性共同体。

从这一视角，我们不妨假设一周徒步团队和全英国境内的地区性徒步俱乐部构成了一个比较隐蔽的网络里多重和移动的点。这个网络不仅标出了一种社会运动的“原因”而且还标出了运动的“方式”，尽管这种运动是非政治的，却具有引起政治改革的能力。当然，徒步运动里的一些特别群体的确“使复杂社会中的一些基本困境的存在公开化 249
了”（梅卢奇 1989：222）。把徒步看成是一种社会运动，这一观点有悖于从社会不满来解释一场运动（比如宪章运动）起源的传统社会运动理论（克兰德曼斯，科里斯和塔洛 1988；梅卢奇 1989），但符合新社会运动的理论。新运动具有如下全部或部分的标志：为取得信息的权利而斗争，为参加“运动”而参加运动，参加运动与日常生活结合起来，以及对环保议题的意识（梅卢奇 1989）。

从这更广的层面来看，作为社会活动的徒步涵盖了公众与私人、形而上与生活现实的内容。它包含了自我代谢的全国性组织机构以及自然减员的群体——一起徒步的男女会员，他们有时拒绝接纳新会员。

在这种也可称为社交活动的社会运动中，行为人进入这样一个领域，他们制造意义、调解生活危机、建构个人和群体的身份认同。通过当地、地区性和全国性徒步组织创造出人们交流和争论进入权和规划问题的公共空间。同时，徒步群体也创造出发生人际关系的私人空间（无论是短暂的还是持久的）。

下面的材料来自我对最非正式的地方俱乐部之一的观察——我参加了它组织的徒步活动。这个徒步俱乐部于20世纪80年代初期在北威尔士的科尔文湾成立，是地方议会名为“焦点”的成人教育计划的一部分，专为退休人员而设。那时的成员都是60岁以上的女性和65岁以上的男性。由于裁员改变了原有的雇佣模式，五十多岁的男性和女性开始加入俱乐部，年轻一点的退休人员开始发挥主导作用，他们总是要求会员加快徒步速度，延长徒步距离。俱乐部领导就宣称他要离开地方议会辖下的俱乐部组织，另去创建一个为岁数大一些的退休人员服务的独立俱乐部。

“远离焦点”俱乐部——会员就这么称呼自己。自成立以来，俱乐部按照封闭的方式运作。现在这个俱乐部只剩下约莫二十个人。索尼娅，一位退休的英文教师，解释说：“没有新成员能进来。实际上我们就像一个家庭，如果我们中有一个人生病卧床不起，其他人会为他购物。如果你遭遇什么危机情况，你知道总有人来到你身边为你打气。”那一年（1996）俱乐部有三个人去世。通常当某人的配偶死去，其他人如退
250 休的会计、律师和房地产经纪人会帮助善后，完成各种官方手续。索尼娅告诉我俱乐部会员会一直共同走下去，“直到最后，直到没有一个人剩下”。

进行一日徒步活动时，没有车的会员会搭其他会员的车。到了预定的地点会重新调整，尽量挤坐在一起，节省车辆，然后开车到当天徒步的起点（搭车人给开车人象征性地支付一点钱，按英里计算）。我们换乘别人的车时，发现有会员没到场，一位名叫萝丝的女士为此询问好

多遍。萝丝似乎闹不明白那些人已经前往都柏林做一日游去了。不过，只要她问，人们总是给她再讲一遍那些人去哪里了。

非常高兴，我们在徒步开始之前停车喝咖啡吃蛋糕！在茶室，萝丝又开始要菜单，忘记自己已拿到两三份了（是她此前要的）。每次她的要求都得到耐心对待。人们和气地忽略她的古怪行为。有一次她要我记下徒步印象，因为人的记忆不像自己想象的那么好："倒不是因为忘记，一个人会记得很清楚，但是有一会儿记忆很遥远，然后就消失了。"她说得很对。

所有会员现在都已七十多了，这个"远离焦点"群体在徒步时匀速前进，即使在那些虽然不陡却是上坡的路段也这样。他们告诉我一个群体的掌故，涉及到与游吟诗元素混合在一起的民族/本土/自然的论题。有次，在一日徒步时，天气变得恶劣起来，一场倾盆大雨后，全队人沿着陡峭的田边小路上行，此时小路泥泞不堪。他们离开小路，改走庄稼地边。一个农民出现了，说："你们以为你们在干什么？英格兰人，我想，你们是从伦敦来的。你们没看到小路吗？明明就在那儿，你们却走到我的地里来了。""远离焦点"的一个会员不仅是威尔士人而且会说威尔士语，她是矿工的女儿，她走上前用威尔士语解释他们是什么人。那个农民，队员告诉我，"一下在她面前变得服服帖帖，我们都说：'为了莉娜，感谢上帝！'"

在我们徒步旅行时，很显然，如同任何家庭一样，队员得学会面对各人的缺点。实际上，这是他们不想要新人入会的主要原因。他们感到自己已经太老，无法应付新成员的"怪癖"——他们已经花了太多时间适应彼此。凯瑟琳提到，在这个群体历史上，只有一次由于性格冲突激化而几乎导致要求某人离会。有位女士惹了几年麻烦之后，"男会员们最后果断地决定"要求她控制好自己的情绪。此人在丈夫去世后搬 251
迁，终于离开了这个群体。

一个男人的唠叨会惹火一个女人，气氛紧张起来。但是其他人会将他拉开，与他谈话——或更确切地说，是听他说话。他们给我解释说大卫前一年失去了妻子，现在“还不能适应”。他唯一的一次表演谢幕是当天徒步结束时，他告诉他车上的乘客说第二个星期不能来接她了，因为他要一个人去布鲁日。他说：“你知道这是我第一次单独旅行，看看会怎样。”

我将相机焦点对准“远离焦点”群体照相，他们当时正在吃午饭，专注地盯着面前的景色，此时我突然感觉像是进入了一个镜厅！这些人通过徒步的方式已经形成了他们的共同感精神，凭借这种精神他们在跨越不可知的衰老疆界。

结　语

一周徒步中那种没有标示出来的空间，越出日常生活的常规，置于以前从来没有联系的人们之中，包容了争执和某种接近共同感的东西。当地徒步俱乐部时间不那么紧张，在此情形下，能够发展起一种支撑性网络，用以建构社会生活和一种归属感。这儿的共同感没有嵌进朝圣的框架，而是楔进日常生活之中。在两个被研究群体中，收入被当作阶级标识（我谓之的阶级即通过教育、职业训练等获取的地位差别或文化资本，这些又转换成经济资本），徒步群体形成了一种跨越阶级的空间。核心群中随机收集的数据说明队员收入在5万英镑（合8万美元）到5千—1万英镑（合8千—1.6万美元）之间变动。参照群，也即当地徒步俱乐部的成员，随机收集的数据反映队员收入在3.5万—5万英镑（合5.6万—8万美元）到低于5千英镑（合8千美元）之间变动。

参加有组织的群体的山地徒步，可以暂时摆脱独自度假的孤独和寂寞；当地徒步旅行俱乐部则帮助计划全年时间，安排周中和周末徒步活动。他们安排的复活节和圣诞节短途徒步已成为去宗教化的世俗性仪式，还有一些社交事件诸如年度大会都被安排与收获节晚宴时间

252

重叠——其实也被办为收获晚宴。CHA和HF这样的组织也提供复活节、圣诞节和新年休假活动。人们的经历表明，这种通过当地徒步群体所做的空间化的时间安排在面对婚变、丧亲或重病之后的生活时变得特别重要。正如安吉娜（一位退休的秘书）说的，“部分原因是附近没有亲戚家人，孩子已经搬走，徒步的确可以替代”。对于这种群体替代家庭的特点，RA副会长作了总结：

> 我有时认为徒步已经取代了教堂。徒步团队，通常由四十个人左右构成，已然成为“修会”，一个扩大的家庭——人们觉得它很有支持作用。
>
> （冈宁汉姆 1996）

在参加山地徒步周时，大汗淋漓地攀上陡峭的山坡，恐惧或不安地小心择路攀上或走下岩石坡、碎石路，成功后的喜悦，在酷热中或大雨中一英里又一英里的徒步，接受或给予帮助，等待着掉队者或自己成为掉队者，让人等着你——所有这一切或更多的事情都是“以原始方式一起旅行”（见本章开头奥维格的话）过程的一部分。抵达山顶，有一种共享的成就感。此刻，徒步群体似乎最接近共同感，最接近“平等的兄弟友情”的感觉，虽然没有人会想到以这种方式表达，女性尤其不会这样表达。

徒步、登山、天气变化、相逢、处理当天的困难——人们分享这些正在经历和已经经历的，为定位于过去和现在风景的记忆增添了意义层积。每个人都经受了泥泞飞溅上身或浑身大汗淋漓。然而，众多的身体感受看似一样，人与人却有观点和性格上的不同，这些会以不可思议的方式被人很快了解。在各种因素交织的状况下，社会疆界淡化，被跨越（暂时地，或永远地），或者保持其不可渗透性——各类社会差异标志在近距离下看得分明。语言、口音、衣着、吃饭习惯、理解餐桌上可以讲

253 何种笑话或与什么人为伴——所有这一切及更多的东西是人们不会说出来的分界线，看不见的阶级徽记。

在这种流动的社会领域中，一种共同体感得以建构，赋予生活（无论是短暂维系的群体生活，还是属于或超越了群体的个人生活）另一层附加的意义。在一个星期内，无论什么时候我们来到一处石堆——它或是标出山顶或山脊，或是指向一条无法确认的小路，索尼娅总会弯腰拾起一块石头，加在石堆上。我问她为什么这样做。她回答说，是为了纪念所有以前徒步到此的人们。这种纪念行动类似去察尔玛（Chalma）朝圣的墨西哥人的做法。朝圣者相信以前的朝圣者变成了石头，只有抵达原计划的目的地才能恢复人形，朝圣者有义务朝着圣地方向踢几块石头（特纳 1974）。

人们把山地徒步当作逃离“那一切”的方式（“那一切”指的是城市生活显而易见的无情压力），也把山地徒步经历视为一种联系，与更宏大的、超越了庸常个人生活的东西的联系。尽管不同的人说法不一，在谈到山地徒步的动机时，他们经常使用的一个表达就是：努力登上山顶俯瞰全景，能让人从“不同的视角”或以“更恰当的感觉”来面对个人问题或焦虑。此话的本意有很大的比喻成分，但我觉得表达得很朴实。

我已经提到过人们另一种方式的反应——面对美景，他们的反应都不同程度地表述了：“我不信教，但是……”这里，有意识和下意识反应交织在一起，指向一个潜台词“神性内在”。“神性内在”作为一种特性或状态，可如此定义：

> 神性内在（immanent）：后期拉丁语 immanent，immanens 是 immanere 的现在分词，意指停留在地方，由拉丁语 in + manere 构成，意为停留，居住——参见 Mansion 一词。
>
> （《韦氏新学院词典》）

从词源学来看，“immanent”含有圣经和赞美诗寓意：“在我父的家里，有很多住处”（《约翰福音》14：1），而“我将永远住在我主的家里”（《诗篇》23：6），这些话首先映入脑海。在这里的意思有居住、存在于其中、在这个世界上、被“安置”在不同地方：被重新安置，重新联结进来，在其中并与之连通——与自己、与可视的自然世界，由此也与我们只可感觉却无法理解的“神秘创造力”的不可视世界。 254

一旦不再“远离”风景而是成为风景的“一部分”时，就可以获得一种地方感。那种微妙但绝对重要的不同就是对地方现象学的体验：自我在这个世界的生命感知（巴索 1996；蒂勒伊 1994）。换言之，在早期称为崇高感的体验，是通过特别的“允许人们跨越阈限或不可见界限的仪式”（见奥维格，本章的开头）而获得的。在这个例子里，仪式当然只是埋头走路爬上山坡抵达山顶。除了感觉心跳和肌肉疼痛之外，自我与无限的环境之间建立了一种短暂的新联系，此时人们能感受到自己属于（而非远离）那个更大整体。阈限就是门槛。正是通过有机印象人们跨过这一门槛，发现自己向一片不同的景色敞开。这一景色空无一人，却神秘地包括了自我，但非怀有个人焦虑或渴望的自我。

前面已说过，景色受各种天气条件的影响。卢泰尔堡的微型剧场试图复制出天气影响下的风景。他的剧场没有演员，只有6英尺宽，没有舞台帷幕，观众更能专注欣赏再现性的风景。撤销布景画框，也等于撤销了观景人与景色之间原本存在的“距离感”。在山顶，没有任何参照框架。与几个观光者共享的360度全景几乎势不可当。自我成为缩小的中心点，各种令人眩晕的印象汇聚于此。微型剧场的视力幻觉颠倒过来：不是让景色显得更大，而是人自己缩小了。实际上，风景剧场的空旷和开阔的空间使我们缩小，使作为观众的演员缩小，缩小到我们的真实水准——不足为道，无足轻重。规模、永恒和瞬间得到重新落脚，超越我们的把握，却在景色之中。 255

注 释

1 我发现这个年轻人非常令人忧心。很显然,他处于生活的崖边。我非常不安,需要团队中的某人让我相信这个人至少暂时置于一群人中间,打破了他显然处于的孤独状态。我不禁认为他是越出了那些界限之外的。我很高兴地看到那个星期我们的领队吉尔夫对他多么友好。

2 这非常类似于赫伯特·斯宾塞的一段文字,描写他1861年在苏格兰莫尔海峡目睹的日落景色和印象:

> 那个黄昏,云层和天空奇妙的色彩,如此绚丽夺目,本身就令人难忘,又倒映在海峡的水面。同时,沿着莫尔山脉的海峡两岸被落日照亮……在我的经历中,还没有什么堪与这种飞扬的情感相比。这是有史以来我体验过的最强烈的快乐感受。
>
> (斯宾塞 1904[II]: 78)

在此,我们也同样感受到(过去了150年)自我与现象世界的距离已被定位在风景之中的体验所打破。

3 有趣的是,这个英国高科技服装广告的挖苦性语气与美国对手的风格不同——曼哈顿一家艾诺斯运动商店的整版广告,画面巨大,文字如下:

> 继续
> 当英雄
> 加速
> 出色的设备
> 技术完美的服装
> 专家建议
>
> (《纽约时报》1996年11月17日: 28)

4 正如我后来经历的,CHA徒步领队们还是会为那些有兴趣的人主持周日晚会,当然它们并没有被禁止。我无法解释为什么这位男士感觉他不再能进行这样的服务。

5 对此有不同的排列方式。有些领队的确介意他的队员走在前面,但多数情况下,如果有人比其他人走得快,领队会告诉他们在什么地方停下来等候。有些领队会清楚表明队员全部到场后才开始休息,大家再一起出发。另一方面,有些人坚持要和领队一起走在前面,不允许其他人"替代他们的位置"。这时不时地会弄出点可笑的状况,因为如果有人占了那个位置,就会被挤到路外面去。也有些领队会在队伍前后走动或走在最后,以免有人遇到麻烦。在那时,他们会要走到前面的队员在某一指定地点停下,等着后面的人赶上,"重新集合"。通常会指派某人担任"赶猎狗的人",确保无人掉队迷路。

6　这些构成了这出活剧的第一阶段，“规范的模式管理下的社会关系［被一个人］破坏，这个人总是在（或自认为在）代表其他人员行动，无论他们是否意识到这一点”（特纳 1974：38）。正是这种利他主义特性区分了象征性的违规与犯罪，后者总是有某种利己主义的成分（特纳 1974）。

7　纽约的一个女性朋友参加过艰苦的荒野长途徒步，她给我展示了一个塑料用具，（显而易见）女性用它可以站着小心翼翼地排尿。这个奇妙的漏斗装置是特为人们在原始荒野地使用的。在那儿，你要带走你带进来的所有东西，包括身体排泄物。这个“设备”的另一部分应该是盛尿的塑料袋。我谢绝了她让我带上这个的提议——即使不连塑料袋。在一次徒步时我向女士们描述了这个器具，引起了一阵欢闹，结果大伙儿觉得需要再到欧洲蕨地里休息休息。

八

特殊视角

15岁时，我接触到华兹华斯……下一次去湖区……我看到了地图上有“绿顶峡谷”(Green Head Gill)字样，我感到震撼，犹如遭到雷击一般：这就是《迈克尔》场景中出现过的绿顶峡谷。接下来的一切都让我惊叹，我可以真的去到那里，看到那古老的羊栏，当然还有他描述过的赫尔维林，我很想登上赫尔维林！他提到的乌斯湖的小船——我也想去看看！看看那些使他担忧的山峰什么样，因此，我那时怀着双重目的登山——我正在追随华兹华斯及其同代人的足迹。以此，我的徒步获得一种新的意义纬度。

（索尼娅·安克斯）

徒步仍然是我的最爱，有关徒步的一切都让我沉醉……徒步过程中，自由自在，与人们相识。我认为最主要的事情就是——徒步提供了空间和自由，登上一座小山，环顾四周360度，视线中别无他物，只有群山和美景。我认为那的确让人心痛，真真切切让人心痛，因为景色太美了，那一时刻，美景只属于我。我不与任何人共享，这是一个自私的角度，真的。

（玛丽恩·卡宁）

> 我一个人徒步时，特别是独自背包远足或露营时，安全问题显得非常微妙——我是指作为女性。因为通常而言……特别是在黄昏降临，我得找一个地方露营时，对我而言［其他徒步者］实际上代表着威胁。如果我独自露营，我不想让他们知道我在哪儿，我露营的地点，挺好玩的是吧。但从另一个角度来看，假如我的腿受伤了，其他徒步者则意味着安全……我非常清楚人像动物一样需 259
> 要伪装起来……这种性别化的经历，与父权社会和男性占支配地位的文化相关，也与女性害怕被袭击的恐惧有关。好了，这也是进入，不是吗？
>
> （宝娜·戴）

引　言

对谁说话和为谁说话是田野考察的“双重口技”（阿帕杜莱 1988：16—17）。下文就要试图减少口技表演者的表演，尽可能原样展示三个女性的声音。这是一种有意识的尝试：使边缘化的人物进入中心。这三个女性分别是索尼娅·安克斯，1924年出生于利物浦；玛丽恩·卡宁，1938年出生在斯塔福德郡的布罗姆维奇城堡村（当时的地名）；还有宝娜·戴，1954年出生于伦敦。索尼娅纯粹是一个徒步者；玛丽恩是一个全国性徒步组织的志愿领队；而宝娜自己则组织女性假日徒步。我与这三个女性的磁带录音谈话，原文长达200页。很显然，我得作出取舍，保留什么，丢掉什么，这充分证明口技表演者不可能扮演不在场角色（如果这还需要证明的话）。

每个女性的主要话题都以自己的生活概括出一个在前面某章已经探讨过的主题。这看似巧合的回应，当然不是产生于我有意识的预谋，而是反映了一种幸运的联系——“民族志学者与他或她遭遇的社会之间在风格、易感性和心情方面的联系”（阿帕杜莱 1988：18）。索尼娅概括复述的主题是湖区的文学性建构。她对那个被建构起来的地方的早年意识对于她的人生轨迹作用颇大。作为有近半个世纪会龄的合作假日协会(CHA)会员,索尼娅口述的感受是对第五章已经讲到的该组织历史的补充。

玛丽恩在中部地区组织徒步俱乐部,深入全国各地带领徒步群体,她的经历简要复述了“重新住入风景”主题。然而,一个显而易见的事实是:这类重新住入的行动并非没有引起紧张的局面和内部的矛盾。进入权是这整个工作的重要主题。宝娜在复述这一主题时加上了性别
260 角度的叙事。宝娜组织的女性假日徒步活动主要是针对同性恋者,因此进入权和歧视这些当前议题成为焦点:女性、同性恋者、黑人或城市人出现在风景区里,都会遭遇抵制、嘲弄或怨恨。

索尼娅·安克斯

索尼娅居住在位于北威尔士的科尔文湾的一个海边村庄罗斯。她于1980年从彭罗斯学院,一所当地女子寄宿学校退休。在校时她任英语系主任。在我抵达罗斯时,我所知道的一切就是索尼娅几十年来都在湖区徒步,年轻时就是CHA的会员。在我们开始第一次录音谈话的几分钟内,湖区诗人就被置于英国文化背景和索尼娅的生活之中。

当谈到人们与风景的智识关系、精神关系和世俗关系时,你实际上在谈论音乐、艺术和诗歌。知道吗?在湖区,在历史上的某个时期,会产生一种特殊卓越的结合,一种微型文艺复兴。要知道,英国有很多很棒的自然诗人,多数是年轻人,嗯——在南部地区有很多——他们是自然诗人,因为他们写鸟、写动物,特别喜欢写树,这些诗歌背后没有任何我可以称之为哲学的东西,只是对春天美丽的繁花愉悦的反应,豪斯曼

的“樱花”等等。有些人喜欢这个，我想某种程度上我们都会是这样，读这些人的作品，很高兴去看看那些地方，坐在河边听着夜莺歌唱或徒步穿过雪松林什么的。但是湖畔诗人不同，因为他们有一种哲学。

他们中的巨匠，他们的华兹华斯，完全不是那种意义上的自然诗人。虽然很不幸，在学校里，每个人都要学“水仙花”（“我独自漫游，像一片孤云”）或“致一棵白屈菜”，这样那样迷人的、富有诗意的细小事物，花啊，树啊——但毫无疑问，他有泛神论倾向，他的伟大潜藏在《序曲》里，这一点不容置疑（这句话的后面部分是用强调语气说出来的），潜藏在这个国家产生的一些最伟大的作家所汇聚的智识才华里。因此一个超凡的现象出现在华兹华斯那座位于偏远山村的小小茅舍，去那
儿拜访他的人都是当时文学界精英中的精英。261

柯勒律治不仅创作了《古舟子咏》和《克里斯特贝尔》等等，他还是一位出色的自然诗人，我认为他也是最伟大的学者，那个世纪的一位多才多艺的学者。柯勒律治、哈兹利特、雪莱，这些人都曾经在那所房子聚会；考珀，一个次要点的诗人……朗兹、司各特，他们会面、交谈、讨论生活和哲学、一起到山上徒步。这是异乎寻常的才智之士的聚集，当时的文学界也注意到了，因此当华兹华斯年老时，他的名望已经牢固树立。就从那时起，你看到那个小小茅舍的传奇已经成为自然崇拜，或别的什么的某种象征。

今天，你不仅看到了英格兰人、苏格兰人、爱尔兰人……你还看到世界各地的人们来参观他的小小茅舍。为什么？……因为格拉斯米尔是一个非常漂亮的地方，景色迷人，而且你还可以买些华而不实的纪念品，你还可以参观伟大的华兹华斯的墓地，他的作品你没有读过，但是你一定知道“水仙花”，而且你回家时会戴上一枚华兹华斯徽章。但是知识分子不是为了这个到这儿的，而是要在茅舍四周走走看看，思索着那个茅舍空间多么有限，生活多么简朴，体力多么劳累，在物质上他们过着多么糟糕的生活，这是怎样的悲剧，怎样的贫穷——他们大多数人

就这样生活，但那么大的荣耀又源自这种生活。

……实际上，利物浦非常靠近湖区，我们那一代人没有私家车，但是火车和公共汽车总是很方便。人们会去参加一日远足，总是如此，而且会到湖区度假，从我小时候起，湖区就是我们的消夏去处之一……我们住在简陋的旅馆，我们去徒步。我们徒步，我们不攀登高山，但是很擅长徒步，我们会环湖走，就是那种可爱的台地徒步。我想你会说，是一种C级徒步（指的是CHA徒步等级），只不过是距离长一些而已，但我们喜欢。

也许在21岁时吧，我发现如果你一个人想参加徒步旅行，CHA是一种很好的度假方式……因此我参加了CHA，他们是些热诚的人，他们噔噔地爬到山顶，又噔噔地下山，他们并不都是文化人。哦，我们那时进行了很长时间，我教英语……如果你不会表演，你就不是一个出色的英国文学老师！现在我的教学非常戏剧化（她笑了），我通过戏剧式
262 的朗读来教，有时候也和孩子们一起表演，而且，而且那时我非常幸运，有个很聪明的女子当我的助手……我们组成了一个很棒的团队，因为我们处理事情的方式不同。我讲的是六年级（中学的高年级）。如果我们教六年级，她有她喜欢的作家和诗人，而我也有，这样会给——给你机会去教你最喜欢的东西。如果你不喜欢，你可以一开始就不教，因为女生不会喜欢。这样我们拓宽了课本所规定的内容。

……后来我有了一个奇妙的想法，因为我们换了一个新校长，他是山区徒步者，他喜欢，嗯，划独木舟和沿着绳子滑下山（rappeling，用双绳一端系于山上，一端系在自己身上，从悬岩陡壁滑下），以及所有你能想象得到的课外活动……他非常希望教职员们不仅仅是教书，还要参加活动。我指的不是戏剧朗读组、讨论组或辩论队那类活动，而是某种户外体力活动，因为这是一所寄宿学校……哦，这时我不再年轻，而且我从来不擅长运动，我也不可能划独木舟，或去攀岩。但我认为，噢，我是一个不错的徒步者。我是一个非常不错的徒步者，当然不是现在，我

现在速度慢了，年龄更大了，但那时我是一个强壮的徒步者，而且了解我的山区，因此我有了一个奇妙的想法。

我向莫莉恩讲了我的想法，应该是一种什么样的活动。我们正在学习华兹华斯，准备A水平考试（大学入学资格考试），而《序曲》的一部分是要准备的内容。如果我们带着六年级学生到湖区去度一个周末，我们合计……早晨出发……在那儿真正进行一次与诗歌有关联的登山？我们会带他们到绿顶峡谷，攀登海伦峰；我们去费尔菲尔德，或去乌斯湖，我们会沿湖徒步……而且我们要弄清楚哪些是华兹华斯曾经看过的地方，与诗歌联系起来，到晚上我们……吃过晚餐后就到会议室集中，拿出《序曲》的那一段。我们两个人一起联合上课，哦，我读一部分，然后我来解释，接着她读一部分并做解释，她显然会有不同想法。我认为，那些女孩上了一些有生以来最好的课，因为这是两个心灵的联合，我们是非常好的老师，而且我们对所教的东西很精通。那些女孩非常幸运……我们这样做了好几年……是在70年代初期。

现在，我们在这样做时，我总是在暑假参加CHA为期两周的假日，我这些年来一直这么做，从而认识了许多人。我不是说结识了什么密友，但是我认识领队，还有……我认识每年都来参加徒步的一些人。所以，这就像回家一样。毕竟，我了解徒步，我可以带队，有时我的确 263
带过队……但不是这个，是友谊，而且是那种，那种再度聚首的兴奋，在湖区你不可能对你所做的事情感到厌倦。（索尼娅笑了）我从来没有厌倦过。

我21岁时加入了CHA，就是说，我当时还在上大学……我开始有了一种到这儿徒步的感觉，真正的徒步。我不记得是不是有人告诉我，还是读到过，还是我实际上路过了这个地方，也许是在我度假时看到的，这是一个徒步的理想之地。因此第一次，我一定有些忐忑不安……我想我第一次是坐公共汽车去的，我在“天鹅”（酒馆）下车。当时，CHA和HF的宗旨，当然还有青年旅社，是会为——我不太想说是为工人阶级——为那些没有多少钱的人，住在城镇的人，想有机会游览乡村的人提供住宿的，而且当然提供有向导的徒步项目——不是指青年旅社，而是CHA和HF，在那些日子还没有美国人、德国人……或其他人来这里旅游。这是专给城镇人的项目，最便宜的度假。

那时一切设施非常基本，但跟过去相比不算什么。……我去CHA的时候……家具非常简陋。一张床，一把椅子，墙角横根棍子再挂上布帘，就是衣柜了。有个五斗橱。床边没有灯，我记得。地板上有一块小地毯，当然房间里没有洗脸盆……早餐跟现在的差不多，往那一搁，晚餐在相当长一段时间没有变化……一大碗汤摆在桌上，一个长柄勺，每个人使劲用勺子舀汤。总是水煮土豆，总是水煮土豆，直到有一天人们把“今天的晚餐吃什么？”编成了歌（大声唱起来）：水煮土豆，水煮土豆！卷心菜，你可以想得到。哦，还有一片牛肉或一片其他什么肉，当然还有格拉斯米尔的传统菜……大米布丁，换个花样的晚餐；要么就总是某种厚厚的果馅饼，做得一塌糊涂，要么就是从一个大碗里捞出的某种甜食。然后是娱乐活动，通常是快步舞，跳舞，那种苏格兰旋转舞，大约到了十点差一刻的时候，男主持人和女主持人为客人沏茶、烘饼
264 干，之后他们会问，有人愿意帮忙洗碗碟吗？这种形式当然一直延续到最近为止。

还有，有一种很强的基督教氛围……两个协会都有（CHA和HF）。是那种，我认为他们具有托马斯·阿诺德在拉格比所描述的英国人的理想……你知道，健康的心智和强壮的体魄，身体能经受冷水浴，完全没有不洁的性想法。而你走出去（此时索尼娅用一种“有力的”深沉的男性嗓音说），在山上度过像样的一天，回来吃一餐简朴的晚餐，你有同伴，纯洁、正直、欢乐……很少人一开始会想到上天鹅酒馆喝一杯。因为你知道，这就是关键。他们从没有电视或诸如此类的东西，因为那和共同体没关系……他们希望你在晚上能参加活动。

在一个周日晚上……晚餐后马上举行了一个仪式，一种（从基督教

的角度来看）各教派共有的仪式，换句话说就是，读《圣经》、做做祈祷、唱几首圣歌，此时总是有人弹奏钢琴，接着是针对受邀客人的演讲。在那之后，就是周日一整天安静的游戏，比如问答游戏和纸牌游戏。周四是音乐会，你所认识的客人聚集在一起表演，有些人的表演在他们那个时代算是非常出色的了。其他日子的活动与现在一样……跳舞啊、寻宝啊，或类似活动。在一周徒步结束时，大家都在花园外面集合，一起拍张集体照，非常好。我只留了一张，因为每次都一样（索尼娅笑了）。

每一天，如果你愿意（现在的确要看领队的），早餐前可以在休息室祷告，还有每餐都做感恩祈祷。直到，喔（长时间的停顿），10年前？这个，这个确定无疑是基督徒氛围的……发起人是基督徒。如果你不是基督徒，没什么，因为——我的意思是，你不需要成为。当然你也可以不参加这类仪式，我是说你可以在整个感恩祈祷过程中只是坐着，不是吗？现在我注意到，这一切是怎样消失的，最近6年，有些领队没有做感恩祈祷或者什么都没做，但是有些领队做了感恩祈祷，还有些领队为那些希望晨祷和有点周日晚上餐后仪式的人做祈祷。

但是那些露面参加的人还不到10——不到10个，而在过去基本上每个人都参加，当然。而这当然反映了乡村中宗教信仰越来越缺乏。
我认为在许多方面，徒步（长时间停顿）可以与宗教联系起来。有很多 265
圣歌——如果你外出到山上徒步，回来时唱着“一切美丽光明物”，实际上你是正在祈祷，你觉得多么幸运参加了假日活动，为群山的美、山丘的美、小溪的美，为今天看到的一切，为我们相伴徒步而祈祷，圣歌与这一切非常契合，是不是？

你知道，假日联盟和CHA……他们的歌曲集和赞美诗集有许多内容，不仅有圣歌，还有沿着主干道和乡村道路行走时唱的欢快歌曲和集会歌曲……而现在，当然令人非常悲哀，越来越少有年轻人像过去一样跟着父母一起来徒步了，这就像人们去教堂，因此，很显然，继续带孩子参加的父母可以确保群体和组织的延续性。所以他们过去几年不得不改变徒步路线。那些像我一样的守旧派，CHA的忠诚分子越来越老，这就是为什么现在他们要组织C类徒步队，针对那些像我这样已经攀登过每座山峰，了解每座山的历史的人。那些人过去是非常强壮的徒步者，而现在不能再徒步登山，但是还热爱这些山，喜欢待在这个地方，参加所有的活动，到周边走走看看。

玛丽恩·卡宁

> 玛丽恩是我参加的HF周中的三个徒步领队之一。所有这类领队基本上都是志愿者。晚上她和另一个领队组织大家跳方块舞，他们在HF之外的俱乐部也组织这类活动。玛丽恩还指导每天早餐前的锻炼课。在谈话和信件中，玛丽恩强调了她与风景的联系可以追溯至出生于农场的母亲。那儿有几只羊、一群牛、几头猪和一些家禽，还有耕地。尽管母亲已经离开农场，玛丽恩成长期间经常拜访外祖父母和舅舅，他们一直到20世纪60年代还过着这种混合经营的农场生活。土地早已经被开发征用，但农舍还在，得按要求维护。她的舅舅和表兄弟们还是农民，因此她在一封信中告诉我："我与土地的联系'流淌在血液里'。"

我与一个群体一起徒步，大约有25年了，也许30年了。我总喜欢走在最前面——实际上在我能当领队之前，我都想走在前面带队，后来
266 我决定我的确得拿个证儿什么的，因此我参加了山地和方向培训，拿到了所有的证书。接着……我在我工作的地方贴了一个告示说："我周日去徒步。如果你愿意加入，那么一起来吧。" 很快就发展成一个相当大的漫游俱乐部，由我组织管理。我是委员会，我是财务主管、主席，我担任一切，因为我不想隶属于哪一个漫游者俱乐部，我不想有一个委员会，因为他们总是惹麻烦。因此我一个人负责组织整个项目。而且我

们……我想大约有45到55个成员，这是一个规模很大的俱乐部……我们经常一个月聚会一次，有时两个月一次。今年是我们的10周年，我为此感到非常自豪。

因此我组织了一个特别的……徒步，就称它为“徒步X”吧……全程10个分段，每段10英里，每个想领队的人抽签确定哪一个月领队，从2月份开始，按月进行，到11月份结束，每段领队要等徒步者集合那天才宣布徒步的终点。这样，他们总是在上次徒步结束的地方聚集，你看，再开始下一段的徒步，最后回到我们出发之地，办公室的老指挥部……我现在想也许其他人加入进来，可能会比我做得更好，可以给它更多时间……但是，那是我领队的开始，真正的领队。

开始领队的时候，我一度在中部发电委员会（CGBs）工作……后来CGBs决定私有化，他们合并到发电公司，我就离开了……但是徒步活动还得继续下去，因此……我们举办了一次竞赛（看起个什么名字最好），结果“发电机”胜出。这名字，你可以从各个方面去想——你发电，你知道，你也在开发幸福。那儿的同伴太棒了！我们队里有一个化学博士，还有一个小伙子是仓库打包的。在我们徒步时，每个人都一样。其中一个会员最近把我们群体描述为“我的家”。我在想，那是一件好事儿，你知道……而我相信她说的……因为这人参加了我们所有的活动……她陪我参加了我们举行的一些长距离徒步。她总是抗议说……“噢，我不可能做到，我会让你们所有人都等我的”。而我知道她所需要的是，她想要你说，“来吧，你做得到”。

我一直喜欢待在这儿的乡村，在这里到处游历。我喜欢小村庄，我喜欢开放的空间，我也喜欢国家公园。所以我，我就从那儿起步了，因为那时我当领队开始有些名气。你知道消息传得很快，接着我当过
不同团队的特邀领队，人们会打电话要求我带领他们徒步，我很高兴去 267
做，我还做或者做过更多的，不过偶尔我也为国民托管组织当领队。我们在当地有一个中心，非常大的中心，共有1700个会员。我有时带领他

们的漫游俱乐部。我负责这事儿，一干好几年，我非常喜欢。

接着我为各种团队带队，就在几个星期前，我还接到马尔维恩的一位女士的电话，她正打算带领她的团队到昆托克斯徒步，她问我是否愿意领着他们走昆托克斯。我回答说："是的，很高兴，我可以从这儿开车去那儿。"她说："哦，不，我希望是三天的徒步。"喔，好的。接着她说："我想在昆托克斯进行两次徒步，在埃克斯穆尔本地进行一次。"我回答："好的，行，没有问题。你的队员平均年龄多大？""75岁。"她回说。我问："噢，那么，他们想要什么样的徒步里程呢？"她说："唔，大约一天走10英里。"这是些非常健康的人们，你知道的！

越来越多的团队要求我去领队，而这个团队，我自己的团队"发电机"，他们想让我带队开展一次假日徒步。我回答说："好的，就这么定了。"后来我带领他们进行了为期一周的徒步，全程由我负责。回来后我想，哦，还不坏，我真的非常喜欢，我喜欢带他们看一些东西，还有那种同伴感，我觉得，噢，那非常棒。因此，我那时想到了HF，我向HF申请，我参加测评，测评非常严格，让我够受的。

他们冬天时候把你拉去，冬天的几个月，我得在周末上山到位于湖区的科尼斯顿，他们要求你周五下午5点到达那儿。他们要求你不得早到，也不得晚到。5点整。完全一团混乱。我们都在5点到达。那儿有各种各样的领队，如果你的名字是卡宁，那么你就到这儿跟这个领队。这是你的房间，就那儿，我们要求你10分钟下楼。就像这样，那就是整个周末的节奏。

在那时，我已53岁了，与其他许多人相比，我是年龄大的。我们，那个晚上出发——10点出去进行夜间带队。某种程度上我们是在找寻宝路线。我们为第二天的徒步选择路线，直到凌晨2点我才上床睡觉。他们不断加压。选择这个，做那个！为明天的徒步制定一个时间表。找出最精彩之处，写下来。第二天早上我6点起床把这个选定，要知道，你还得下楼值日。

每时每刻他们都在挑出你的弱点,指出你的优点。每时每刻,这儿有毛病,那儿有毛病。上帝呀,要知道,我没有意识到我有这么多毛病。 268
但我还有几个我不知道的优势。时时刻刻在进行,你被监督着,不仅受到你个人领队的监督,还有那些权威人士在监督着你,他们在你周围记着笔记。你突然意识到,突然,就像被子弹击中,我感觉会失败。我一直认为自己是一个好领队。我从没有丢下过一个人,我会使用地图和指南针,我能够让在山顶上的人们摆脱困境,无论什么天气条件下。我可以做好这一切,但是他们会不让我通过,因为我犯了一些愚蠢的错误。

在那个周六,我们不得不——我们一组人,4人一组,我们被要求走头天晚上找出来的那条路,还得领着我们的领队走一遍,我们轮流充当向导。我们要攀登科尼斯顿附近的维特莱姆山,而在我前面带队的小伙子,在我前面有两个小伙子(因为这一组有3个男性和我),第一个出了差错,后来他自己解决了问题,但他奇怪怎么没有人告诉他出了问题。但这就是他们的想法——我是说你得自己摆脱困境,伙计!我可能出错,但没有人会告诉我。不管怎样,他自己解决了问题。

但是,由于他出了错,我想他使得下一个小伙子失去了勇气,那小伙带着我们上山——这是我走过的最令人胆战心惊的一条小路,我感觉好像一下失控了,当时天气非常恶劣,雨雪落下,击打着岩石表面,马上冰冻起来,因此我们实际上是在冰上行走。我们还没有合适的爬钉或其他东西。(*爬钉是安在靴底的金属"牙齿",这些钉子可以扎进冰里形成某种依托。*)我们登上这条小路,还有那雨夹雪,我害怕得要死,我的确感觉如此。太可怕了!我有一会冻僵了,我当时想,我不会告诉任何人我在这儿多么害怕。我真的得控制自己,鼓励自己说:"好的,上到顶部,赶快加油。"我做到了。当我到达山顶,我就像这样(*她伸出手臂颤抖着*)。以前或自那以后都再没有出现那种状态,从来没有。

当我们抵达山顶……我的领队说:"好的,玛丽恩,你来带队。"我说："老实说，我不会把领队或客人带上这儿，爬这个岩石，这种天气下，我才不会带他们再往上爬。"我还说："这时候，我不能接过来领队，我状态不佳。""为什么？"我回答："哦，因为我刚才爬那段时太害怕了，我失去了勇气，带客人登山到那里，我想也没有想过。"他们就问："噢，你
269 该怎么做？"我说："我会现在就带他们下山。""好吧，说说路线。"我就说："就从那儿下！那是最明显的一条直接下山的路。"他回应说："那你带我们下去吧。"噢！好嘞，所以我带他们下山，到了一个地方，我说："好的，这是我要带他们抵达的地方。从这儿走，路就非常非常安全了。"

那时，他倒在地上说："我失去知觉了，还有呼吸，快处理这个事件。"哦，我来处理这件事情——我打发两个人去叫救护车，做好我们所在位置的标记，我让其他人围着这个人，把他放在一个更安全的位置，等等，处理所有这一切后，他说："好啦，干得不错。"当时我想，啊，我搞砸了，我前面的多嘴把事情搞砸了。所以我安慰自己，别在意，我并不想真正成为HF的领队。

在我们向下行走时，他说："继续，在你下山时给我们描述一下。"我一边向下走，一边指给他们看各种景物。走了4英里之后，我们上了主干道，他走到我身边说："如果这算是一种安慰，我要说我会像你那样去做。"感谢上帝。哇，当然我通过了！我驱车离开科尼斯顿，我想是在周日下午，开了大约5英里远之后停下。我开进路边停车站，一头扑在方向盘上。我想，这是自周五下午以来我第一次如此放松。

（谈话转到领导徒步团队的经历。）我上个星期登上布雷肯山，我第一个爬上山顶，因为这个团队有点慢，他们都很累，我站在山顶等着他们。我第一个看到美景，当时我有那么多思绪，我记得非常清楚，那时我并不希望那些人马上赶上来。要知道，我当时非常自私，是因为我陶醉于眼前美景……而且想，如果他们说"噢，我们不想爬上来了"，我会非常高兴。

我喜欢一个人徒步，我的确一个人徒步，那会使我对周边环境的感受不一样，完全与我带一个团队徒步时的感受不一样。一个人徒步时，我完全沉浸在乡村景色里，完完全全迷住了。我观察着一切，寻找着，关注着我带团时不会注意到的东西，因为——如果我在带队，我会考虑团队是否舒适，他们会对什么感兴趣。你要停下来而且……对大伙儿说，那座小山很特别，那儿有一个铁器（时代的）要塞，而那儿有一座城堡，后来他们建了另一座城堡，但是我得抱歉地、非常遗憾地说在15世纪的时候被毁掉了，当地人偷走石头建了自己的房子。他们不想知道。 270
百分之九十的时间里他们不想知道。有一天我就问我带的团队："你们对历史故事感兴趣吗？""哦，是的，我是说，如果你告诉我，那就是查理国王用来藏身的树，在他东躲西藏那会儿。你说这个，我是有兴趣的，但仅限于此。"他们只想知道那些，那种流言谣传。

你得评估一下你的团队，我发现短期的低水平的（徒步），一般是，当然并不总是，老一些的人群，年老的人群参加。他们什么都想知道，因为他们有时间。他们想去考察教堂，想知道教堂的一切，教堂的历史。或者他们想知道发生的一切，他们想知道这一切，是因为他们有时间消化。我的确认为这些年龄大的人，他们是知识的源泉，因为他们这样做，一直这样倾听着，一直在徒步和旅行。

……再看中等水平的团队，他们尝试着，他们不完全对付得了高水平的长距离徒步，但是他们不愿意参加低水平的短期徒步，所以，是的，他们总是急急忙忙地行走，他们其实不想知道发生的事情——我们赶紧走完这8英里的路程吧，就这样，他们并不真想听你讲什么。他们的年龄，属于这个年龄群，30岁到50岁，他们知道一切，你不需要告诉他们什么……然后是高水平的团队，长时间徒步，是的，他们也想知道，但是主要还都埋头走路。他们想知道远处的山叫什么，因为，啊呀，我们也许将来有一天会走到那儿，你知道……那类事情。

还有，许多人，因为他们来度假——他们也许一个月徒步一次，然后他们参加这种每年的假日徒步，每天都要走路，一连走6天。他们很容易疲劳。他们没意识到徒步会使人筋疲力尽。所以，到了星期二他们实在太累了。他们星期三需要歇息，星期四好不容易振作起来……又开始徒步，到星期五他们感觉能适应了。你看，一个星期就这么过来了。你在星期二得对他们非常小心。我发觉他们非常暴躁：“别再说什么，我烦得很，我太累了，我今天真的不想走了，我正强迫自己走。”

……有很多当权者，那些官僚，他们没有见过我们的世界，他们没有见过这个世界的美丽。这使我不安。你知道他们可以，轻挥着一支
271 笔，就可以划掉好多英亩地去盖房子，想也不想我们如何能另找地方建起这个小住宅区，又不破坏地方的美？当我看着这样的美景时，我脑海里就涌现了这些事情。

宝娜·戴

宝娜为女性组织徒步假日，最初是为资助自己的研究，当时她正在兰开斯特大学攻读博士学位，她选择这个学校是因为它邻近湖区。起初宝娜是一个女权主义者，现在她把自己定义为同性恋女权主义者。她的徒步组织经历了类似的转变，现在多数客人是同性恋者。然而，她的广告手册写明欢迎所有女性参加。她既不想“只要女同性恋”被视为“女子徒步团”的潜台词，也不想让异性恋感到她称之为的“焦虑不安”。她父亲是一个真正意义的业余登山者。她在徒步和登山中成长，她把“得找到自己的方式”与登山、攀岩、徒步和风景联系起来。我们的第一卷磁带录音谈话以我的提问开始：你记得的第一次为徒步而徒步的经历是什么时候？

哦，那就得说到我父亲和他的登山背景等等了。我从那儿开始（长时间停顿），后来有了另一个开始，那是为我自己开始登山，那完全不

同，那也许是一种为我自己要求权利或收回权利的开始……那时是在周末被他带到湖区和威尔士，是的，周末当他去攀岩时，他会带上妈妈和我。我猜（我那时）也许8岁、9岁或10岁。比较清晰的记忆是与我的学友朱丽娅去北威尔士度周末……她和我因为自己沿着溪流探险非常激动——真正地追寻小溪的源头，就是那种从住处出发，你知道，或许我们可以进行自己的探险……而那非常重要，那是一种独立。

我即将开始——各种不同的联系都开始发生，我猜想那是开端，过去我与我学校的朋友做的——就是跑到乡下，外出徒步，半夜里爬出窗子到高地看日出，和类似的事情，你知道，那时我们14岁或，不，也许小一点，12或13岁。是的，所以我认为有两件事情，一个是他带我在山区到处转……还有那些与我的朋友经历的刺激的冒险。 272

他非常重视为我买合适的徒步靴子，我穿上靴子的日子总是一个特别的日子……（停顿）是的，因为你知道我是父亲的女儿，人们认为我和他就像一个模子刻出来的一样，那就意味着要穿合适的徒步靴子……但是他的文化中有一种东西，他的——他的登山文化中非常重要的，我实际上既受其启发，可能也在反抗或探寻其他方式了。

我那时去阿尔卑斯山和其他地方爬山。是的，那儿总有这类宏大的英雄意象——马特霍恩峰和其他的山峰……后来我开始改变看法（停顿）后来，嗯……我记得16岁发生的一件事，一个校友和我去多洛米蒂山，他（宝娜的父亲）突发奇想要我去登山。他和我参加了一个登山俱乐部（去攀登一座高山），我们自己是登不了的……实际上这个决定很草率，我以前一点经验都没有。后来有一个意大利导游决定所有外国人都系在他的绳子上，而我一个意大利单词都不会……我们到达一个冰川边缘，我既没有穿带爬钉的靴子也没有破冰斧，而且要知道，我还从来都没有做过这类事，我爸爸好像在后面几英里远。我随后开始走过陡峭的冰层……我现在明白了，一个人要花很长时间才能发现可以怎样在特别的地面上行走，我完全由那个我一点也不了解的人摆布，我只能努力跟上他。

我感觉我脚滑了，但是我不会说意大利语，因此我没法说出来，我开始滑倒了。如果他……称职，他本可以用他的冰斧把我稳住，我也就不会滑得那么远了。但是他没这个能力，尽管穿着黄色短袜显得很神气，他也开始滑落，最后他用冰斧戳伤了自己的大腿。在我继续滑落时，他鲜艳的黄色短袜染满了鲜血，这一景象令人难忘——幸运的是，当时我还不太明白，不知道发生了什么事。我爸爸在下方以为——下面有一个冰川裂缝——他以为我要落到冰裂缝里。他好像开始从下方的冰川跑过来，他与那个可怜的意大利导游系在一起。我是说一切都糟糕透了。很幸运，在冰裂缝前我的滑落止住了。可怕的是……这整
273 个探险队，这个俱乐部，一共30个人，都被那个流血的英雄“首领”扯得转向了，你知道，我爸爸把自己的表还是什么送给那个意大利人，作为补偿吧。最后我感到，感到很大的屈辱。我被置于那种处境，我现在都还觉得愤怒。我认为完全是我父亲的不负责任，完全是那个领队的不负责任和无能，我居然把自己交给那个人负责——因为我受的熏陶——他们是“可靠”的人，但你知道他们不是的，当时非常危险，使我完全再也不敢涉足任何冰上攀登或那类事情，这样也好。

但是我想，我也许那时没有意识到，而是后来才感觉到这种东西很多，就是那种英雄式的装腔作势或诸如此类的，极端自我的结果……我现在也看到，我在斯特莱丁绝壁总是感受到这一点，男人带上他们的女朋友，你知道，对那个女子而言，没有必要了解她准备做什么或她选择做什么，而那个小伙子，是出于他的自我感觉——自以为他能够，你知道，保护某个极端害怕的人，帮助她登上山，这是男人气概的自我意象，与实际上是否能帮助她树立自信毫无关系。我想，嗯，我希望我所做的工作，我希望我不会那样做，因为我认为那是……如果是经验多的某个人带上某个经验少的人，那么整个事情的要害就是要注意那个经验少的人需要什么，并给予他们所需要的援助，帮助他们攀登到自己力所能

及的更远一点的地方，你知道。如果只是考虑让有经验的人展示自己有多棒，我认为这简直是胡闹。

我确信男人之间也会如此，但是——也许不是——我想这是性别问题的一种特别形式，不是吗。噢，我的意思是男人更可能竞争……把一个没有经验的女性“带到”一个她自己感觉不安全的地方，这样的事情在我看来似乎经常发生。

因此在我看来，有一个阶段我非常需要靠我自己攀登上去，弄清楚我能做什么，我想做什么……特别是我刚开始经营俱乐部时，看到各类徒步团体登山过程中发生的事情，通常会涉及到性别问题，那种态势保持着，男人拿着地图。我总是，我总是向通常落在后面的女性打招呼，她开始不敢直视别人的眼睛，因为她落在后面了——要是男人，总是会盯着你看，所以我总是小心避免与男人眼神接触，而向落在后面的女性打招呼，你知道。

……我自己进行的徒步实际上仍然是属于我自己的，完全是我自己的。是的。我出于各种理由独自去徒步。其中一个理由就是我不愿 274
意落在后面，我也不想走在前面（笑）。我知道在我带队时，我的团队里的女性可能会涉及到这个问题，但是对我而言并不成问题，因为我是领队，意味着我可以走在前面，成为走在前面的和蔼可亲的人，你知道我的意思（又笑了）……作为团队领队……很显然，对走在前面的女性和落在后面的女性，我都会一样重视或欣赏。我对她们同样尊重，你知道我的意思。如果我处于那种位置，是一个团队中的徒步者，我想我会以为那个领队——以为我得做得出色才能让领队喜欢我。但作为一个领队，我知道没那回事儿，我不会（偏爱谁的），是的，对那些自己解决一切的人，无论在哪儿，我都会尊重。

……（谈到“登到山顶”）我得说太有趣了，认为那山顶——那个高度，山的最高点是最重要的点——似乎，不言而喻，接近山顶就是爬上山顶那块特别的岩石，你知道，当然我们认为如此，因为我们所有的语言充满了土地的意象。但这是一种特别的想法，不是吗，认为那儿比别的地方好，其实那儿往往有桔子皮、涂鸦、尿臊味（笑），有一些美妙的地方……和植物，是在山坡上的。当然所有这一切都与性别化的意象有关，深深渗透在我们的文化之中。你知道，这是我的论文观点的一部分。山脉被视为是男性的，而山谷属于女性，丁尼生说过“下来吧，哦，女士，从那高高的山峰”和类似的话。为什么女性不能登上山顶？我觉得有女子探险队攀登尼泊尔安纳布尔纳峰和其他山峰，真的很棒，你知道，我们有权登上山顶，如果我们想——像男性一样。但我个人，也许并不特别想登上山顶，你知道的。

这里说到两个方面，是不是？女性有权进入，你知道，进入男性能够进入的地方，同时女性有权质疑有些是不是我们想要的限制……我记得，去年，有一个两人团，我们去爬邓京峡谷（Dungeon Gill），非常棒，尽管我多年没去过了。爬过一段岩壁，我们停下来欣赏花，因为那儿有很多特别的花。接着，这些家伙过来了，绝对经典——我不知道他们是否当过兵，但是，啊，一群年轻人由一个年长的家伙领着登山，脚步重重地踏下去，敲打着岩石，实际上他们的登山非常有破坏性，因为他们脚步很笨重，踢飞了石头和其他东西。他们闪电一般刮过，简直是对这脆
275 弱的美丽风景的蹂躏，有个家伙还转过身来说：“总是踩到你们的花，呵呵。”这就像，老一套的场景再次出现，非常奇特。呀，呀。（停顿）而，你知道，有一种双重性，不是吗？某种程度上，是的。所谓登上山顶其实意味着践踏花草。

这个事实使我觉得可乐：我居然还在经营这一切，假日徒步啦、周末徒步啦，这些活动的目的都是攀登“大湖区的山脉，从最陡峭的路线”，我真的很喜欢，而不知为什么我又觉得这件事挺逗的，有些讽刺意味在里面……我也不能确定我到底是什么想法，你知道，（是不是）这就是我要做的事情。喔，**这是赋予人能力**的，绝对的！……我对自己做的事情感觉很好，因为许多女性想这样做。许多女性都想这样做——

这就很有意思了。因为这种事情就是登山的象征，文化是这么说的。完全正确，女性应该去做那些成为登山象征的事情。你知道，我很高兴能够做到，太棒了。但是就个人而言，我不清楚我对沿着最陡峭的山路登上最高山峰到底是什么想法。所以我觉得，你知道，还好吧，还好吧，我很高兴这样做。

……在开始徒步时，有个女子制作了一幅女性标记的旗帜，你知道，每当我们爬上山顶标志石那里，我们都会举起那面象征女性的旗帜，一起合个影，这样做有点可笑，你知道我的意思吧……不经意中，我认为这样做有些意义，这样做很棒——我是说我们在这儿，我们站在珠穆朗玛峰顶，喔，当然我们并没有真的到过那里（笑），我们都很了不起，我们互相握手，因为我们抵达山顶，还照了相，而那（停顿），我觉得，嗯，（停顿）……我的意思是非常好玩。我这么认为，也许那就是我感觉挺逗的地方——我想我总有那种感觉。对的，我真的喜欢看到这个，是的。

我询问宝娜她前面提到的一次假日徒步的情况，也即她为黑人女性组织的徒步。实际上有两次。后来我与那个女发起者失去了联系，我失去了联络……这是一个散团，许多人实际上是她通过重估意见同伴咨询团认识的，所以……那是什么？你知道同伴咨询吗？不知道啊……那些来参加的女性中很有一些人在黑人女性团体里做了大量工作，涉及到黑人女性的身份认同、（黑人女性）怎么在压抑自己以及如何摆脱压制等方面。所以我认为她们是非常非常了不起的榜样，对 276
我而言也是，她们很清楚，也有这个意识，知道自己正在逾越安全界限。你知道，她们非常明白到乡村徒步是，嗯，对于黑人女性来说是一件很勇敢的事情。她们互相帮助……有一种强烈的团队感（停顿），而她们所做的（停顿）是很有勇气的，是一个突破（停顿）。我是说她们很有勇气，这个团队（有一种）绝对令人吃惊的氛围，完全令人震惊，因为，是的，一个被视为很容易的短途徒步……对她们有些人而言，却是巨大的挑战，需要极大的勇气和热情来完成。

那个发起者本人实际上，你知道，哦，就感受到了在坑坑洼洼的地面和泥泞崎岖的道路上行走的挑战，而这并不是她作为一个黑人女性独有的体验，这是——我见过有一些来此度假的白人女性以前也没有到过乡村，你知道，对她们而言，爬过梯蹬或穿越泥泞路就是一个巨大的挑战，因为在伦敦，大街上是不会有这样的路的。嗯，(停顿)你知道，我的确对此感到敬佩。对她们而言，这个挑战不亚于其他人进行的长距离的更艰难的徒步，你知道。

所以这是关于，嗯，女性如何感受不同于城市步行的徒步，如何在乡村面对不熟悉的自然环境。我以为黑人妇女，她们同样明白没有物理意义的时间可以失去她们的挑战——在一个没有黑人的环境中，在一个似乎提醒说她们属于都市内城而非乡村的文化中，如何能感受足够安全。

……多数是非裔加勒比海人，嗯，是的，还有两个亚裔女性。你看，还有另一种差异，其实我没看出这种差异(刚开始的时候)，然而在非裔加勒比海妇女中也有不同的身份，因为其中有一些是在加勒比成长而最近移民过来的，她们觉得加勒比海就是自己的家园；其他人则是第二代移民，因此她们觉得自己完全是英国人，完全拒绝将任何其他地方看成自己的家园。我是说我曾经没有意识到那是一个有身份认同差异的群体。

……当时我的一个想法是——嗯，那次假日徒步活动是因这个女子的发起而组织的，但是我认为这个主意不错，因为我知道几乎还没有黑人女性到我这儿参加假日徒步，而我想也许这是一个开始。我猜我
277 当时还想着，黑人女性中会有一些参加我组织的其他假日活动，接着我考虑了一下。人们说，你知道，在这个国家实在缺乏一个黑人的空间，在这个国家的乡村地区，没有专为黑人的中心或此类设施。我想到这个问题，我认为，你知道，我一直是按照混合的方式组织徒步……你知

道现在，我已经有过很多经历，已经建立了自信，我就不想再选择混合的方式——而想与黑人女性一起做点事情。我为什么要希望黑人女性刚刚克服恐惧，你知道，克服那种不平等、不自信的感觉，就选择出来与白人女性待在一起？本来她们可以出来与黑人女性待在一起的。全部的意义就在这里，我认为那是，（停顿）为什么我们，嗯，（停顿）忙于，啊，我不知道，这有什么意义——为什么不选择与那些给你自信感、自在感的人一起活动，而是跑去跟与你有冲突的人待在一起？……我认为，现在我们生活其中的这个世界，恰恰需要更多的机会去让人做出这样的选择。

……我的意思是，我认为我的工作就是创造空间，你知道，房子里的物理空间，然后是别处的空间，一种意味着你能进入的空间，人们来到这里进入，真正进入那个空间。所以我认为我说的“创造空间”就是这种可持有空间，她们给这个空间带来一些东西，是不是？那可能（停顿）是各种各样的东西，是的。

我曾想，在这个地区，实际上有些地方，不完全是“湖区”，有些我带客人去的地方是很个人的，你在导游册里找不到它们。我很喜欢设计一些导游册上没有的徒步路线——只是因为我在这个地区生活了很长时间，你知道，有些地方对我来说非常重要。所以我会认为有些地方有些东西值得一看，带领一些女性团体到这些地方去，我总是非常开心。但我肯定不会把这些地点写进导游册里，弄得人人皆知。我也不想带男女混合团队去那儿。理由总是我把这些地方视为我的风景，某种程度上是我的家的一部分……我就这么想的。

是的，有公共风景和私人风景。对的，对。（停顿）因此在某种程度上我在分享个人的——对我而言，那风景就是个人的，所以我在与人分享属于我的东西。我认为那是我喜欢的东西，因为这不同于我组织人到国外度假，或者我去我做过一些研究的地方……不同于“正在做的体面的工作”。那些都不同于带领客人观赏这样一处特殊的风景，因为它对我意味着很多的东西。但是在这里面——你度过了各种各样的徒步周——这些一般都是公众风景和私人风景的混合？是的，我就是这么想的。我觉得这种描述不错。是的，我经常有意识地平衡这两种风景——好的，人们也许想登上这个地区最高的山或最著名的山，他们在书中读过的山，我也很愿意带他们去，不过这种徒步的日程通常要匆忙一些。我更想带他们去那些不怎么有名，但更个人化的地方。……那么你怎样描述那些风景的特色，它们是哪些风景？它们是些什么类型的风景？各种想象和意象开始涌来。这很正常，是吧？但它的确会使我发出会心的微笑。

宝娜接着谈到另一个话题。几分钟后我又问她这个问题。噢，那就是我开始感到尴尬的地方，因为我意识到我想到的是溪谷区那些令人惊叹的河床，那儿非常隐秘，非常僻静，你知道，令人想到女性最隐秘的部位，特别是，嗯，在那些石灰岩河床，比如（名字抹掉），这是一段溪水干枯的石灰岩峡谷的河床，此处非常神奇，具有不可思议的雕塑感，四周都是令人惊异的石灰岩峭壁，你知道，完全像一个洞穴——这个地方是一种最神奇的子宫形象。被我带到那儿的一些女性也有同感。是的，当然我会到那儿去了——我对这个地方感觉很亲密，我不知道，我想也许是许多东西的混合。

……我提醒宝娜，她曾说过最快的登山实际是慢慢地走。于是，她就讲述了下面这段故事。我们停下来歇息，那些小伙子急吼吼地走了过来，旋风一般，真的像旋风一般，走在前面的那个人步伐迈得可真大，后面的人努力挣扎着赶上他，你知道，看他们那样，走得并不舒服，居然用那种速度爬山。嗯，但这样也许才不会掉在后面，他们大队人马过去了。走在最后的是一个黑人小伙子，浑身大汗。他从我们身边走过时……他看着我们，我们的视线相遇，我们笑了——是的，我笑了……他说："我想这就是男式的关系很铁。"（笑）我们忍不住大笑，后来我们赶上了他们。他们走得太快，最后不得不放慢速度。认出相识的那一刻，真是奇妙啊。太妙了，我们赶上的正是那个黑人小伙子，看起来他能够保持一点距离，能够看到正在发生的一切……与团队的价值观保持一点距离。279

结　语

索尼娅·安克斯，一个坚定的保守党分子，英国天主教徒，对逝去的英国深表遗憾。她悲叹母亲不能与孩子们待在家里、填表格时"名字"一词取代了"教名"、女性成为神职人员、工艺学校一夜之间成为综合性大学而颁发"垃圾学位"、英联邦解体、英国加入欧盟而失去了自己的主权。索尼娅通过文学与徒步联系在一起。她所说的文学不仅包含了伟大的作家，而且也涵盖了关于风景、登山、徒步及国家公园的书籍。这一切的后面隐匿着未曾触及的真实，对于当代英国人而言，它是一种遥远的呼喊，来自索尼娅成长并在大半生中所了解的那个世界。

玛丽恩·卡宁责备规划者，谴责他们那些风电场、高速公路、建筑工地和开发区，批评他们缺乏城市中心区的规划。同时，她对英国风景的热爱并没有发展到与另一种人联合的程度——后者更愿意采取军事斗争的策略去保护风景。她认为国家公园大范围的过度使用与对于乡村的普遍化的掠夺相关——国家公园疆界之外开发在不断进行，乡村成为规划蓝图中的一部分。虽然她看不出来有什么方法可以解决这一难题，但她坚定不移地认为我们不能没有廉耻地继续"偷猎风景"。

在宝娜·戴看来，徒步作为一种进入风景的形式可以在不同层面开展。孩提时期探险溪流河床的经历以及只与女性分享的私人风景，从不念旧恶层面表明风景对于她的身份建构起着重要的作用，构成了她的认同基础。我最后一周的田野徒步是与宝娜的团队一起进行的。炎热的白日将尽之时，我走在队伍最后。我们列成纵队向上攀登一条陡峭的山路时，队伍向左偏去。在前面，离我很远的地方，在天空映衬下勾勒出宝娜的轮廓，身体笔直，双手放在臀部，不慌不忙地向上攀登。

这是一个极其醒目的形象，这个形象中包含了运动与静止状态；这是一个自信的形象，似乎围绕每一个踏在地上的脚步而回转。宝娜以自己为例示范了几个月后她跟我讲到的“与身体协奏，回到体内发现心跳速度，发现呼吸速度，然后……调慢节奏，渐渐你就会感觉舒服自在……不要管其他人在做什么……一种运动的方式，能够在每一步踏实体验生命存在”。在此，徒步成为内心旅程的实践，是另一种形式
280 的世俗性朝圣。

结　论

展望/再想象共同体

人类学家格雷戈里·贝特森不信教，他有一次指出，自然中神灵无所不在这一理念遭受侵蚀使得人们将周围世界视为没有灵气的，无需予以道德的、美学的或伦理学的考虑。这使得他们把自己与自然远远隔离开来；当这种有机统一体感觉的丧失与先进的技术相联系时，贝特森认为："你生存下去的可能性将会与一只雪球到了地狱一样"。

（福勒 1985：282—283）

……"真正的英格兰"与其说是指一个界划出来的地方，不如说是指一个想象出来的存在状态或道德地点……毫无疑问，文化意义上稳定而统一的英格兰解体为一个分裂而混合的当代[现实]"此处"就是一个实例，反映出一种真实并正在扩展的现象……因为实有的地方和位置变得更加模糊、更难以确定，文化意义和伦理意义层面上的不同地方之观念也许会变得更加突出。就在这里，想象的共同体如何与想象的地方相联系变得清晰可见，被逐出地方的人们簇拥在记忆中的或想象的世界中的家园、地方或共同体，而这个世界似乎越来越在实际生活中拒斥这类牢固的地域化的维系。

（古普塔和弗格森 1992：10—11）

通过打破常规学科边界，与风景（特别是多少堪称无人的风景）中蕴含的意识形态和策略相联系的多维互动——即再现、意义和权力之
281 间的多维互动就有可能成为焦点。特殊风景再现的边缘以及“边缘化的内部”因此会变得清晰可见。某种程度上，这种跨学科的研究方法允许对透视性凝视的回视，挑战了所描绘的沉默——这沉默在文化资本和风景死死纠结在一起时曾成了“理所当然”的状态。这种研究方法追踪风景的变迁，从作为权力剧场的风景变成作为剧场娱乐的风景，再变成全景风景——那些没有演员的剧场中，空无一人的景色显得极为重要。研究接下来追述了无人风景如何在空间上和社会上展示给更广大的观众。

湖区堪称三者合力而成的一个文化产品：英国民族主义的兴起、如画风景美学和古代文物研究。地理空间和社会位置相互交叉，通过错综复杂的联系与影响建构了排他性网络。空间向地方的转型也形成了道德秩序以及对自然的再魅化，在此，休闲徒步和旅游成为建构和维持身份的表演性模式，一再得到重述。风景如画美学向文学和非文学领域传播日趋扩大，由此，湖区的赋值开始进入社会记忆范畴，而就在这个时候，这种再魅化也支持了社会和阶级的分化。

互相竞争的国家意识形态定位于土地之中，也在土地上上演。“大英帝国”的政治虚构是一个有用的工具，由此可了解英格兰的不同版本或愿景，以及不同共同体主张“他们的”英格兰时的行为策略。在新生期的民族—国家中央集权制、文化民族主义与非国教派的他者文化之间摆动，使美学的、认知的和道德的紧张局面与焦虑暴露了出来，而这些遮盖了阶级对抗。湖区进一步融入旅游业的资本主义逻辑体系，美景和对自然的再魅化被消费，被商品化——在这一特定的现象背后

是具有连锁关系的摩擦冲突。

在19世纪公众为进入风景区和保护英国风景而斗争的过程中，湖区和峰区成为（角力的）中心。斗争者内部，虽然各有不同的直接目标，但工人阶级活动分子、议会改革者、法律界成员以及学术界人士卷入法律和法律之外的行动漩涡，意在维护或重新获得进入敞地风景区、公用地和人行道的权利。19世纪和20世纪公众在法律和法律之外的领域为进入和保护湖区与峰区所进行的斗争，其特性对于厘清空间上 282
和政治上的排他性地理之间的关联有着重要意义。进入满载象征价值的风景区表面上是一种民主化，风景美学的再现、融入和立法化却是充满争议较量的过程，因而这些过程质疑了进入的民主化。

20世纪90年代，有关进入权的激烈争议复燃，进入权成为撼动私有权观念的手段，以及国家取缔某些群体的空间行为的法案——这说明风景仍然是群体身份的存储之地，在某些情形下几乎没有掩盖住阶级对抗。看似矛盾的是，研究资料表明徒步群体能够，而且的的确确超越了阶级疆界，高级的靴子和威灵顿胶靴偶尔会在同一个社会空间里会合。

加入在特定的风景区徒步的群体，参与他们的徒步活动，我的田野调查使我对研究所考察的内容——身体、想象和地方之间的许多联系理解更深入了。暂时性的和永久性的徒步群体可被视为世俗朝圣者。通过朝圣，徒步者可能体验到一种特殊意义的归属感。在每日以及终生的走过风景的徒步活动中，徒步者通过徒步群体创造了结构、意义和共同体感。本尼迪克特·安德森警告说，“那种‘世俗性朝圣’不能仅仅被看成是一种富有想象力的修辞”，而应将其描述为“从遥远和**本来没有联系的**地点”（安德森 1991：53—55，着重号为原文）移动到［一个特定的地方］。这是对湖区被研究的群体所做的细描，有些人对那个地方怀有情感上的依恋，他们一连20年、30年、40年甚至40年以上重返旧地。他们的行为反驳了现代主义和后现代主义的一个声明——即我们生活在一种无所依托或拒绝依托的自由漂浮的状态之中，一切都是短暂的、一次性的和临时性的，包括对地方的依恋（乌里 1995）。

争议的中心是碎片化和同质化问题。在美国化、移民、全球化的影响之下，在欧盟规则强制执行和英国丧失其政治和经济权力的情形之下，“英国”文化这一幻觉随之解体。在过去，本质主义意谓的英国风景庇护伞成为文化精英的暂时避难所。现在，在未被注意的层面，风景的作用大致相同，但庇护的群体更加广大，跨越阶级的鸿沟，但还没有跨越种族的疆界。甚至在湖区和峰区国家公园这类地区对传统高地农
283 耕风景的保护，也可看作薄薄面纱之下民族身份认同的浪漫化象征，悲悼着曾经的英格兰。

徒步活动的商业化色彩越来越浓，它慢慢将湖区的象征性价值据为己用，通过间接的手段将其引进市场，象征性的价值转化为实有价值。风景融入市场的方式是否会变得更加直接，将来人们是否要花钱买进入权，对于这些，我们还要拭目以待。从英国白人的角度看来，进入权的分层化几乎还不算一个问题：仅仅徒步者的人数就可以证明这一点。实际上，湖区现在已经挤满了徒步者。通过商业化的徒步活动，资本主义已经渗入其他假定是“空旷的”空间，其渗透活动在全球范围进行着。苏格兰高地、爱尔兰、东欧、尼泊尔、新西兰和秘鲁进入市场，替代了拥挤不堪和质朴不再的湖区和阿尔卑斯山，成为山区徒步者的新选择。这种风景拜物教化的实质就是人们所称的“探险癖”（explornography），即现代人为寻求刺激所进行的毫无必要的艰难困苦的探险活动（蒂尔尼 1998）。

我的研究工作的开始，是在各种围绕着风景再现的关系二元集之间穿行。研究表明18世纪的英国文化精英分享着想象的共同体，一个由图绘的、印刷的和实有的无人风景构成的共同体。从这种按照等级组织起来的“赏景”的集合体中浮现出的湖区，成为精英们聚集的新场所。本结论开篇语引用的古普塔和弗格森的观点，就谈到了“真正

的英格兰”作为道德场所和想象的共同体所在地在当今时代的突出地位。湖区担当起这个神话一般的英格兰所在地的功能，而对于那些年复一年在此徒步的人们而言，湖区当然不是一个“模糊和难以确定的”地方。

对核心群体的研究表明：与一般意义的共同体构成方式恰好相反，徒步共同体是由“外人”构成的。他们因为各种理由来湖区做漫游式的徒步——纵览全景、产生有关地方的文学联想、经历个人挑战、体验寂寞、重新融入自然、与徒步同好相聚……各种理由应有尽有。他们大汗淋漓，有时甚至很粗俗。他们欢快的、悲哀的、粗鄙的和“文雅的”声音构成的复调音乐在风景之中为自己的定位而竞争着。正如所有朝圣者（世俗的也好，其他性质的也好）逐渐认识到的那样，虽然是成群结伙的旅行，但没有一个人可以代你行走。每个人都得找到她或他自己的特定道路，登上或走下丘原和高山。谁带队可能非常关键，不仅仅是因为安全问题，而是因为徒步的体验不只是在一段时间走过多远距离。同样，从比喻以及实际的角度来看，你的靴子和你的负荷也是徒步 284
经历的关键因素。

本书的开头一章是以对英国城际铁路海报上的“英国风景艺术，私有美景”的观察结尾的，以喻示风景之中由阶级和英格兰构成的双重混合具象。最近出版的一本关于“非场所”（non-place）的书（奥吉 1995）的书封令人想起这张海报。“非场所”被界定为既不和我们建立关系，也没有历史，更和我们的身份无关。海报的风景画面的上带展示了从火车窗口瞥见的天空景色，而书封的上带是从登机口的小窗看见的一架停在机场的喷气式飞机；海报的下带是高速行驶的城际铁路掠过的耕地景色，书封的下带则是覆盖着“非场所”候机区的绿色地毯的特写镜头。耕地的规则垄线与特写镜头的地毯条纹呼应，一个不能抵达，另一个则是在无意间踏过。

海报艺术和封套艺术充斥着匿名性、界限和图像定位。无论从火车上还是从飞机上赏景，特别是从三万英尺的高空往下俯瞰（假如云层散去），你都无法直接感受景色。跟随一个徒步群体去体验重新融入自然，是这类日常限制和服从中的间隙。徒步群体允许逾越匿名和边界的限制——有时逾越的是实体边界。在徒步群体内部，风景区的景色成为体验性的现实，而与某个跨越阶级界限的社会组织密切相关。这是“或多或少”重新入住了曾是风景绘画之反映的无人风景区。

新的社会运动的兴起，缓冲了现代社会引起的不安定。现代社会的本身特性毁灭了传统，毁灭了在世上生存和与世界联系的传统方式（梅卢奇 1989）。从这一视角观察，数不胜数的地区性徒步群体和在英国兜售出去的每年几百万徒步假日可被视为网络上的点，增加了社会运动和社交活动，超越了民族、社会和文化风景的疆界，打破了个体的孤独。这种纵横交错穿越英国的密集路网通向大自然中的地方，不仅
285 如此，而且沿路的人类运动创造了路网伸及的地方。同样密集的徒步者网络，他们共享的经验、他们创造的记忆和历史，这一切又创造出了“指向时间的流逝和延续……的低音线（bass line）”（奥吉 1995：77），在其中存在着一个地方，可以重建一种社会感——实际上就是重新想象
286 和重新建构共同体。

附　录

调查问卷

所有的问题按照是/不是或者五项选择回答。五项选择范围由强烈赞成或同意到强烈反对或不同意；由较短时间或距离到较长时间或距离；由从不到总是，逐项递进。在给出选择清单的同时，还为“其他”答案和附加评论留出空间。以下是做了简略处理的问卷。

第一部分　一般统计信息

包括年龄、性别、就业状态、职业/前职业、家庭收入

第二部分　你是如何开始徒步的?

1. 通过家庭、学校的朋友、工作中的朋友、年轻人群体?
2. 在什么年纪开始?
3. 你开始徒步是不是因为认为徒步可以改善你的健康状况?
4. 你参加其他户外活动吗，比如骑自行车、打高尔夫、观鸟?

5. 你参加慈善徒步吗?
6. 你参加竞赛性徒步吗?
7. 在多大程度上,徒步结下的关系可以发展到徒步之外的社会活动?
8. 你安排过与只在徒步过程中认识而没有在别处相遇的人再一起徒步吗?

第三部分　着装

9. 你是否买过或被赠送过以下任何专为徒步之用的装备?(包括9项)
10. 你一年花在徒步装备上的平均费用有多少?
11. 当你看见徒步者身着高科技服装时,你的反应是什么?
12. 你同意还是不同意目前的徒步装备比过去的更精致、更舒适、更昂贵、色彩更丰富、功能更实用?

第四部分　在英国参加领队或导游带领下的徒步群体

13. 参加的程度?(范围:从不到总是)
14. 参加的频率?(范围:一年一次到一月一次以上)
15. 参加的时间长度?(范围:一天到三周以上)
16. 你偏爱的徒步难度水平?(范围:散步到高山陡坡攀爬)
17. 一天徒步的平均距离?(范围:4—8英里到20英里以上)
18. 你花在有导游的徒步上的平均费用(包括旅行开支)?

(同一组问题还问到英国之外的有导游的徒步,英国之内的无导游的徒步,英国之外的无导游的徒步。)

第五部分 对英国风景的偏好

19. 你更喜欢高地和山区还是低地和海岸线风光？
20. 你在不同背景下的徒步是多少？哪个是你的家乡背景？

（同一组问题还问到英国之外的风景。）

第六部分 风景、阅读和网络

21. 你阅读与你徒步地区有关联的作家所写的小说或诗歌吗？如果是，你最近读的作品是什么？
22. 你阅读你徒步的地区的历史吗？如果是，你最近读的是什么？
23. 你阅读“乡村”书籍或杂志吗？如果是，读过哪些？
24. 你通过网络和其他徒步者联系吗？

第七部分 会员组织

25. 你参加过任何致力于保护或进入乡村的组织吗？
26. 你在组织中的活跃度如何？你认为它们的工作效果好吗？
27. 下列的全国徒步、环保或乡村组织中，你属于哪一个？（乡村英国保护委员会、地球之友、国家公园之友、长途徒步协会、国民托管组织、漫游者协会、皇家保护鸟类学会，其他。）
28. 你属于任何地方性自然信托组织、环保协会或人行道协会吗？

第八部分 一般信息

29. 你参加同性的徒步群体吗？如果是，为什么？你的体验有何不同？

30. 你可参加过任何阅读地图或方向定位的培训课程？如果是，在哪里参加的？

第九部分　对于风景的态度

对下列陈述，你同意或不同意的程度：

31. 投票选举时，人们应该考虑政党的环境立场。
32. 农庄主应该接受补贴，以便投入环保型的农业措施。
33. 对集约农业的补贴应该取消。
34. 徒步是我参加过的活动中最富有挑战性的一项。
35. 目前的集约农业对环境有害。
36. 环境问题对我很重要。
37. 英格兰的西北部乡村最“英国”。
38. 素食主义是个好主意。
39. 我年轻时候蝴蝶种类比现在多。
40. 移除农田围栏边界可以扩大农田面积，具有经济意义。
41. 我年轻的时候，英国风景更有吸引力。
42. 我更喜欢划成小块的田野。
43. 徒步比我每天的工作更能带来满足感。
44. 农业效率居于第一位，乡村的景色外观居于第二位。
45. 大片农田单种一样庄稼，如油菜，显得更有吸引力。
46. 从我年轻时候以来，风景已有很大改变。
47. 风景的变化对于生产更便宜的食物是必需的。
48. 乡村的变化意味着历史的失落。
49. 移除围篱来扩大农田面积，改变了风景外观，这一改变是负面的。
50. 我年轻时野花种类比现在多。

51. 为了下一代我们必须保护风景。
52. 英格兰的西南部乡村最“英国”。
53. 比起我的工作来，徒步具有更大的“康乐”和“成就”感。
54. 假如能减少农业对乡村的破坏性改变，我宁愿花更多的钱买食物。
55. 商业林的针叶树应该与阔叶林套种。
56. 科茨沃尔德和南方高地的缓坡是“典型”的英国风景。

参考书目

Abrams, Harold M. (1959) *Britain's National Parks*, London: Country Life Limited.

Abrams, M.H. (gen. ed.) (1968; 1986) *The Norton Anthology of English Literature*, NY: Norton.

Acheson, James M. and Bonnie J. McCay (eds) (1987) *The Question of the Commons: The Culture and Ecology of Communal Resources*, Tucson: University of Arizona Press.

Addison, Joseph (1712) "Essay on the Pleasure of the Imagination", *Spectator*, Nos. 411—421.

Aers, David, Jonathan Cook, David Punter (1981) *Romanticism and Ideology: Studies in English Writing 1765—1830*, London: Routledge & Kegan Paul.

Allen, B. Sprague (1937) *Tides in English Taste*, Cambridge, Mass.: Harvard University Press.

Anderson, Benedict (1991) *Imagined Communities*, London: Verso.

Anderson, Patrica (1991) *The Printed Image & Transformation of Popular Culture*, Oxford: Oxford University Press.

Andrews, Malcolm (1989) *The Search for Picturesque Landscape: Aesthetics and Tourism in Britain 1760—1800*, Aldershot: Scolar Press.

Appadurai, Arjun (1989) "Introduction: Place and Voice in Anthropological Theory," *Cultural Anthropology* (3) 1: 16—20.

—— (1991) "Global Ethnoscapes: Notes and Queries for a Transnational Anthropology" in Richard G. Fox (ed.), *Recapturing Anthropology: Working in the Present*, Santa Fe, N. M.: School of American Research Press.

Appleton, Jay (1986) "Some Thoughts on the Geology of the Picturesque" , *Journal of Garden History* (6) 3: 270—291.

Archer, John E. (1989) "Poachers Abroad," in G.E. Mingay (ed.), *The Unquiet Countryside*, London: Routledge.

—— (1990) *By a Flash and a Scare. Incendiarism, Animal Maiming, and Poaching in East Anglia 1815—1870*, Oxford: Clarendon Press.

Arsenberg, C.M. and S.K. Imball (1940) *Family and Community in Ireland*, Cambridge, Mass.: Harvard University Press.

Arnold, Matthew ([1869] 1994) Samuel Lipman (ed.), *Culture and Anarchy*, New Haven: Yale University Press.

Ashcroft, Peter (1998) "U.K. Day Visits Survey," *Countryside Recreation Network News* (6) 1, Spring issue, n.p.

Atherton, Herbert M. (1974) *Political Prints in the Age of Hogarth: A Study of the Ideographic Representation of Politics*, Oxford: Oxford University Press.

Augé, Marc (1995) *Non-places: Introduction to an Anthropology of Super-modernity, trans. John Howe*, London: Verso.

Austen, Jane ([1813] 1956) *Pride and Prejudice*, Mark Schorer (ed.), Boston: Houghton Mifflin.

Backscheider, Paula R. (1993) *Spectacular Politics: Theatrical Power and Mass Culture in Early Modern England*, Baltimore: Johns Hopkins University Press.

Bailey Peter (1978) *Leisure and Class in Victorian England: Recreation and the Contest for Control, 1830—1885*, London: Routledge & Kegan

Paul.

Barker, F.R. and N.D.M. Parry (1996) "Open Access, Rights and Legislation," in *Web Journal of Current Legal Issues* (2), www.nd.ac.uk/~nlawwww/1996/issue2/parry2.html

Barnes, Trevor J. and James Duncan (1992) *Writing Worlds: Discourse, Text & Metaphor in the Representation of Landscape*, London: Routledge.

Barrell, John (1980) *The Dark Side of the Landscape*, Cambridge: Cambridge University Press.

Basso, Keith H. (1996) *Wisdom Sits in Places*, Albuquerque: University of New Mexico Press.

Bate, Jonathan (1991) *Romantic Ecology: Wordsworth and the Environmental Tradition*, London: Routledge.

Baum, Joan (1994) *Mind-Forg'd Manacles: Slavery and the English Romantic Poets*, NY: Archon Books.

Beard, Geoffrey (1980) "The First Watercolorists" in *The Viewfinders: An Exhibition of Lake District Landscapes*, exhibition catalogue 31 May—27 July 1980, Kendal, Cumbria: Abbot Hall Art Gallery.

—— (1991) *Attingham: The First Forty Years 1952—1991*, London: The Attingham Trust.

Bell, Michael M. (1994) *Childerly: Nature and Morality in a Country Village*, Chicago: University of Chicago Press.

Bender, Barbara (1993) "Introduction: Landscape-Meaning and Action," and "Stonehenge-Contested Landscape" in Bender (ed.), *Landscape: Politics and Perspectives*, Oxford: Berg.

Bennett, Gillian (1993) "Folklore Studies and the English Rural Myth," *Rural History* (4)1: 77—91.

Beresford, M.W. (1961) "Habitation versus Improvement: The Debate on Enclosure by Agreement," in F.J. Fisher (ed.), *Essays in the Economic and Social History of Tudor and Stuart England*, in honor of R.H.Tawney, Cambridge: Cambridge University Press.

Bermingham, Ann (1986) *Landscape and Ideology: The English Rustic Tradition 1740—1860*, Berkeley: University of California Press.

—— (1994) "System, Order and Abstraction: The Politics of English Landscape Drawing around 1795," W.J.T. Mitchell (ed.), *Landscape and Power*, Chicago: University of Chicago Press.

Berry, Geoffrey and Geoffrey Beard (1980) *The Lake District: a Century of Conservation*, Edinburgh: John Bartholomew.

Betjeman, John ([1937] 1988) "Slough," in Richard Ellmann and Robert O'Clair (eds), *The Norton Anthology of Modern Poetry*, NY: W.W. Norton.

Bewell, Alan (1989) *Wordsworth & The Enlightenment: Nature, Man & Society in the Experimental Poetry*, New Haven: Yale University Press.

Bicknell, Peter (1987) *The Picturesque Scenery of the Lake District 1752—1855*, Cambridge: private printing.

—— and Robert Woof (1982) *The Discovery of the Lake District 1750—1810: A Context for Wordsworth*, Exhibition catalogue 20 May—31 October 1982, Cumbria: Trustees of Dove Cottage.

—— and Robert Woof (1983) *The Lake District Discovered 1810—1850: The Artists, the Tourists and Wordsworth*, Exhibition catalogue 20 May—31 October 1982, Cumbria: Trustees of Dove Cottage.

—— (ed.) (1984) *The Illustrated Wordsworth's Guide to the Lakes*, NY: Congdon & Weed.

Birkett, Norman, Sir (1945) *National Parks and Countryside*, Cambridge: Cambridge University Press.

Blacksell, Mark (1982) "Leisure, Recreation and Environment," in R.J. Johnson and J.C. Doornkamp (eds), *The Changing Geography of the United Kingdom*, London: Methuen.

Blake, William (1794) "London" from *Songs of Experience*.

Blunden, Edmond (1935) *The Legacy of England*, London: Batsford.

Blunden, John and Nigel Curry (eds) (1988) *A Future for Our Countryside*,

Oxford: Blackwell in association with the Countryside Commission.

Boland, Eavan (1995) "Jewels Set in Blood," *The Observer Review of Books*, 13 August 1995: 16.

Bourdieu, Paul (1984) *Distinction: A Social Critique of the Judgment of Taste*, Cambridge, MA.: Harvard University Press.

Bowen, Margarita (1981) *Empiricism and Geographical Thought from Francis Bacon to Alexander von Humboldt*, Cambridge: Cambridge University Press.

Bowie, Fiona (1993) "Wales from Within: Conflicting Interpretations of Welsh Identity," in Sharon Macdonald (ed.), *Inside European Identities*, Oxford: Berg.

Brewer, John (1997) *The Pleasures of the Imagination: English Culture in the Eighteenth Century*, NY: Farrar, Straus & Giroux.

—— (1992) "Review of Linda Colley, Forging Britons," in *The Times Literary Supplement*, October 16, 1992: 5—6.

Britannica Curiosa (1777) 6 vols, London: Fielding & Walker.

British Mountaineering Council (1997) *Access Charter*, Manchester: BMC.

Broad, John (1990) "The Verneys as Enclosing Landlords," in John Chartres and David Hey (eds), *English Rural Society 1500—1800, Essays in Honor of Joan Thirsk*, Cambridge: Cambridge University Press.

Bromley, D.W. (ed.) (1992) *Making the Commons Work: Theory, Practice and Policy*, San Francisco: ICS Press.

Brownlow, Timothy (1983) *John Clare and Picturesque Landscape*, Oxford Clarendon Press.

Brydon, Anne (1995) " Inscriptions of Self; The Construction of Icelandic Landscape in Nineteenth-Century British Travel Writings," *Ethnos* (60) 3—4: 243—263.

Bunce, Michael (1994) *The Countryside Ideal: Anglo-American Images of Landscape*, London: Routledge.

Burke, Edmund ([1757] 1990) *Philosophical Enquiry into the Origin of Our*

Ideas of the Sublime and Beautiful ..., Oxford: Oxford University Press.

Burnett, John (1979) *Plenty & Want: A Social History of Diet in England from 1815 to the Present Day*, London: Scolar Press.

Butler, Marilyn (1982) *Romantics, Rebels and Reactionaries: English Literature and Its Background 1760—1830*, Oxford：Oxford University Press.

—— (1988) "Romanticism in England," in Roy Porter and Mikulás Teich (eds), *Romanticism in National Context*, Cambridge: Cambridge University Press.

Butlin, R.A. (1979) "The Enclosure of Open-fields and Extinction of Common Rights in England, circa 1600—1750: A Review," in H.S.A. Fox and R.A. Butlin (eds), *Change in the Countryside*, Special Publication No.10, London: Institute of British Geographers.

Butts, Mary (1932) *Warning to Hikers*, London: Wishart.

Cafritz, Robert C. (1988a) "Netherlandish Reflections of the Venetian Landscape Tradition" in *Places of Delight: The Pastoral Landscape*, Exhibition catalogue November 6, 1988—January 22, 1989, Washington, D.C.: The Phillips Collection.

—— (1988b) "Classical Revision of the Pastoral Landscape," in *Places of Delight: The Pastoral Landscape*, Exhibition catalogue November 6, 1988—January 22, 1989, Washington, D.C.: The Phillips Collection.

——, Lawrence Gowing and David Rosand (1988) *Places of Delight: The Pastoral Landscape*, Exhibition catalogue November 6, 1988—January 22, 1989, Washington, D.C.: The Phillips Collection.

Campbell, M. (1942) *The English Yeoman under Elizabeth and the Early Stuarts*, New Haven：Yale University Press.

Cannadine, David (1992) *G.M. Trevelyan: A Life in History*, London: Harper Collins Publishers.

—— (1995) "British History as a 'New Subject': Politics, Perspectives and Prospects," in Alexander Grant and Keith Stringer (eds), *Uniting the*

Kingdom? The Making of British History, London: Routledge.
Cantor, Leonard (1987) *The Changing English Countryside 1400—1700*, London: Routledge & Kegan Paul.
Carter, Harold and C. Roy Lewis (1990) *An Urban Geography of England and Wales in the Nineteenth Century*, London: Edward Arnold.
CHA (1895) *Holiday Committee, Minutes*, December 30, 1895, January 4 and 5, 1897; February 27, 1897; October 23, 1897. Greater Manchester Public Records Office, unaccessioned material, no catalog number, no box number, no item number.
—— (1897—1899) *Domestic Committee, Minutes*, February 1897, 1899. Greater Manchester PRO.
—— (1898—1899) *Executives Committee, Minutes*, February 19, 1898; October 8, 1898; March 24, 1899; November 4, 1899. Greater Manchester PRO.
—— (1899) *Lecturers Committee, Minutes*, March 24, 1899. Greater Manchester PRO.
—— (1914—1946) *Free Holiday Committee, Minutes*, various; November 1945; June 1946. Greater Manchester PRO.
Chadwick, Edwin (1834) evidence given to the Select Committee on Drunkenness, Parliamentary Papers, 1834, Volume VIII, question 325.
Chadwick, Owen (1997) "God is in the Detail. And in the Footnotes," *Observer Review*, 20 March 1997: 16.
Chapman, Malcolm (1993) "Copeland: Cumbria's Best-kept Secret," in Macdonald, Sharon (ed.), *Inside European Identities*, Oxford: Berg.
Charlton, D.G. (1984) *New Images of the Natural in France: A Study in European Cultural History 1750—1800*, Cambridge: Cambridge University Press.
Ching, Barbara and Gerald W. Creed (eds) (1997) *Knowing Your Place: Rural Identity and Cultural Hierarchy*, NY: Routledge.
Clark, Anthony M., edited and prepared for publication by Edgar Peters

Bowron (1985) *Pompeo Batoni: A Complete Catalogue of his Works*, NY: New York University Press.

Clark, Kenneth (1949) *Landscape into Art*, Harmondsworth: Penguin Books.

Clifford, James and George E. Marcus (eds) (1986) *Writing Culture: The Poetics and Politics of Ethnography*, Berkeley: University of California Press.

Clout, Hugh (1984) *A Rural Policy for the EEC?*, London: Methuen.

Cohen, Anthony P. (1985) *Symbolic Construction of Community*, London: Tavistock.

—— (1982) "Belonging: The Experience of Culture," in Anthony P. Cohen ed. *Belonging: Identity and Social Organization in British Rural Cultures*, Manchester: Manchester University Press.

Cohen, Bernard S. ([1980] 1987) "History and Anthropology: the State of Play," in *An Anthologist among the Historians and Other Essays*, New Delhi: Oxford University Press.

—— ([1981] 1987) "Anthropology and History in the 1980s: Towards a Rapprochement," in *An Anthologist among the Historians and Other Essays*, New Delhi: Oxford University Press.

—— (1996) *Colonialism and Its Forms of Knowledge: The British in Indian*, Princeton: Princeton University Press.

Colley, Linda (1992) *Britons: Forging the Nation 1707—1837*, New Haven: Yale University Press.

Collini, Stefan (1992) "Like Family, Like Nation—The National Past as Seen from Northumbria," review of David Cannadine (1992), *G.M. Trevelyan: A Life in History*, London: HarperCollins Publishers, in *The Times Literary Supplement*, October 16, 1992, 3—4.

Comment, Bernard (1993) *Le XIX^{e}siécle des panoramas*, Paris: Adam Biro.

Comradeship, bound collection 1911—1925, Greater Manchester PRO.

—— *V*, September 1911, "CHA," 1: 3.

—— *XVII*, March 1914, "Open Seame," 4: 52.

—— *IX*, October 1915, "Letters," 1: 14.
—— *XV*, October 1924, "York Group Report," 5: 16.
—— *XXIII*, December 1931, "Holidays by Instinct," 2: 11—12.
—— *XXIII*, December 1931, "World Disarmament," 2: 5.
—— *XXIV*, May 1933, "Letters," 4: 15.

Cook, Dave ([1974] 1978) "The Mountaineer and Society," address given at the 1974 National Mountaineering Conference, in Ken Wilson (ed.), *The Games Climbers Play*, 461—472, London: Diadem Books.

Cooke, Richard and Fiona Gough (1997) "Permissive Access to Agricultural Land Provided through Agri-Environment Schemes: The Current Position in England," in *Countryside Recreation Network News*, (5), 4: 1—6.

Copper Plate Magazine (1774—1778; 1792—1802) London: G. Kearsly, break in publication then, London: J. Walker.

Corrigan, Philip and Derek Sayer (1985) *The Great Arch: English State Formation as Cultural Revolution*, Oxford: Basil Blackwell.

Cosgrove, Denis (1988) "The Geometry of Landscape: Practical and Speculative Arts in Sixteenth-century Venetian Land Territories," in Cosgrove and Stephen Daniels (eds), *The Iconography of Landscape*, Cambridge: Cambridge University Press.

——, Barbarra Rosco and Simon Nycroft (1996) "Landscape and Identity at Ladybower Reservoir and Rutland Water," *Transactions of the Institute of British Geographers*, N.S. (21), 3: 534—551.

Coster, Graham (1991) "Another Country," *Guardian Weekend*, 1—2 June, 1991: 4—6.

Country Walking (1996) *Karrimore K-SB Walking Boot Advertisement*, June 1996: 38—39.

Countryside Commission, *Press Releases*, http: //www.countryside.gov.uk.

—— (1998) *Press Release* 98/23, New National Framework Needed for Open Access, 1 June 1998.

—— (1998) *Press Release* 98/24, Paths 21—Rights of Way for 21st Century's Users, 12 June 1998.

—— (1998) *Press Release* 98/38, Eight Propositions for Planning and the Countryside, 19 September 1998.

Countryside Recreation Network News, http: //www.sosig.ac.uk/crn/news/

Craig, David (1992) "Coming Home: The Romantic Tradition of Mountaineering," in Keith Hanley and Alison Milbank (eds), *From Lancaster to the Lakes: The Region in Literature*, Lancaster: Center for North-West Regional Studies, University of Lancaster.

Crapanzano, Vincent (1980) *Tuhami: Portrait of a Moroccan*, Chicago: University of Chicago Press.

Craton, Michael (1974) *Sinews of Empire: A Short History of British Slavery*, NY: Anchor Books.

Cunningham, Hugh (1980) *Leisure in the Industrial Revolution c. 1780—1880*, London: Croom Helm.

Cust, Lionel (1898) *History of the Society of Dilettanti*, London: Macmillan & Co.

Daniels, Stephen (1993) *Fields of Vision: Landscape Imagery & National Identity in England & The United States*, Princeton: Princeton University Press.

—— (1993) "Re-Visioning Britain: Mapping and Landscape Painting 1750—1820," Katharine Baetjer (ed.), *Glorious Nature: British Landscape Painting 1750—1850*, NY: Hudson Hills Press in association with The Denver Art Museum.

Darby, Wendy (1988) *The Hartsop Valley: A Programme for Cultural Landscape Conservation*, unpublished master's thesis, Columbia University, Graduate School of Architecture, Planning and Preservation.

—— (1992) "A Reading of Edward Lange's Landscapes: Text and Context," in *Long Island Historical Journal* (4), 2: 185—199.

Darian-Smith, Kate, Liz Gunner and Sarah Nuttall (eds) (1996) *Text, Theory,*

Space, London: Routledge.
Daumal, René, trans. Roger Shattuck (1974) *Mount Analogue*, London: Penguin.
Ditt, Karl (1996) "Nature Conservation in England and Germany 1900—1970: Forerunner of Environmental Protection?" in *Contemporary European History* (5), 1: 1—29.
Dodd, Philip (1986) "Englishness and the National Culture," in Robert Colls and Philip Dodd (eds), *Englishness: Politics and Culture 1880—1920*, London: Croom Helm.
Douglas, Mary (1970) *Purity and Danger*, Middlesex: Penguin.
Dower, John (1945) *National Parks in England and Wales*, London: HMSO.
Duncan, James S. (1989) "The Power of Place in Kandy, Sri Lanka: 1780—1980," in John A. Agnew and James S. Duncan (eds), *The Power of Place: Bringing together the Geographical and sociological Imaginations*, Boston: Unwin Hyman.
Dyos, H.J. and D.A. Reeder (1986) "Slums and Suburbs," in Pat Thane and Anthony Sutcliffe (eds), *Essays in Social History*, Vol. 2, Oxford: Clarendon Press.
Epstein, James A. (1994) *Radical Expression; Political Language, Ritual, and Symbol in England, 1790—1850*, Oxford: Oxford University Press.
Etchell, Catherine (1997) "Access 2000: Improving Countryside Access," in *Countryside Recreation Network News* (5), 1: 1—2.
Evans, Eric (1995) "Englishness and Britishness: National Identities, c.1790—c.1870," in Alexander Grant and Keith J. Stringer (eds), *Uniting the Kingdom? The Making of British History*, London: Routledge.
Everett, Nigel (1994) *The Tory View of Landscape, New Haven: Yale University Press*, for The Paul Mellon Center for Studies in British Art.
Eversley, George John Shaw-Lefevre, Lord (1910) *Commons, Forests and Footpaths: The Story of the Battle during the Last Forty-five Years ...*, London: Cassell.

Farndale, Nigel (1995) "Back on the Warpath—Rambling as to War," *Sunday Telegraph Magazine*, 17 September 1995: 12—18.

Fedden, Robin (1974) *The National Trust Past & Present*, London: Jonathan Cape.

Fernandez, James (1988) "Andalusia on Our Minds: Two Contrasting Places in Spain as Seen in a Vernacular Poetic Duel of the Later 19th Century," *Cultural Anthropology* (3) 1：16—20, theme issue: "Place and Voice in Anthropological Theory."

Finlay, Nancy and Roberta Waddell (1996) *The Roman of the Stone: Lithography*, 1769—1825, exhibition notes, New York Public Library, Miriam and Ira D. Wallach Collection.

Foucault, Michel (1980) Collin Gordon (ed.), *Power/Knowledge: Selected Interviews & Other Writings 1922—1977 of Michel Foucault*, trans. Colin Gordon, Leo Marshall, John Mepham, Kate Soper, New York： Pantheon Books.

Fox, J.R. (1967)："Tory Island," in B. Benedict (ed.), *Problems of Smaller Territories, Institute of Commonwealth Studies: Papers*, No.10, London: Athlone Press.

Frankenberg, Ronald (1957) *Village on the Border*, London: Cohen & West.

—— (1966) *Communities in Britain*, Baltimore: Penguin.

Fraser, Iain (1996) "Quasi-markets and the Provision of Nature Conservation in Agri-environmental Policy," in *European Environment* 6: 95—101.

Frykman, Jonas and Orvar Löfgren (1987) *Culture Builders: A Historical Anthropology of Middle-Class Life*, trans. Alan Crozier, New Brunswick: Rutgers University Press.

Fuller, Peter (1985) *Images of God: the Consolations of Lost Illusions*, London: Chatto & Windus.

Funkel, Alicia (1996) *Romantic Stages: Set and Costume Design in Victorian England*, London: McFarland & Company.

Gadian, David (1986) "Class Formation and Class Action in North-west

Industrial Towns, 1830—1850," in R.J. Morris (ed.) *Class, Power and Social Structure in British Nineteenth-century Towns*, Leicester: Leicester University Press.

Geertz, Clifford (1988) *Works and Lives*, see especially Chapter 4: "I-Witnessing: Malinowski's Children", Stanford, Ca.: Stanford University Press.

Gentleman's Magazine (1731—1825) London: various publishers.

Gerzina, Gretchen Holbrook (1995) *Black London: Life before Emancipation*, New Brunswick: Rutgers University Press.

Gilroy, Paul (1987) '*There Ain't no Black in the Union Jack': the Cultural politics of Race and Nation*, London: Hutchinson.

Girouard, Mark (1980) *Life in the English Country House*, Harmondsworth: Penguin Books.

Gluckman, Max (1962) "Les Rites des Passage," in Max Gluckman (ed.), *Essays in the Ritual of Social Relations*, Manchester: Manchester University Press.

Goddard, Victoria A., Josep R. Llobera and Cris Shore (1994) *The Anthology of Europe: Identities and Boundaries in Conflict*, Oxford: Berg.

Goldsmith, Oliver (1773) "The Deserted Village".

Gonner, E.C.K. (1912) *Common Land and Inclosure*, London: Macmillan.

Grant, Alexander and Keith Stringer (1995) "The Enigma of British History," in Grant and Stringer (eds), *Uniting the Kingdom? The Making of British History*, London: Routledge.

Green, Nicholas (1995) "Looking at the Landscape: Class Formation and the Visual," in Eric Hirsch and Michael O'Hanlon (eds), *The Anthology of Landscape: Perspectives on Place and Space*, Oxford: Clarendon Press.

Grove-White, Robin (1996) "A New Culture?" in *Countryside Recreation Network News* (4) 3: 1—3.

Guha, Ranajit (1987) "Introduction", in Bernard S. Cohn, *An Anthropologist among the Historians and Other Essays*, Delhi: Oxford University

Press.

Gunningham, Catharine (1996) Assistant Director—Publicity and Development, Ramblers' Association, London. Interview, September 13th, 1996.

Gupta, Akhil and James Ferguson (1992) "Beyond 'Culture': Space, Identity and the Politics of Difference," *Cultural Anthropology* 7 (1), 6—23.

Gupta, Akhil and James Ferguson (1997) "Discipline and Practice: 'The Field' as Site, Method, and Location in Anthropology," in Gupta, Akhil and Ferguson (eds), *Anthropological Locations: Boundaries and Grounds of a Field Science*, Berkeley: University of California Press.

Hardin, Garret (1977) "The Tragedy of the Commons," in Garrett Hardin and John Baden (eds), *Managing the Commons*, San Francisco: W.H. Freeman.

Harley, J.B. (1988) "Maps, Knowledge and Power," in Denis Cosgrov and Stephen Daniels (eds), *The Iconography of Landscape,* Cambridge: Cambridge University Press.

—— (1992) "Deconstructing the Map," in Trevor J. Barnes and James S. Duncan (eds), *Writing Worlds: Discourse, Text & Metaphor in the Representation of Landscape*, London: Routledge.

—— and G. Walters (1982) "Welsh Orthography and Ordnance Survey Mapping. 1820—1905," *Archaeologia Cambrensis*, 121: 120—121.

Harris, John and Gervaise Jackson-Stops (eds) (1984) *Britannica Illustrata*, Bungy, Suffolk: The Paradigm Press.

Harvey, David and Martin Whitby (1988) "Issues and Policies," in M. Whitby, and J. Ollerenshaw, (eds), *Land Use and the European Environment*, London: Belhaven Press.

Hastrup, Kristen (1987) "Fieldwork among Friends: Ethnographic Exchange within the Northern Civilization," in Anthony Jackson (ed.), *Anthropology at Home*, ASA Monograph 25, London: Tavistock Publications.

Hawes, Louis (1982) *Presences of Nature: British Landscape 1780—1830*,

New Haven: Yale Center for British Art.

Hay, Douglas (1975) "Poaching and the Game Laws on Cannock Chase," in E.P. Thompson et al. (eds), *Albion's Fatal Tree: Crime and Society in Eighteenth-Century England*, NY: Pantheon.

Healey, Pasty, Paul McNamara, Martin Elson and Andrew Doak (1988) *Land Use Planning and the Mediation of Urban Change: The British Planning System in Practice*, Cambridge: Cambridge University Press.

Hearn, Francis (1978), *Domination, Legitimation, and Resistance: The Incorporation of the 19th Century English Working Class*, Westport, CT.: Greenwood Press.

Hechter, Michael (1975) *Internal Colonialism: The Celtic Fringe in British National Development, 1536—1966*, Berkeley: University of California Press.

Helsinger, Elizabeth (1994) "Ruskin and the Politics of Viewing: Constructing National Subjects," in *Nineteenth-Century Contexts 18* (2), 125—146.

—— (1994) "Turner and the Representation of England," in W.J.T. Mitchell (ed.), *Landscape and Power*, Chicago: University of Chicago Press.

Hemingway, Andrew (1992) *Landscape Imagery and Urban Culture in Early Nineteenth-century Britain*, see especially Chapter 5: 'Philosophical Criticism and the Science of Landscape', Cambridge: Cambridge University Press.

Hill, Christopher (1992) *The English Bible and the Seventeenth-Century Revolution*, Middlesex: The Penguin Press.

—— (1996) *Liberty Against the Law*, Middlesex: The Penguin Press.

Hill, Howard (1980) *Freedom to Roam: the Struggle for Access to Britain's Moors and Mountains*, Ashbourne, Derbyshire: Moorland Publishing.

Hill, Octavia (1877) *Our Common Land*, London: Macmillan & Co.

Hippler, Jr., Walter John (1957) *The Beautiful, The Sublime, & The Picturesque in Eighteenth-Century British Aesthetic Theory*, Carbondale, IL: Southern Illinois University Press.

Hirsch, Eric (1995) " Introduction. Landscape: Between Place and Space," in Eric Hirsch and Michael O'Hanlon (eds), *The Anthropology of Landscape: Perspectives on Place and Space*, Oxford: Clarendon Press.

Hirschman, Albert O. (1977) *The Passions and the Interests*, Princeton: Princeton University Press.

Hobsbawm, Eric and George Rudé (1969) *Captain Swing: A Social History of the Great English Agricultural Uprisings of 1830*, New York: Pantheon.

Hodge, Ian (1986) *Countryside Change: A Review of Research*, London: Economic and Social Research Council.

Hodgen, Margaret T. (1964) *Early Anthropology in the 16th—17th Centuries*, Philadelphia: University of Pennsylvania Press.

Hoecker-Drysdale, Susan (1992) *Harriet Martineau: First Woman Sociologist*, Oxford: Berg.

Hogarth, William (1753) *The Analysis of Beauty: Written with a View of Fixing the Fluctuating Ideas of Taste*, London.

Hogg, Robert (1974) *The Landscape of Cumbria*, Exhibition Catalog, Carlisle Art Gallery 7 November—7 December, 1974, Carlisle: Charles Thurnam & Sons.

Holt, Ann (1990) *A Charter for Whom? The Access Provisions of the National Parks and Access to the Countryside Act*, 1949, London: Ramblers' Association.

—— (1995) *The Origins and Early Days of the Ramblers' Association*, London: Ramblers' Association.

Horn, Pamela (1980) *The Rural World 1780—1850: Social Change in the English Countryside*, New York: St. Martin's Press.

Hoskins, W.G. (1955) *The Making of the English Landscape*, Harmondsworth: Penguin.

Howkins, Alun (1986) "The Discovery of Rural England," in R. Colls and P. Dodd (eds), Englishness; *Politics and Culture 1880—1920*, London: Croom Helm.

Hull, William (1834), *The History of the Glove Trade*, London: Effingham Wilson.

Hume, David ([1741—1742] 1985) *Essays, Moral, Political, and Literary*, especially "Of the Delicacy of Taste and Passion," and "Of the Rise and Progress of the Arts and Sciences," Eugene F. Miller (ed.), Indianapolis: Liberty Classics.

—— (1751) *An Enquiry Concerning the Principles of Morals*, London: A. Miller.

Hussey, Christopher (1927) *The Picturesque: Studies in a Point of View*, London: Putnam.

Hutcheson, Francis (1725) *An Inquiry into the Original of Our Ideas of Beauty and Virtue*, London.

Hutchinson, Horace G. (1914) *Life of Sir John Lubbock, Lord Avebury*, 2 vols, London: Macmillan.

Hyde, Ralph (1988) *Panoramania! The Art and Entertainment of the 'All-Embracing' View*, Exhibition catalog, 3 November 1988—15 January 1989, London: Trefoil Publications and Barbican Art Gallery.

Jackson, J.B. (1980) "Landscape as Theater," in *The Necessity for Ruins*, Amherst: University of Massachusetts Press.

Jeans D.N. (1990) "Planning and the Myth of the English Countryside, in the Interwar Period," in *Rural History* (1) 2: 249—264.

Jeffrey, Ian (1983) "Public Problems and Private Experience in British Art and Literature," in Judy Collins and Nichol Bennet (eds), *Landscape in Britain 1850—1950*, Exhibition Catalogue, 10 February—17 April 1983, Hayward Gallery.

Jones, Stephen G. (1988) *Sport, Politics and the Working Class*, Manchester: Manchester University Press.

Joppien, Rüdiger (1973) *Philippe Jacques de Loutherbourg, R.A., 1740—1812*, Exhibition catalogue, 2 June—13 August 1973, London: Greater London Council.

Joyce, Patrick (1994) *Democratic Subjects*, Cambridge: Cambridge University Press.

Karrimor International Limited (1994) insert in "Polartec Action Base Layer" garment packaging.

Keith, W.J. (1980) *The Poetry of Nature*, Toronto: University of Toronto Press.

Kinsman, Phil (1995) "Landscape, race and national identity: the photography of Ingrid Pollard," *Area* (27), 4: 300—310.

Kip, Johannes and Leonard Knyff (1708) *Nouveau théatre de la Grand Bretagne: ou, Description exacte des palais de la reine, et des maisons les plus considerables des seigneurs & des gentilshommes de la grand Bretagne* ..., London: David Mortier.

Klandermans, Bert, Hanspeter Kriesi and Sidney Tarrow (eds) (1988) *International Social Movement Research*, Vol.1, London: JAI Press.

Knight, Richard Payne ([1805] 1972) *An Inquiry into the Principles of Taste*, Westmead: Gregg International.

Kroeber, Karl (1975) *Romantic Landscape Vision*, Madison: University of Wisconsin Press.

Kuklick, Henrika (1991) *The Savage Within: The Social History of British Anthropology 1885—1945*, Cambridge: Cambridge University Press.

Lake District Mountain Rescue Team Association (1995) Kendal Cumbria: Stramongate Press.

Lake District National Park Plan (1986) Kendal, Cumbria: Lake District National Park Authority.

Lakeside Railway Society, *Heritage Series* of posters reproduced as postcards.

Lee, Anita Armstrong and John Houfe (eds) (1994) *A Century of Footpath Preservation*, Manchester: Peak and Northern Footpaths Society.

Lee, Donald W. (1976) *The Flixton Footpath Battle*, Stockport: The Peak and Northern Footpaths Society.

Lees, Susan and Sutti Ortiz (eds) (1992) *Understanding Economic Process*, NY: University Press of America.

Lees-Milne, James (1968) "Chatsworth, Derbyshire" —Ⅳ, *Country Life*, Vol. CXLIII: 1110—1112.

Lefebure, Molley (1977) *Cumbrian Discovery*, London: Victor Gollanz.

Leonard, T.A. (n.d., c.1910) *CHA: Please Read This! Both New and Old Members Should Know How it Came and What it Stands For*, Manchester: The William Morris Press.

Lloyd, Richard (1992), *Interview at the Countryside Commission*, Cheltenham, August 5, 1992.

Lovell, Nadis (ed.) (1998) *Locality and Belonging*, London: Routledge.

Lowe, Philip (1988) "Environmental Concern and Rural Conservation Politics," in M. Whitby, and J. Ollerenshaw (eds), *Land Use and the European Environment*, London Belhaven Press.

—— (1989) "The Rural Idyll Defended: From Preservation to Conservation," in G.E. Mingay (ed.), *The Rural Idyll*, London: Routledge.

—— and Jane Goyder (1983) *Environmental Groups in Politics*, London, Allen & Unwin.

Lowenthal, David (1991) "British National Identity and the English Landscape," *Rural History* 2 (2) 205—330.

—— (1994) "European and English Landscapes as National Symbols," in David Hoosen (ed.), *Geography and National Identity*, Oxford: Blackwell.

Lowerson, John (1980) "Battles for the Countryside," in Frank Glover-Smith (ed.), *Class, Culture and Social Change: A New View of the 1930s*, Sussex: Harvester Press.

Lucas, John (1990) *England and Englishness: Ideas of Nationhood in English Poetry 1688—1900*, London: The Hogarth Press.

Lui, Alan (1989) *Wordsworth: The Sense of History*, Stanford: Stanford University Press.

MacDonald, Maryon (1987) "The Politics of Fieldwork in Brittany," in Anthony Jackson (ed.), *Anthropology at Home, ASA Monograph 25*, London: Tavistock Publications.

MacDonald, Sharon (ed.) (1993) *Inside European Identities*, Oxford: Berg.

MacEwen, Ann and Malcolm MacEwen (1987) *Greenprints for the Countryside? The Story of Britain's National Parks*, London: Allen & Unwin.

MacNicol, Ian (1996) "Access 2000: The Way Forward," speech given by Ian MacNicol, Deputy President of the Country Landowners' Association, November 27, 1996, London: Country Landowners' Association.

Malone, Caroline (1989) *English Heritage Book of Avebury*, London: Batsford.

Man (Old Series) (1910—1925) Journal of the Royal Anthropological Institute of Great Britain and Ireland.

Manwaring, Elizabeth (1925) *Italian Landscape in Eighteenth Century England*, NY: Oxford University Press.

Marcus, George E. (1995) "Ethnography in/of the World System: The Emergence of Multi-Sited Ethnography," *Annual Review of Anthropology*, 24: 95—117.

Marsh, Jan (1982) *Back to the Land: The Pastoral Impulse in England, from 1880 to 1914*, London: Quarter Books.

Marshall, J.D. and John K.Walton (1981) *The Lake Counties from 1830 to the Mid-twentieth century*, Manchester: Manchester University Press.

Martineau, Harriet (1855) *Complete Guide to the English Lakes*, London: Whittaker & Co.

Marx, Karl ([1852]1972) *The 18th Brumaire of Louis Bonaparte*, NY: International Publishers.

Matless, David (1993) "One Man's England: W.G. Hopkins and the English Culture of Landscape," *Rural History* (4) 2: 187—207.

—— (1995) "The Art of Right Living: Landscape and Citizenship 1918—1939," in Steve Pile and Nigel Thrift (eds), *Mapping the Subject: Geographies of Cultural Transformation*, London: Routledge.

McCay, Bonnie J. (1992) "Everyone's Concern, Whose Responsibility? The Problem of the Commons," in Sutti Ortiz and Susan Leeds (eds), *Understanding Economic Process*, Lanham, MD.: University Press of America.

McGann, Jerome J. (1983) *The Romantic Ideology: A Critical Investigation*, "Introduction" , Chicago: University of Chicago Press.

McGowan, Kris (1996) "Mountain Biking—Perceptual Problem, Passing Fad or Positive Management?" *Countryside Recreation Network News* (4)1: 1—3.

McWilliam, Neal and Alex Potts (1983) "The Landscape of Recreation: Richard Wilson and His Critics" , *History Workshop Journal* 16: 171—175.

Mellor, David, Gill Saunders, and Patrick Wright (1990) *Recording Britain: A Pictorial Domesday of Pre-War Britain*, London: David & Charles in association with the Victoria and Albert Museum.

Melucci, Alberto (1989) *Nomads of the Present*, John Keane and Paul Mier (eds), Philadelphia: Temple University Press.

Mewett, Peter G. (1986) "Boundaries and Discourse in a Lewis Crofting Community," in Anthony P. Cohen (ed.), *Symbolising Boundaries. Identity and Diversity in British Cultures*, Manchester: Manchester University Press.

Miles, Gary B. (1980) *Virgil's Georgics: A New Interpretation*, Berkeley: University of California Press

Miller, Simon (1995a) "Urban Dreams and Rural Reality: Land and Landscape in English Culture, 1920—1945" , *Rural History* (6) 1: 89—102.

—— (1995b) "Landscape and the Question of Culture: English Urban

Hegemony and Research Needs," *Journal of Historical Sociology* (8)1: 94—107.

Milner, Douglas (1986) "The Art and Sport of Rock Climbing in the English Lake District," in *The Lake District: A Sort of National Property*. Papers presented to a symposium held at the Victoria and Albert Museum 20—22 October 1984, Cheltham, Glos.: Countryside Commission and London: Victoria and Albert Museum.

Milner, Marion (1955) "The Role of Illusion in Symbol Formation," in M.Klein (ed.), *New Directions in Psychoanalysis*, NY: Basic Books.

Mingay, G.E. (1976) Enclosure and the Small Farmer in the Age of the Industrial Revolution, London: Macmillan Press.

—— (1989) "'Rural War' : The Life and Times of Captain Swing," in Mingay (ed.), *The Unquiet Countryside*, London: Routledge.

Mitchell, J. Clyde (1956) *The Kalela Dance*, The Rhodes-Livingstone Papers No. 27, Manchester.

Mitchell, Jon P. (1997) "A Bridge Too Far? The Relationship Between History and Anthropology," *Contemporary European History* (6) 3: 405—411.

Mitchell, W.J.T. "Introduction" and "Chapter One: Imperial Landscape," in W.J.T. Mitchell (ed.), *Landscape and Power*, Chicago: University of Chicago Press.

Monk, Samuel H. (1960) *The Sublime: A Study of Critical Theories in XVIII-Century England*, Ann Arbor: University of Michigan.

Morgan, Prys (1983) "The Hunt for the Welsh Past in the Romantic Period," in Eric Hobsbawm and Terence Ranger (eds), *The Invention of Tradition*, Cambridge: Cambridge University Press.

Mormont, Marc (1983) "The Emergence of Rural Struggles and Their Ideological Effects," in *International Journal of Urban and Regional Research* (7) 4: 559—576.

Morris R.J. "Clubs, Societies and Associations," in F.M.L.Thompson (ed.),

The Cambridge Social History of Britain 1750—1950: Social Agencies and Institutions, Vol. 3: 395—443.

Murdoch, John (1984) *The Discovery of the Lake District: A Northern Arcadia and Its Uses*, Exhibition catalogue, Winter 1984—Spring 1985, London: Victoria and Albert Museum.

Murdoch, John (1986) "Foregrounds and Focus: Changes in the Perception of the Landscape c.1800," in *The Lake District: A Sort of National Property*. Papers presented to a symposium held at the Victoria and Albert Museum 20—22 October 1984, Cheltenham, Glos: Countryside Commission and London: Victoria and Albert Museum.

Newby, Howard (1987) *Country Life: A Social History of Rural England*, London: Weidenfeld & Nicolson.

Newhall, Beaumont (1964) *The History of Photography*, New York: The Museum of Modern Art.

Newman, Gerald (1987) *The Rise of English Nationalism: A Cultural History 1740—1830*, NY: St. Martin's Press.

Nicholson, Andrew (ed.) (1991) *Lord Byron: The Complete Miscellaneous Prose*, Oxford: Oxford University Press.

Nicholson, Norman (1955) *The Lakers: The Adventures of the First Tourists*, London: Robert Hale.

Nicholson, Majorie Hope (1959) *Mountain Gloom and Mountain Glory: The Development of the Aesthetics of the Infinite*, Ithaca: Cornell University Press.

North, Mick (1991) "Ordnance Survey in the Northern Counties," in William Scammell (ed.) *The New Lake Poets*, Newcastle-upon-Tyne: Bloodaxe Books.

Olson, Gerald Wayne (ed.) (1990) *Religion and Revolution in Early-Industrial England: The Halévy Thesis and Its Critics*, New York: University Press of America.

Olwig, K. "Sexual Cosmology: Nation and Landscape at the Conceptual

Interstices of Nature and Culture; or What does Landscape Really Mean?" in Barbara Bender (ed.), *Landscape: Politics and Perspectives*, Oxford: Berg.

Oxford English Dictionary (1971) Oxford: Oxford University Press.

Palmer, Bryan (1990) *Descent into Discourse*, Philadelphia: Temple University Press.

Parliamentary Debates, 3rd Series, Commons (1837) 37: c.162—164.

—— 6th Series, Commons (1983) 61: c.924.

Parmenter, Barbara McKean (1994) *Giving Voice to Stones: Place and Identity in Palestinian Literature*, Austin: University of Texas Press.

Parris, Leslie (1973) *Landscape in Britain c.1750—1850*, Exhibition catalogue, 20 November 1973—3 February 1974, London: The Tate Gallery.

Payne, Christina (1993) *Toil and Plenty: Images of the Agricultural Landscape in England 1780—1890*, New Haven: Yale University Press.

Pearlman, Jerry (1992) *Give Us Some 'Quid'for Our Quo!*, London: Ramblers' Association.

Peel, J.D.Y. *Herbert Spencer: The Evolution of A Sociologist*, London: Heinemann.

Pepler, G.L. "Forty Years of Planning," *Town and Country Planning Textbook*, Association for Planning and Regional Reconstruction, London: The Architectural Press.

Phillips, J. (1987) "Enough Grousing," in *Shooting Times and Country Magazine*, December 3, 1987: 25.

Phythian-Adams, Charles (1991) "Local History and National History: The Quest for the Peoples of England," *Rural History* (2) 1: 1—23.

Pickard, Tom (1982) *Jarrow March*, London: Allison and Busby.

Pickles, John (1992) "Texts, Hermeneutics and Propaganda Maps," in Trevor J. Barnes and James S. Duncan (eds), *Writing Worlds: Discourse, Text & Metaphor in the Representation of Landscape*, London: Routledge.

Picozzi, N. (1970) "Breeding Performance and Shooting Bags of Red Grouse in Relation to Public Access in the Peak District National Park, England," *Biological Conservation* III: 211—215.

Piggott, Stuart (1950) *William Stukeley, An Eighteenth Century Antiquary*, London: Thames and Hudson.

—— (1976) *Ruins in a Landscape: Essays in Antiquarianism*, Edinburgh: Edinburgh University Press.

Pittock, Murray G.H. (1994) *Poetry and Jacobite Politics in Eighteenth-Century Britain and Ireland*, Cambridge: Cambridge University Press.

Polanyi, Karl (1944) *The Great Transformation*, Boston: Beacon Press.

Poore, Duncan and Judy Poore (1987) *Protected Landscapes: The United Kingdom Experience*, Cheltenham: Countryside Commission.

Price, Uvedale (1794) *An Essay on the Picturesque*, London: J. Robinson.

Prince, Hugh (1988) "Art and Agrarian Change, 1710—1815," in Denis Cosgrove and Stephen Daniels (eds), *The Iconography of Landscape*, Cambridge: Cambridge University Press.

Prynn, David (1976) "The Clarion Clubs, Rambling and the Holiday Associations in Britain since the 1890s," *Journal of Contemporary History* 11: 65—77.

Radcliffe-Brown, A.R. and C.D. Forde, (eds) (1950) *African Systems of Kinship and Marriage*, Oxford: Oxford University Press.

Raeburn, Michael (1995) "The Frog Service and Its Source," in Hilary Young (ed.), *The Genius of Wedgwood*, exhibition catalogue, London: Victoria and Albert Museum.

Ramblers, Association (1994) internal document entitled *Membership Questionnaire*, and dated September 1994.

—— (1995) *Draft: Access to the Countryside Bill*, London: Ramblers' Association.

—— (1996) *Rights of Way-Reporting Problems and a Brief Guide to the Law*, London: Ramblers' Association.

Ravenscroft, Neil (1994) *Leisure, Consumerism and Active Citizenship in the UK*, Working Paper No. 28, University of Reading: Department of Land Management and Development.

Reed, Francis (1991) *On Common Ground*, London：Working Press.

Reed, Michael and Roger Wells (eds) (1990) *Class, Conflict and Protest in the English Countryside, 1700—1880*, London: Frank Cassell.

Rhyne, Charles (1986) "The Drawing of Mountains: Constable's 1806 Lake District Tour," in *The Lake District: A Sort of National Property*. Papers presented to a symposium held at the Victoria and Albert Museum 20—22 October 1984, Cheltenham, Glos.: Countryside Commission and London: Victoria and Albert Museum.

Robbins, Keith (1988) *Nineteenth-Century Britain: Integration and Diversity*, Oxford: Clarendon Press.

Robinson, Mike (1992) *The Greening of British Party Politics*, Manchester: Manchester University Press.

Rogers, Alan (1989) "A Planned Countryside," in G.E. Mingay (ed.), *The Rural Idyll*, London: Routledge.

Rosand, David (1988) "Gioregione, Venice and the Pastoral Vision," in *Places of Delight: The Pastoral Landscape*, exhibition catalogue November 6, 1988—January 22, 1989, Washington, D.C.: The Phillips Collection.

Roseberry, William (1989) "Marxism and Culture," in *Anthropologies and Histories*, New Brunswick: Rutgers University Press.

—— (1991) "Potatoes, Sacks and Enclosures in Early Modern England," in Roseberry and Jay O'Brien (eds), *Golden Ages Dark Ages*, Berkeley：University of California Press.

Rosenfeld, Sybil (1972) "Landscape in English Scenery in the Eighteenth Century," in Kenneth Richards and Peter Thomson (eds), *The Eighteenth-Century English Stage*, London: Methuen.

Rosenthal, Michael (1993) "Landscape as High Art," in Katharine Baetjer (ed.), *Glorious Nature: British Landscape Painting 1750—1850*, NY: Hudson Hills Press in association with The Denver Art Museum.

Rothman, Bernard (1982) "The Day we Took Kinder," in *The Countryman* (87) 1: 102—109.

Royal Commission on the Poor Laws (1834) "Answers to Questions Circulated in Rural Districts," Appendix B.1. Parts I—V. *Parliamentary Session Papers*, vols 30—34.

Rüdig, Wolfgang (1995) "Between Moderation and Marginalization; Environmental Radicalism in Britain," in Bron R. Taylor (ed.), *Ecological Resistance Movements*, Albany, NY: State University of New York Press.

Rudwick, Martin J.S. (1985) *The Great Devonian Controversy: The Shaping of Scientific Knowledge among Gentlemanly Specialists*, Chicago: Chicago University Press

Ruskin, John (1876) *A Protest against the Extension of the Railways in the Lake District*, Windermere: Somervell.

Russell, Gillian (1995) *The Theaters of War: Performance, Politics, and Society 1793—1815*, Oxford: Clarendon Press.

Sahlins, Peter (1989) *Boundaries: The Making of France and Spain in the Pyrenees*, Berkeley: University of California Press.

Said, Edward (1979) *Orientalism*, New York: Vintage Books.

Sales, Roger (1983) *English Literature in History 1780—1830: Pastoral and Politics*, London: Hutchinson.

Salveson, Christopher (1965) *The Landscape of Memory: A Study of Wordsworth's Poetry*, Lincoln: University of Nebraska Press.

Samuel, Raphael (1989) *Patriotism: The Making and Unmaking of National Identity*, London: Routledge.

—— (1994) *Theatres of Memory: Past and Present in Contemporary Culture*, London: Verso.

Sandby, Paul (1778—1781) *The Virtuosis Museum*, London: G. Kearsly.

Saunders, Gill (1990) "Introduction," in David Mellor, Gill Saunders, Patrick Wright, *Recording Britain: A Pictorial Domesday of Pre-War Britain*, published to coincide with an exhibition, Recording Britain, at the Victoria and Albert Museum, 1 August—18 November, 1990, London: David & Charles in association with the Victoria and Albert Museum.

Schama, Simon (1996) *Landscape and Memory*, NY: Alfred A. Knopf.

Schneider, Jane (1991) "Spirits and Spirit of Capitalism," in Eric R. Wolf (ed.), *Religious Regimes and State-Formation: Perspectives from European Ethnology*, Albany, NY: State University of New York Press.

Schwarzkopf, Jutta (1991) *Women in the Chartist Movement*, London: Macmillan Academic.

Shaftesbury, Anthony Ashley Cooper, Lord (1723) *Characteristics of Man*, Manners, and Opinions, London: J. Darby.

Short, John Rennie (1991) *Imagined Country: Environment, Culture and Society*, London: Routledge.

Sidaway, Roger (1990) *Birds and Walkers: A Review of Existing Research on Access to the Countryside and Disturbance to Birds*, London: Ramblers' Association.

Sider, Gerald (1986) *Culture and Class in Anthropology and History*, Cambridge: Cambridge University Press.

Simmons, I.G. (1975) *Rural Recreation in the Industrial World*, NY: John Wiley & Sons.

Slater, T.R. (1987) "Batsford's Face of Britain" : *Topographical Writing 1930—1960 and Images of Britain*, Working Paper Series No. 37, University of Birmingham: Department of Geography.

Small, John (1990) "Geology and landforms," in Nicholas Stephens (ed.), *Natural Landscapes of Britain from the Air*, Cambridge: Cambridge University Press.

Smith, Adam ([1776] 1985) *An Inquiry into the Nature and Causes of the Wealth of Nations*, Richard F. Teichgraeber (ed.), NY: Modern Library.

Smith, Bernard (1985) *European Vision and the South Pacific*, New Haven: Yale University Press.

Smith, Walter Raymond (c.1922) manuscript diary of a walking tour of the Lake District made in July, probably in 1922.

Solkin, David H. (1992) *Painting for Money: The Vision Arts and the Public Sphere in Eighteenth-Century England*, Paul Mellon Center for Studies in British Art, New Haven: Yale University Press.

Southall, Humphrey (1996) "Agitate! Agitate! Organize! Organize! Political Travelers and the Construction of a National Politics, 1839—1880," *Transactions of the Institute of British Geographers* NS (21) 1: 177—193.

Speake, Robert (1993) *A Hundred Years of Holidays: 1893—1993: A Pictorial History of C.H.A.*, Manchester: Countrywide Holidays.

Spencer, Herbert (1855) *Railway Morals and Railway Policy*, London: Longman, Brown, Green, & Longman.

—— (1904) *Autobiography*, 2 vols, NY: D. Appleton & Company.

Springhall, John (1977) *Youth, Empire and Society: British Youth Movements 1883—1940*, London: Croom Helm.

Stallybrass, Peter and Allon White (1986) *Transgressions*, Ithaca, NY: Cornell University Press.

Standring, Timothy J. "Watercolor Landscape Sketching During the Popular Picturesque Era in Britain," in Katharine Baetjer (ed.), *Glorious Nature: British Landscape Painting 1750—1850*, NY: Hudson Hills Press in association with The Denver Art Museum.

Stanners, David and Philippe Bourdeau (eds) (1995) *Europe's Environment: The Dobris Assessment*, Copenhagen: European Environment Agency.

Stedman Jones, Gareth (1983) *Language of Class: Studies in English Working Class History 1832—1982*, Cambridge: Cambridge University Press.

—— (1997) "Anglo-Marxism, Neo-Marxism and the Discursive Approach to History," in *Was bleibt von marxistischen Perspektiven in der*

Geschichtsforschung? Göttingen: Max-Planck Institute für Geschichte.

Stephens, Nicholas (ed.) (1990) *Natural Landscapes of Britain From the Air*, Cambridge: Cambridge University Press.

Stocking, Jr., George W. (1987) *Victorian Anthropology*, New York: The Free Press.

Stone, Laurence and Jane C. Fawtier Stone (1986) *An Open Elite? England 1540—1880*, Oxford: Oxford University Press.

Strathern, Marilyn (1981) *Kinship at the Core: An Anthology of Elmdon*, Essex, Cambridge: Cambridge University Press.

Stuart, David C. (1979) *Georgian Gardens*, London: Robert Hale.

Summerson, Sir John (1983) *The Classical Language of Architecture*, Cambridge: M.I.T. Press.

Symes, Michael (1991) *The English Rococo Garden*, Princes Risborough, Buckinghamshire: Shire Publications.

Tashjian, Georgian R., David R. Tashjian, and Brian J. Enright (1990) *Richard Rawlinson, A Tercentenary Memorial*, Kalamazoo, MI: Western Michigan University New Issues Press.

Tate, W.E. and M.E. Turner (1978) *Domesday of Enclosures*, Reading: University of Reading Press.

Tate Gallery, London (1996) Exhibition: "Mountain Gloom, Mountain Glory" .

Tayler, Edward William (1961) *Nature and Art in Renaissance Literature*, NY: Columbia University Press.

Taylor, Bron Raymond (ed.) (1995) *Ecological Resistance Movements*, Albany, NY: State University of New York Press.

Taylor, Harvey (1997) *A Claim on the Countryside: A History of the British Outdoor Movement*, Edinburgh: Keele University Press.

Thacker, Christopher (1989) *England's Historic Gardens*, Dorking, Survey: Templar Publishing.

The London Magazine (1732—1784) London: J. Wilford.

Thomas, Keith (1983) *Man and the Natural World: A History of Modern Sensibility*, NY: Pantheon.

Thompson, B.L. (1946) *The Lake District and the National Trust*, Kendal: Titus Wilson.

Thompson, D. (1984) *The Chartists*, London: Temple Smith.

Thompson, David and Robert Woof (1986) *Derwentwater: The Value of Elysium*, An Eighteenth-Century Story, Exhibition catalogue, 8 June—31 October 1986, Grasmere and Wordsworth Museum, Cumbria: Trustees of Dove Cottage.

Thompson, E.P. (1966) *The Making of the English Working Class*, NY: Vintage Books.

Tierney, John (1998) "Explornography: The Vicarious Thrill of Exploring When There's Nothing Left to Explore," lead article in *The New York Times Magazine*, July 26, 1998, 6: 18—23, 33—34, 46—48.

Tilley, Christopher (1994) *A Phenomenology of Landscape*, Berg: Oxford.

Trevelyan G.M. "Amenities and the State," in C. Williams-Ellis (ed.), *Britain and the Beast*, London: J.M. Dent & Sons.

Trevor-Roper, Hugh (1983) "The Invention of Tradition: The Highland Tradition of Scotland," in Eric Hobsbawm and Terence Ranger (eds), *The Invention of Tradition*, Cambridge: Cambridge University Press.

Trueman, A.E. (1971) *Geology and Scenery in England and Wales*, Harmondsworth: Penguin Books.

Trumpener, Katie (1997) *Bardic Nationalism: The Romantic Novel and the British Empire*, Princeton: Princeton University Press.

Turner, Graham (1996) photograph of child actors in the Young National Trust Theatre's play *Flowers and Slaves* at Claydon House, Buckinghamshire, in *The Guardian*, April 26, 1966: 8.

Turner, Michael (1980) *English Parliamentary Enclosure: Its Historical Geography and Economic History*, Folkestone: Archon Books.

—— (1984) "The Landscape of Parliamentary Enclosure," in Michael Reed

(ed.), *Discovering Past Landscapes*, London: Croom Helm.
Turner, Victor (1974) *Dramas, Fields and Metaphors: Symbolic Action in Human Society*, Ithaca NY: Cornell University Press.
—— and Edith Turner (1978) *Image and Pilgrimage in Christian Culture: Anthropological Perspectives*, Oxford: Basil Blackwell.
Tylor, Edward B. (1891) *Anthropology*, NY: D. Appleton & Company.
Urry, James (1993) *Before Social Anthropology: Essays on the History of British Anthropology*, Chur, Switzerland: Harwood Academic Publishers.
Urry, John (1995) *Consuming Places*, London: Routledge.
Van Gennep, Arnold (1960) *The Rites of Passage*, trans. Monika B. Vizadom and Gabrielle L. Caffee, London: Routledge & Kegan Paul.
Van Keuren, David Keith (1982) *Human Science in Victorian Britain: Anthropology in Institutional and Disciplinary Formation, 1863—1908*, unpublished doctoral thesis, University of Pennsylvania.
—— (1984) "Augustus Pitt-Rivers, Anthropological Museums and Social Change in Later Victorian Britain," *Victorian Studies* 28: 171—189.
Vardi, Liana (1995) "Imagining the Harvest in Early Modern Europe," unpublished paper presented to the Program in Agrarian Studies, Yale University, 7 April 1995.
Vernon, James (1994) "Who's Afraid of the 'Linguistic Turn'? The Politics of Social History and Its Discontents," in *Social History* 19 (1): 81—98.
Vincent, Joan (1990) *Anthropology and Politics*, Tucson: University of Arizona Press.
Vitruvius, Pollio, Morris Hicky Morgan trans. (1960) *De architecture. Virtruvius: The Ten Books on Architecture*, NY: Dover.
Wainwright, Martin (1996) "'Spy' Stiles to Log Yorkshire Dales Hikers," *Guardian*, April 29, 1996: 5.
Wallace, Anne D. (1993) *Walking, Literature and English Culture*, Oxford: Oxford University Press.
Walvin, James (1978) *Leisure and Society 1830—1950*, London: Longman.

Watkins, Charles (ed.) (1996) *Rights of Way: Policy, Culture and Management*, London: Pinter.

Watson, Adam (1991) *Critique of Report: "Moorland Recreation and Wildlife in the Peak District"* by Penny Anderson, Peak Park Joint Planning Board, 1990, London: Ramblers' Association.

Watson J.R. *Picturesque Landscape and English Romantic Poetry*, London: Hutchinson.

Webster, Mary (1976) *Johan Zoffany 1733—1810*, Exhibition catalogue, 14 January to 27 March 1977, London: National Portrait Gallery.

Webster's Collegiate Dictionary (1973) Springfield MA: Merriam Webster.

Wells, H.G. *Tono-Bungay*, NY: The Modern Library.

Welsh, Frank (1989) *The Companion Guide to the Lake District*, London: Collins.

Wetherell, D. and C. Carr-Gregg (1990) *Camilla, a Life, C.H. Wedgwood 1901—1955*, Kingston, Australia: New South Wales University Press.

Whitby M. and J. Ollerenshaw (eds) (1988) *Land Use and the European Environment*, London: Belhaven Press.

Whitby, Martin (1997) "Countryside Access; a Traditional Asset but Growing Fast?" *Countryside Recreation Network* 5: 4, October 1997, n.p.

Whitney C.R. (1997) "Alpine Thrills Attract an Untiring Visitor: Death," *NY Times*, August 17, 1997.

Whymper, Edward ([1871] 1981) *Scrambles Amongst the Alps in the Years 1860—1869*, Berkeley: Ten Speed Press.

Wiener, Martin J. (1981) *English Culture and the Decline of the Industrial Spirit 1850—1980*, Cambridge: Cambridge University Press.

Wilberforce, William ([1779] 1983) *Journey to the Lake District from Cambridge 1779: A Diary*, C.E. Wrangham (ed.), London: Oriel Press.

Wilcox, Scott B. (1988) "Unlimiting the Bounds of Painting," in Ralph Hyde, *Panoramania! The Art and Entertainment of the 'All-Embracing' View*, Exhibition catalogue, 3 November 1988—15 January 1989, London:

Trefoil Publications and the Barbican Art Gallery.

Williams, Raymond (1973) *The Country and the City*, Oxford: Oxford University Press.

—— ([1968] 1989) "The Idea of a Common Culture," in Robin Gable (ed.), *Resources of Hope: Culture, Democracy, Socialism*, London: Verso.

Williams, W. (1956) *The Sociology of an English Village: Gosforth*, London: Routledge & Kegan Paul.

Williams-Ellis, Clough (1947) *On Trust for the Nation*, London: Paul Elek.

Wolf, Eric R. (1982) *Europe and the People without History*, Berkeley: University of California Press.

Woodbridge, Kenneth (1989) *The Stourhead Landscape*, London: The National Trust.

Wordie, J.R. (1983) "The Chronology of English Enclosure: 1500—1914," *The Economic History Review*, 2nd series, 36 (4), 483—305.

Wordsworth, Dorothy ([1802] 1971) *The Journals of Dorothy Wordsworth*, Mary Moorman (ed.), Oxford: Oxford University Press.

Wordsworth, William ([1835]1984) *A Guide Through the District of the Lakes in the North of England with a Description of the Scenery, etc. For the Use of Tourists and Residents*, Kendal, Westmorland: Hudson & Nicholson.

Wright, Patrick (1985) *On Living in an Old Country: the National Trust in Contemporary Britain*, London: Verso.

Young, Hilary (1995) "Introduction. From the Potteries to St. Petersburg: Wedgwood and the Making and Selling of Ceramics," in Young (ed.), *The Genius of Wedgwood, Exhibition Catalogue*, London: Victoria and Albert Museum.

索 引

（条目后的数字为原书页码，见本书边码）

译后记

2004年,我和北大钱理群先生有过一次电话长谈。钱先生兴致勃勃介绍了他“认识脚下的土地”的构想和一些研究细节,并希望我能发挥自己的外语所长,引介一些理论文献。为先生的热情所感染,我满口答应。不曾料到的是:这次谈话把我这个偏安文学批评一隅的文体研究者引至一个更大的学术领域,从相对自闭的新批评分析模型转向更为开放的文化研究解释框架。

此前,我已经收到他的赠书《贵州读本》,对于先生的学术理念和方法,有了一个比较入微的了解。何谓“阅读脚下的土地”,钱先生引而不论,却为我后来的理论跟进预留了空间。当时,全球化话语的涡流席卷中外学界至少有十年之久。阿帕杜莱就宣称全球化是所有学院人士的焦虑之源。期间,相关议题、不同取向的研究势头猛烈,催化并繁衍了一个庞大的学术谱系,产生很少的共识,却制造出更多的分歧。在此背景下,对于“土地”以及与土地一词联结在一起的概念,诸如“本土”、“地域”、“地方”的思考,则成为一种对立批评(antithetical criticism),与全球化话语形成参照。

部分受爱德华·萨义德的“对位阅读”(countrapuntal reading)的启发,部分受侯世达(Douglas R. Hoftstadter)写作方式的影响——他在

《哥德尔、艾舍尔、巴赫》(*Godel*, *Escher*, *Bach*)一书中*,尝试了一种他称之为不同寻常的结构:“在对话和章节之间有一种对位”——研究生讨论课上,我会引导学生细读一部理论原文经典,同时配备一部与其形成对立批评的著作进行对读,以期产生“思想对话,观念碰撞,势均力敌”的复调叙述的效果。所以,2004年春季,在《西方正典》(*Western Canon*)的讨论课上,我为哈罗德·布鲁姆这本书选定了《贵州读本》。仅从二书的题目就可以想见它们的对称、对比乃至对峙的关系——西方/非西方;中心/边缘;普世性/地方性;精英/草根……也许,最重要的一组关系是:书写性文本/具象性土地。随着对读的深入,我和学生一起发现了许多微妙之处,某种程度上实现了我的一个教学计划:“表面上在谈论一个想法,实际上以稍稍隐蔽的方式在谈论另一个想法”(侯世达语),但并未抵达我的目标:将钱先生“阅读脚下的土地”这一学术意识发展成一种连贯性和解释性的体系。

其实,丰富的理论资源已经存在,只等我们适度地挪用,创造性地借用。这就是方兴未艾的风景学(landscape studies)、地方研究(place studies)和生态批评(eco-criticism)。三个业已壮大、貌似独立的学科,其实与决定性地影响了20世纪80年代以来学术走向的人文地理学颇多交错叠合之处。某种程度上,它们的核心概念、重要术语,乃至研究方法都源自人文地理学,又融入派系纷繁的文化研究之中。简言之,它们具有一切新兴学科的跨越性和模糊性;换言之,它们的疆界随着新的关注、方法或问题的介入而在不断移动。在为“阅读脚下的土地”寻找理论性支撑或解释性描述的过程中,我逐渐将范围锁定在与人文地理学瓜葛甚深、近乎同构的风景学上,试图以此为基点展开纵深搜索。之所以如此锁定,是因为在把“阅读脚下的土地”这个比较感性的

---

* 此书虽然是一部关于数理逻辑、人工智能等领域的科普巨著,但我认为称其为伟大的文学作品更加名副其实。

表达切换到理论层面时，我注意到美国学者皮尔斯·刘易斯（Peirce F. Lewis）在其《阅读风景的原则》（*Axioms for Reading the Landscape*）一文中，提出一个基本原则："所有的人类风景，不管如何平常的风景，都有着文化意涵，因此，沃茨（M. Thielgaard Watts）认为我们'可以阅读风景，正如我们能够阅读书本'。我们人类的风景是我们无意为之，却可触知可看见的自传，反映出我们的趣味、我们的价值、我们的渴望乃至我们的恐惧。"究其知识谱系，这一原则应该是人文地理学泰斗杰克逊（J. B. Jackson，1909—1996）观点的翻新："一本丰富而美丽的书总是在我们面前打开，我们必须学会阅读它。"

我的一个假设是：既然风景（landscape）一词汇聚和裂变出的同义词和近义词，如土地、地方、区域、空间、记忆、权力、栖居、家园、身份、国族等已经成为当代各种社会理论的建构基础或参照框架，它也应该能够成为一个理论棱镜，透过它可以观察作为一个地方的贵州、作为风景的贵州、作为表述对象的贵州……

基于这样的动机，我申请了美国费曼基金，在UIUC进修一年。期间，我系统地研读了大量风景研究专著，并精选了一套丛书。从下列书目就可以看出它们的主旨：《风景与认同》（*Landscape and Identity*）、《风景与记忆》（*Landscape and Memory*）、《寻找如画的风景》（*The Search for the Picturesque*）、《风景与权力》（*Landscape and Power*）、《风景人类学》（*The Anthropology of Landscape*）、《恋地情结》（*Topophilia*）等等。其中，《风景与认同》、《寻找如画的风景》两书，我认为对于贵州具有特别的理论烛照和旅游规划指导的意义。《风景与认同》重点考察了英国湖区和峰区文化赋值、公众为进入两大风景区所进行的各种斗争、徒步团体的身份建构……而《寻找如画的风景》主攻18世纪下半期的英国风景美学与旅游的互动关系，对于正在急于把自己建造成"公园大省"的贵州颇能提供一些发展思路和前车之鉴。两书都涉及到如画美学（the Picturesque）如何改变了人们的风景感知和审美趣味，如何使英国西北部——凯尔特边区戏剧性地成为英国的阿尔卑斯山区，游客趋之若鹜的绝美之境，浪漫主义的精神圣地。“画境游”（picturesque tour）得以流行，剧院、绘画、明信片、杂志、广告等媒介的作用居功至伟，它们熏陶了，或者说规训了游客的品味，引导他们拿眼前之景比照他们熟悉的17世纪荷兰和意大利风景画作品，从而抬升了峰区、湖区、苏格兰高地的文化价值。

考虑到这套丛书的实用价值，我觉得将它们放在贵州出版似乎更能彰显书地相得。多年前，我在四川外语学院攻读英美文学硕士学位时，曾在几个假期，与当过知青、机智老练的大师姐在贵州山区徒步漫游。美好的80年代犹如褪色的黑白底片，时常在我的记忆里显影：两个女生，肩背帆布包，携带一架海鸥相机（克劳德镜的升级版？），日行山间公路，夜宿乡村旅店，饱览如画美景。一路上，我总是把黔东南黔西南奇崛的群山、奔涌的急流、荒凉的原野“误读”成司各特笔下的苏格兰高地风景，把远处田坎里身着百褶裙的苗家农妇“误认”成腰系格子裙的苏格兰山民，不时招来满腹现代派理论的师姐的反讽，惹出她关于“抒情”、“移情”、“矫情”的高谈阔论。某次，我指着路旁70度坡地上稀疏瘦矮的玉米对她说：“这可不是麦格瑞戈族人的农田吗？”曾躬耕于凉山阿坝的师姐狂笑：“玉米不是燕麦。”向来俏皮的师姐还顺便帮我复习了一遍约翰逊博士著名的定义：“燕麦是英格兰人用以喂马而苏格兰人藉以糊口之物。”可惜当时我是余生太早，身处前互联网时代，无缘得知诸如《恋地情结》（1974）、《发现日常风景》（*Discovering the Vernacular Landscape*, 1984）这些风景研究的奠基之作，不得预见将有一批包括《寻找如画的风景》（1989）和《风景与认同》（2000）在内的风景研究力作问世，更未想到二十年后自己会从英美文学专业转入风景研究领域——这个转向并非由于学术兴趣的突变，而是因为研究对象的导接。在阅读相关文献时，我感觉一些新锐的话语或观念，诸如“地方感”、“定位于风景的自我意识”、“想象的共同体”、“深植于风景之中的文化民族主义”、“风景殖民主义”……与其说是领我瞻望学术前沿，不如说是引我“后视”(rearmirror)自己的风景经验。尤其是阅读达比的《风景与认同》时，我感觉仿佛有一束强光照亮了幽封在过去之洞穴的记忆，青年时代的即兴之举：原来与师姐在贵州的徒步假期，我们所看所想，我们的争论……是可以得到风景理论的追认、解释乃至放大到意味深长的程度。如果真能穿越，我好想回到二十多年前那个夏风拂面的下午，回到贵州威宁洛泽河岸某处。我要援引达比的考证来为我的文化模仿辩护：“18世纪末和19世纪初，包括法国革命期间和拿破仑战争期间，英格兰与法国之间充满公开的敌意，这种敌对关系具有周期性发作的特点。在这种背景下，英国人出国休闲旅游并不总是那么容易，可能性或可取性大打折扣。同样，国内的远距离旅行也颇为不易或多有限制。但是若有可能，他们会到英格兰群山起伏的北部乡村以及北威尔士旅行，这也是英国旅行者能感受到阿尔卑斯山式的震颤(frisson)的最近距离……”。甚至，我要追加一句煽情的话：“我正在感受阿尔卑斯山式的震颤。”更甚至，我要对屡屡带我绕开收费关卡，翻墙或跨栏溜进景区*的师姐说：“搁在19世纪的英国湖区，我们这种行为属于‘非法侵入’。”当然，我也要用达比的观察来分析自己的误读误认：“古典教育，犹如绘画知识一样，使得游客把风景与文学联想起来，将当地人变成了艺术装饰。”反思自己的观景行为是否也是一种伪精英的“凝视”：在我们这两个来自相对发达的内地的游客眼里，欠发达的贵州苗疆是否犹如18世纪相对落后的凯尔特边界，只是一个引发审美联想的对象，至于如画美景背后的贫穷与衰败则不在我们的关注之内？追问自己对于贵州的依恋是否属于达比田野调查的范围：以象征的方式归属一个非出生地的“地方”？

* 1980年代中期，贵州许多风景如画的乡村地区还未被开发成收费景区，而一些知名景区也未建造后来那种防范甚严的围墙、围栏。

为这个念头所激动，我致电好友，贵州大学人类学研究所的张晓松教授，向她介绍我的出版构想。万里光缆那一头的她很激动地说，这套丛书交给贵州人民出版社来做，是最佳配置。晓松素来作风雷厉，很快说服贵州人民出版社全盘接下这套非盈利学术著述。然而，版权谈判似乎是个复杂的技术活，超出了出版社的想象。虽经晓松鼎力推动一年有余，翻译授权仍无着落。此时我已回国，开设了一门新课《风景与文学》，为研究生导读《风景与权力》等原著，指导自己的学生撰写关乎风景的毕业论文。口译释读原文的时候，难免想起钱先生的嘱托，不免惭腆。一日忽发奇想，电话刘东先生，试探柳暗花明的机会。我刚报上几本书的标题，他就要我速将内容提要E-mail给他。一天之内，刘东先生回话，将丛书悉数纳入他的“人文与社会”系列。我原以为这套丛书与他的一向关注不甚关联，不曾料到他的新关注已在这个方向久矣。在英美大学里的数次演讲中，他已论及风景研究的热点议题，从中国城市景观或风景的视角反思全球化的冲击和“黑暗一面”——而“dark side of landscape”（风景的黑暗一面）既是巴雷尔（John Barrell）* 的重要发现，又是米切尔（W.J.T Mitchell）** 辩证地定位风景之本质的基础。看来，我挑选出来的这些“天书”早在他的视域之内，而且融进他的“观点”背景之中。

这套丛书移交给已与刘东先生精诚合作多年的译林出版社后，版权问题迎刃而解。如我所愿，最先谈下来的就是《风景与认同》。全书分为三大部分：再现性的、政治性的和民族志的，从三个角度合围一个学术任务，即以跨学科的方式“探索历史上的阶级关系，追踪作为文化产物的阶级与民族身份透过风景及其进入权发挥作用的种种步骤”。

---

* *The Dark Side of the Landscape: The Rural Poor in English Painting 1730—1840*一书的作者。

** *Landscape and Power*一书的编辑者。

这一任务的设计缘起于作者的敏锐观察:“人们在重要而富有象征意义的风景区休闲,以此建构自己的身份。”就方法论而言,本书堪称跨学科研究的范本;就内容而言,本书不负数位资深书评人的赞语。瑞典学者肯尼思·奥尔维格(Kenneth Olwig)夸奖第一部分对近年的风景研究做了透彻而富有价值的回顾,特别欣赏第三部分,认为最富创新性和挑动性,甚至建议作者改换成“风景、徒步与认同”。对此,我亦有同感。第三部分是“以民族志的研究方法探究了对于地方的体验,以及‘使地理经验得以形成、交流得以进行的那些共享的象征手段’”。这一部分充分展示了达比的研究风格——精确、细腻和敏锐。她特别引入了三位自我意识和身份意识非常清晰的女性徒步者的口述史,揭示她们徒步湖区的经验与其身份建构的关系。由此我想到:国内的徒步漫游已经形成规模,杂志或网络上常见驴友各种形式的日志或报告,但对于这一“在路上群体”的田野调查或民族志学的研究,似乎鲜见。显然,《风景与认同》一书的学术视野对于国内学人,特别是关注地方、环境、旅游等议题的学人颇有启发作用。书中着力论述的几个重要方面——风景区的立法史、进入风景与进入政治的冲突或互动、交通运输体系与景区环境保护的关系、各种利益集团围绕景区开发和土地使用展开的博弈等等都是值得借鉴的研究课题。我尤其激赏作者对于隐匿在风景里的权力关系精辟的分析,认为有心的学者,是可以顺着这一路径思考国内景区的种种现象的。化用刘东先生的一句妙语,《风景与认同》论及的峰区或湖区的难题,其实也在困扰着当代中国。例如,19世纪初期,暴发的工业家在湖区建造的豪宅,“颜色俗气,位置扎眼,只是为了抢占风景,不像当地的古旧民居那样隐入风景,不露痕迹”。类似的现象正在中国一些景区不断涌现,只不过可能是,工业家的豪宅换成了星级旅游饭店,而许多世代隐入风景的民居要么被拆迁,要么被改造成权力部门钦定的风格……看来,风景的商品化过程先后在英国和中国进行,但结果似乎大相径庭。早在19世纪,湖区精英或湖区之友就充分调动了自己的文化资本，通过一系列的议案限制进入或开发湖区，从而保护作为英国之象征的湖区生态和如画美，而我们的文化精英，即使有类似的提议，却无促使提议落实的权力。此外，我认为第二部分也相当精彩。达比在政治经济的范畴内探讨风景的问题性："……湖区本来是一群文化精英建构出的英国民族认同之地，后来却成为风景进入权运动的参与者展示阶级—文化差异的场所。"她以翔实的资料勾勒出底层反抗急流的源头、流域与结果：19世纪英国宪章运动如何与工人阶级进入乡村运动结合在一起。工人阶级争得在父辈被迫离开的土地上自由漫步权的同时，也争得了选举权。耐人寻味的是："非法入侵"风景区一度成为政治斗争的重要方式。

《风景与认同》走的是严谨缜密的写作路线，没有我所仰慕的以赛亚·伯林和哈罗德·布鲁姆的丰沛之美（beauty of exuberance），但有着我所钦佩的学术专著的品质：论之有据、言之有物、行之甚远——这也是我向一些博士候选人力荐此书的原因之一。

然而，它跨越人类学—历史—文学的视角和严谨不免拘谨、缜密几近深密的文体风格，却对译者构成一个极大的考验。为了论之有据，作者旁征博引——从堪与正文媲美的尾注和巨量的参考引文就可以看出：她的常识、学识和见识远远超过译者的传译能力。实际上，书中有很多概念或者术语需要向行家求助或求证。译者曾有幸与清华大学社会学教授郭于华同屋半年有余，耳濡目染，近朱则赤，漂学了一些田野志、口述史等皮毛，因此，翻译此书，译者温习了一些旧课，也补习了不少新知，虽然有校译《浪漫主义的根源》等书的经历，但仍不敢肯定本书"所有的文句都没有翻错"（刘东语）。实际上，恰好是以前校译的经历使得译者深信翻译不仅是"遗憾的艺术"，而且是如履薄冰的冒险。一个貌似常见的词语也许指向的是殊异的概念世界。在寻找词语意义的过程中，时有不知所云的疑惑、失其所踪的慌乱和无从定夺的窘迫。

最后,我要特别感谢主编刘东先生和编辑的宽容:他们原谅译者数次拖延完稿日期;我要再次真诚地感谢余婉卉同学,她代译者翻译了最需耐心的索引部分,统一了各类名称。此外,我要感谢刘碧原和张倩倩两位同学的救急义举——是她们将长达几十页的参考书目转换成可编辑的文本。

张箭飞

2009年11月于东湖放鹰台寓所

人文与社会译丛

第一批书目

1.《政治自由主义》(增订版),[美]J. 罗尔斯著,万俊人译 118.00 元
2.《文化的解释》,[美]C. 格尔茨著,韩莉译 89.00 元
3.《技术与时间:1. 爱比米修斯的过失》,[法]B. 斯蒂格勒著,裴程译 62.00 元
4.《依附性积累与不发达》,[德]A. G. 弗兰克著,高铦等译 13.60 元
5.《身处欧美的波兰农民》,[美]F. 兹纳涅茨基、W. I. 托马斯著,张友云译 9.20 元
6.《现代性的后果》,[英]A. 吉登斯著,田禾译 45.00 元
7.《消费文化与后现代主义》,[英]M. 费瑟斯通著,刘精明译 14.20 元
8.《英国工人阶级的形成》(上、下册),[英]E. P. 汤普森著,钱乘旦等译 168.00 元
9.《知识人的社会角色》,[美]F. 兹纳涅茨基著,郏斌祥译 49.00 元

第二批书目

10.《文化生产:媒体与都市艺术》,[美]D. 克兰著,赵国新译 49.00 元
11.《现代社会中的法律》,[美]R. M. 昂格尔著,吴玉章等译 39.00 元
12.《后形而上学思想》,[德]J. 哈贝马斯著,曹卫东等译 58.00 元
13.《自由主义与正义的局限》,[美]M. 桑德尔著,万俊人等译 30.00 元

14.《临床医学的诞生》,[法]M. 福柯著,刘北成译 55.00 元
15.《农民的道义经济学》,[美]J. C. 斯科特著,程立显等译 42.00 元
16.《俄国思想家》,[英]I. 伯林著,彭淮栋译 35.00 元
17.《自我的根源:现代认同的形成》,[加]C. 泰勒著,韩震等译 128.00 元
18.《霍布斯的政治哲学》,[美]L. 施特劳斯著,申彤译 49.00 元
19.《现代性与大屠杀》,[英]Z. 鲍曼著,杨渝东等译 59.00 元

第三批书目

20.《新功能主义及其后》,[美]J. C. 亚历山大著,彭牧等译 15.80 元
21.《自由史论》,[英]J. 阿克顿著,胡传胜等译 89.00 元
22.《伯林谈话录》,[伊朗]R. 贾汉贝格鲁等著,杨祯钦译 48.00 元
23.《阶级斗争》,[法]R. 阿隆著,周以光译 13.50 元
24.《正义诸领域:为多元主义与平等一辩》,[美]M. 沃尔泽著,褚松燕等译 24.80 元
25.《大萧条的孩子们》,[美]G. H. 埃尔德著,田禾等译 27.30 元
26.《黑格尔》,[加]C. 泰勒著,张国清等译 135.00 元
27.《反潮流》,[英]I. 伯林著,冯克利译 48.00 元
28.《统治阶级》,[意]G. 莫斯卡著,贾鹤鹏译 98.00 元
29.《现代性的哲学话语》,[德]J. 哈贝马斯著,曹卫东等译 78.00 元

第四批书目

30.《自由论》(修订版),[英]I. 伯林著,胡传胜译 69.00 元
31.《保守主义》,[德]K. 曼海姆著,李朝晖、牟建君译 58.00 元
32.《科学的反革命》(修订版),[英]F. 哈耶克著,冯克利译 68.00 元

33.《实践感》，[法]P. 布迪厄著，蒋梓骅译 75.00 元
34.《风险社会：新的现代性之路》，[德]U. 贝克著，张文杰等译 58.00 元
35.《社会行动的结构》，[美]T. 帕森斯著，彭刚等译 80.00 元
36.《个体的社会》，[德]N. 埃利亚斯著，翟三江、陆兴华译 15.30 元
37.《传统的发明》，[英]E. 霍布斯鲍姆等著，顾杭、庞冠群译 68.00 元
38.《关于马基雅维里的思考》，[美]L. 施特劳斯著，申彤译 78.00 元
39.《追寻美德》，[美]A. 麦金太尔著，宋继杰译 68.00 元

第五批书目

40.《现实感》，[英]I. 伯林著，潘荣荣、林茂、魏钊凌译 78.00 元
41.《启蒙的时代》，[英]I. 伯林著，孙尚扬、杨深译 35.00 元
42.《元史学》，[美]H. 怀特著，陈新译 89.00 元
43.《意识形态与现代文化》，[英]J. B. 汤普森著，高铦等译 79.00 元
44.《美国大城市的死与生》，[加]J. 雅各布斯著，金衡山译 78.00 元
45.《社会理论和社会结构》，[美]R. K. 默顿著，唐少杰等译 128.00 元
46.《黑皮肤，白面具》，[法]F. 法农著，万冰译 58.00 元
47.《德国的历史观》，[美]G. 伊格尔斯著，彭刚、顾杭译 58.00 元
48.《全世界受苦的人》，[法]F. 法农著，万冰译 17.80 元
49.《知识分子的鸦片》，[法]R. 阿隆著，吕一民、顾杭译 59.00 元

第六批书目

50.《驯化君主》，[美]H. C. 曼斯菲尔德著，冯克利译 88.00 元
51.《黑格尔导读》，[法]A. 科耶夫著，姜志辉译 98.00 元
52.《象征交换与死亡》，[法]J. 波德里亚著，车槿山译 68.00 元
53.《自由及其背叛》，[英]I. 伯林著，赵国新译 48.00 元

54.《启蒙的三个批评者》,[英]I. 伯林著,马寅卯、郑想译 48.00 元
55.《运动中的力量》,[美]S. 塔罗著,吴庆宏译 23.50 元
56.《斗争的动力》,[美]D. 麦克亚当、S. 塔罗、C. 蒂利著,
李义中等译 31.50 元
57.《善的脆弱性》,[美]M. 纳斯鲍姆著,徐向东、陆萌译 55.00 元
58.《弱者的武器》,[美]J. C. 斯科特著,郑广怀等译 82.00 元
59.《图绘》,[美]S. 弗里德曼著,陈丽译 49.00 元

第七批书目

60.《现代悲剧》,[英]R. 威廉斯著,丁尔苏译 45.00 元
61.《论革命》,[美]H. 阿伦特著,陈周旺译 59.00 元
62.《美国精神的封闭》,[美]A. 布卢姆著,战旭英译,冯克利校 89.00 元
63.《浪漫主义的根源》,[英]I. 伯林著,吕梁等译 49.00 元
64.《扭曲的人性之材》,[英]I. 伯林著,岳秀坤译 69.00 元
65.《民族主义思想与殖民地世界》,[美]P. 查特吉著,
范慕尤、杨曦译 18.00 元
66.《现代性社会学》,[法]D. 马尔图切利著,姜志辉译 32.00 元
67.《社会政治理论的重构》,[美]R. J. 伯恩斯坦著,黄瑞祺译 72.00 元
68.《以色列与启示》,[美]E. 沃格林著,霍伟岸、叶颖译 128.00 元
69.《城邦的世界》,[美]E. 沃格林著,陈周旺译 85.00 元
70.《历史主义的兴起》,[德]F. 梅尼克著,陆月宏译 48.00 元

第八批书目

71.《环境与历史》,[英]W. 贝纳特、P. 科茨著,包茂红译 25.00 元
72.《人类与自然世界》,[英]K. 托马斯著,宋丽丽译 35.00 元

73.《卢梭问题》,[德]E. 卡西勒著,王春华译 39.00元
74.《男性气概》,[美]H. C. 曼斯菲尔德著,刘玮译 28.00元
75.《战争与和平的权利》,[美]R. 塔克著,罗炯等译 25.00元
76.《谁统治美国》,[美]W. 多姆霍夫著,吕鹏、闻翔译 35.00元
77.《健康与社会》,[法]M. 德吕勒著,王鲲译 35.00元
78.《读柏拉图》,[德]T. A. 斯勒扎克著,程炜译 68.00元
79.《苏联的心灵》,[英]I. 伯林著,潘永强、刘北成译 59.00元
80.《个人印象》,[英]I. 伯林著,覃学岚译 88.00元

第九批书目

81.《技术与时间:2. 迷失方向》,[法]B. 斯蒂格勒著,赵和平、印螺译 59.00元
82.《抗争政治》,[美]C. 蒂利、S. 塔罗著,李义中译 28.00元
83.《亚当·斯密的政治学》,[英]D. 温奇著,褚平译 21.00元
84.《怀旧的未来》,[美]S. 博伊姆著,杨德友译 85.00元
85.《妇女在经济发展中的角色》,[丹]E. 博斯拉普著,陈慧平译 30.00元
86.《风景与认同》,[美]W. J. 达比著,张箭飞、赵红英译 79.00元
87.《过去与未来之间》,[美]H. 阿伦特著,王寅丽、张立立译 58.00元
88.《大西洋的跨越》,[美]D. T. 罗杰斯著,吴万伟译 108.00元
89.《资本主义的新精神》,[法]L. 博尔坦斯基、E. 希亚佩洛著,高铦译 58.00元
90.《比较的幽灵》,[美]B. 安德森著,甘会斌译 79.00元

第十批书目

91.《灾异手记》,[美]E. 科尔伯特著,何恬译 25.00元

92.《技术与时间:3. 电影的时间与存在之痛的问题》,
[法]B. 斯蒂格勒著,方尔平译 65.00 元
93.《马克思主义与历史学》,[英]S. H. 里格比著,吴英译 78.00 元
94.《学做工》,[英]P. 威利斯著,秘舒、凌旻华译 68.00 元
95.《哲学与治术:1572—1651》,[美]R. 塔克著,韩潮译 45.00 元
96.《认同伦理学》,[美]K. A. 阿皮亚著,张容南译 45.00 元
97.《风景与记忆》,[英]S. 沙玛著,胡淑陈、冯樨译 78.00 元
98.《马基雅维里时刻》,[英]J. G. A. 波考克著,冯克利、傅乾译 108.00 元
99.《未完的对话》,[英]I. 伯林、[波]B. P. -塞古尔斯卡著,
杨德友译 65.00 元
100.《后殖民理性批判》,[印]G. C. 斯皮瓦克著,严蓓雯译 79.00 元

第十一批书目

101.《现代社会想象》,[加]C. 泰勒著,林曼红译 45.00 元
102.《柏拉图与亚里士多德》,[美]E. 沃格林著,刘曙辉译 78.00 元
103.《论个体主义》,[法]L. 迪蒙著,桂裕芳译 30.00 元
104.《根本恶》,[美]R. J. 伯恩斯坦著,王钦、朱康译 78.00 元
105.《这受难的国度》,[美]D. G. 福斯特著,孙宏哲、张聚国译 39.00 元
106.《公民的激情》,[美]S. 克劳斯著,谭安奎译 49.00 元
107.《美国生活中的同化》,[美]M. M. 戈登著,马戎译 58.00 元
108.《风景与权力》,[美]W. J. T. 米切尔著,杨丽、万信琼译 78.00 元
109.《第二人称观点》,[美]S. 达沃尔著,章晟译 69.00 元
110.《性的起源》,[英] F. 达伯霍瓦拉著,杨朗译 85.00 元

第十二批书目

111.《希腊民主的问题》,[法]J. 罗米伊著,高煜译 48.00 元
112.《论人权》,[英]J. 格里芬著,徐向东、刘明译 75.00 元
113.《柏拉图的伦理学》,[英]T. 埃尔文著,陈玮、刘玮译 118.00 元
114.《自由主义与荣誉》,[美]S. 克劳斯著,林垚译 62.00 元
115.《法国大革命的文化起源》,[法]R. 夏蒂埃著,洪庆明译 38.00 元
116.《对知识的恐惧》,[美]P. 博格西昂著,刘鹏博译 38.00 元
117.《修辞术的诞生》,[英]R. 沃迪著,何博超译 59.00 元
118.《历史表现中的真理、意义和指称》,[荷]F. 安克斯密特著,周建漳译 58.00 元
119.《天下时代》,[美]E. 沃格林著,叶颖译 78.00 元
120.《求索秩序》,[美]E. 沃格林著,徐志跃译 48.00 元

第十三批书目

121.《美德伦理学》,[新西兰]R. 赫斯特豪斯著,李义天译 68.00 元
122.《同情的启蒙》,[美]M. 弗雷泽著,胡靖译 48.00 元
123.《图绘暹罗》,[美]T. 威尼差恭著,袁剑译 76.00 元
124.《道德的演化》,[新西兰]R. 乔伊斯著,刘鹏博、黄素珍译 65.00 元
125.《大屠杀与集体记忆》,[美]P. 诺维克著,王志华译 78.00 元
126.《帝国之眼》,[美]M. L. 普拉特著,方杰、方宸译 68.00 元
127.《帝国之河》,[美]D. 沃斯特著,侯深译 76.00 元
128.《从道德到美德》,[美]M. 斯洛特著,周亮译 58.00 元
129.《源自动机的道德》,[美]M. 斯洛特著,韩辰锴译 58.00 元
130.《理解海德格尔:范式的转变》,[美]T. 希恩著,邓定译 89.00 元

第十四批书目

第十五批书目

[瑞典]J. 奥尔松著，周奕李译　58.00 元
145.《废墟上的未来：联合国教科文组织、世界遗产与和平之梦》，[澳]L. 梅斯克尔著，王丹阳、胡牧译　88.00 元
146.《为历史而战》，[法]L. 费弗尔著，高煜译　98.00 元
147.《康德与现代政治哲学》，[英]K. 弗利克舒著，徐向东译　58.00 元
148.《我们中的我：承认理论研究》，[德]A. 霍耐特著，张曦、孙逸凡译　69.00 元
149.《人文学科与公共生活》，[美]P. 布鲁克斯、H. 杰维特编，余婉卉译　52.00 元
150.《美国生活中的反智主义》，[美]R. 霍夫施塔特著，何博超译　68.00 元

第十六批书目

151.《关怀伦理与移情》，[美]M. 斯洛特著，韩玉胜译　48.00 元
152.《形象与象征》，[罗]M. 伊利亚德著，沈珂译　48.00 元
153.《艾希曼审判》，[美]D. 利普斯塔特著，刘颖洁译　49.00 元
154.《现代主义观念论：黑格尔式变奏》，[美]R. B. 皮平著，郭东辉译（即出）
155.《文化绝望的政治：日耳曼意识形态崛起研究》，[美]F. R. 斯特恩著，杨靖译　98.00 元
156.《作为文化现实的未来：全球现状论集》，[印]A. 阿帕杜莱著，周云水、马建福译（即出）
157.《一种思想及其时代：以赛亚·伯林政治思想的发展》，[美]J. L. 彻尼斯著，寿天艺、宋文佳译　88.00 元
158.《人类的领土性：理论与历史》，[美]R. B. 萨克著，袁剑译（即出）

159.《理想的暴政：多元社会中的正义》，[美]G. 高斯著，范震亚译（即出）

160.《荒原：一部历史》，[美]V. D. 帕尔玛著，梅雪芹等译　　88.00 元

第十七批书目

161.《浪漫派为什么重要》，[美]P. 盖伊著，王燕秋译　　49.00 元

162.《欧美思想中的自治》，[美]J. T. 克洛彭伯格著，褚平译（即出）

163.《冲突中的族群》，[美]D. 霍洛维茨著，魏英杰、段海燕译（即出）

164.《八个欧洲中心主义历史学家》，[美]J. M. 布劳特著，杨卫东译（即出）

165.《记忆之地，悼念之地》，[美]J. 温特著，王红利译（即出）

166.《20 世纪的战争与纪念》，[美]J. 温特著，吴霞译（即出）

167.《病态社会》，[美]R. B. 埃杰顿著，杨靖、杨依依译（即出）

168.《种族与文化的少数群体》，[美]G. E. 辛普森、J. M. 英格尔著，马戎、王凡妹等译（即出）

169.《美国城市新主张》，R. H. 普拉特著，周允程译（即出）

170.《五种官能》，[法]M. 塞尔著，徐明译（即出）